NIKKEI BP CLASSICS

THE GENERAL THEORY OF EMPLOYMENT, INTEREST AND MONEY

JOHN MAYNARD KEYNES

雇用、金利、通貨の一般理論

ジョン・メイナード・ケインズ

大野 一［訳］

日経B

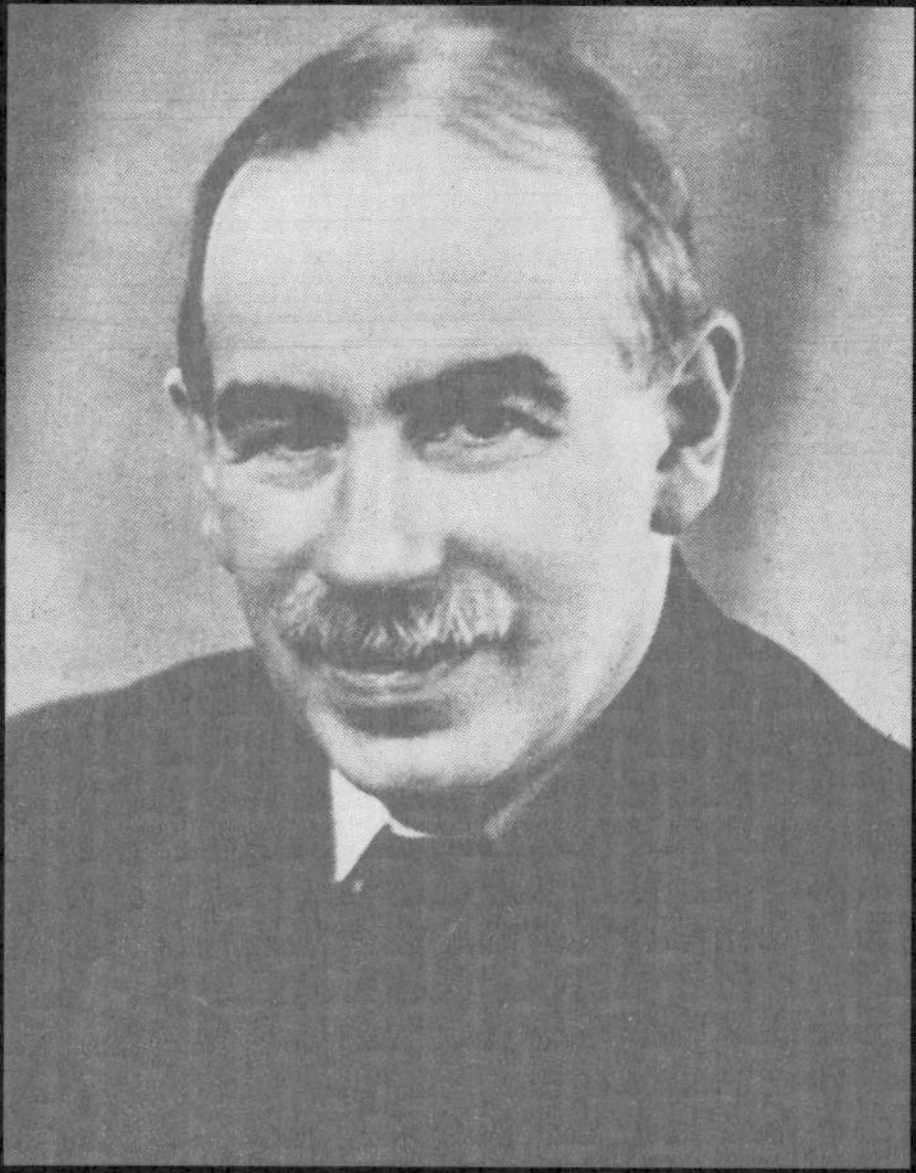

ジョン・メイナード・ケインズ

JOHN MAYNARD KEYNES

THE GENERAL THEORY OF EMPLOYMENT, INTEREST AND MONEY

1936

目次

序文　7

第1篇　序論　13

第1章　一般理論　15

第2章　古典派経済学の基本前提　19

第3章　有効需要の原理　47

第2篇　定義と概念　63

第4章　単位の選択　65

第5章　生産高と雇用を決める予想　79

第6章　所得・貯蓄・投資の定義　89
第6章の補論　使用コストに関して　109
第7章　貯蓄と投資の意味　詳論　125

第3篇　消費性向　143
第8章　消費性向①　客観的な要因　145
第9章　消費性向②　主観的な要因　169
第10章　限界消費性向と乗数　179

第4篇　投資のインセンティブ　205
第11章　資本の限界効率　207
第12章　長期予想の状態　225
第13章　金利の一般理論　253

第14章　古典派の金利理論　269
第14章の補論　マーシャルの『経済学原理』、リカードの『経済学原理』などにおける金利について　285
第15章　流動性選好を促す心理上・ビジネス上のインセンティブ　299
第16章　資本の性質をめぐる雑感　323
第17章　金利と通貨の本質的な特性　341
第18章　雇用の一般理論　再論　375

第5篇　名目賃金と物価　391
第19章　名目賃金の変化　393
第19章の補論　ピグー教授の『失業の理論』　415
第20章　雇用関数　431
第21章　物価の理論　451

第6篇 短い覚書 一般理論から何を引き出せるのか 479
第22章 景気循環に関する覚書 481
第23章 重商主義、高利禁止法、スタンプつき通貨、過少消費説に関する覚書 509
第24章 最後に 一般理論はどのような社会哲学につながりうるのか 571
訳者あとがき 590

凡例

- 本書は John Maynard Keynes, *The General Theory of Employment, Interest, and Money* (Harcourt, Brace & Company, 1936) の全訳である。第一刷を底本としたが、第二刷と全集版で加えられた修正を適宜反映した。
- 〔〕は訳注。ただし、427ページの〔〕はケインズの注。

雇用、金利、通貨の一般理論

序文

本書は、おもに仲間の経済学者に向けて執筆した。一般の読者にも理解して頂ければ幸いだ。だが、最大の目的は理論上の難問に取り組むことであり、この理論を現実にどう応用するかは二の次にしている。というのも、正統派の経済学がまちがっているのであれば、論理的な一貫性を保つよう配慮に配慮を重ねて築き上げられてきた上部構造ではなく、不明瞭で一般性に欠ける前提条件にあやまりの元を探す必要がある。このため、経済学者に対し、従来の基本的な前提の一部を批判的に再検討するよう説得することが本書の目標になるのだが、それには非常に抽象的な議論に加え、激しい論争という手段にも訴えるしかなかった。後者については、できればもっと控えめなものにしたかった。だが、自分の見解を説明するだけでなく、それがどのような点でいまの定説と袂を分かつのかを示すには、論争が避けられないと考えた。本書で「古典派理論」と呼ぶものに強い愛着を感じている人は、本書がまったくのあやまりだという考えと、何も目新しい点はないという考えの間で、揺れ動くのではないだろうか。どちらが正しいのか、もしくは第三の別の受け止め方が正しいのかは、ほかの読者の方々に判断を委ねる。論争を挑んだ部分は、答えを出すための一定の材料にして頂ければと思う。もし、違いを際立たせるあまり、論争そのものが激しくなりすぎてしまったとすれば、お許しを請わなければならない。私自身も、本書で攻撃する理論を長年信じてきたし、その強みを知らないわけではないと考えている。

争点となるのは、重要きわまりない問題だ。だが、もし私の説明が正しいとすれば、まず説得しなければならないのは仲間の経済学者であって、一般読者ではない。一般の人々が議論に参加して頂くのは歓迎するが、この段階では傍観者の立場にとどまって、一人の経済学者が仲間の経済学者の間の根深い意見対立に終止符を打とうとする様を見守ってほしい。こうした対立があるから、経済理論はこのところ実践面でほぼ影響力を失っているのであり、この対立を解消しない限り、事態の改善は見込めない。

私が五年前に刊行した『通貨論』と本書の関係については、おそらく私自身が一番把握している。自分にとっては、数年前から追求してきた考え方の自然な発展と思えるところも、読者には理解しがたい方針転換だと感じられる箇所がところどころあるかもしれない。私は強い必要性を感じて一部の用語を変更したが、それで理解が容易になるわけではない。用語の変更については、本書で随時指摘していくが、本書と『通貨論』の全体的な関係を手短に説明すると、次のようになる。『通貨論』を書き始めたころは、まだ通貨の影響を、言ってみれば、需給の一般理論とは何か別個のものと考える伝統的な線に沿って論証を進めていた。書き終えたころには、通貨の理論を生産全体の理論に押し戻す方向に向けてある程度まで前進していた。だが、先入観から解放されていなかったことは、いまとなっては大きなあやまちだったと思える『通貨論』の理論篇（第3篇と第4篇）を読めば明らかだ。生産水準の変化が及ぼす影響について、十分に対処できていなかったのである。私のいわゆる「基本方程式」は、生産量を一定と想定した場合の瞬間写真だった。生産量を所与とした場合に、どのような力が働いて利益の不均衡が起き、結果的に生産水準の変化が必要になるのかを示そうとしたものだった。だが、瞬間写真ではなく、動態的な動きのほうは不完全で、極度に混乱したまま放置されていた。一方の本書は、どのような力が働いて生産・雇用全体の規模が変化するのかをおもに論じる形となった。通貨が必要不可欠かつ独特な形で経済の図式に入ってくることを明らかにする一方、通貨の技術的な詳細については遠景に描《か》き込む形とした。本書で示していくように、貨幣経済とは本質的に、将来に対する見方が変われば、雇用の方向性だけでなく、雇用量にも影響を及ぼせる経済だ。とはいえ、将来に対する見方の変化がいまの経済行動にどう影響するかを分析する本書の手法は、需給の相互作用に立脚しており、そのような形で従来の価値の基本理論と結びついている。こうして、私たちは、慣れ親しんだ古典派理論を特殊なケースとして包含する、より一般的な理論に辿りつく。

本書のような見知らぬ道を踏み分けていく書物を執筆する場合、過度なあやまちを避けるには批判と対話が不可欠だ。思いがけないことだが、あまりにも長い間、一人で物を考えていると、何とも馬鹿げたことを一時的に信じてしまうときがある。とくに経済学では（他の道徳科学もそうだが）自分の考えが正しいかどうかを論理的な証明や実験で最終確認できないケースが多い。本書の執筆では、おそらく『通貨論』を書いたときにもまして、R・F・カーン氏の絶え間ない助言と建設的な批判に助けられた。本書には、カーン氏の示唆がなければ、いまのような形にはなっていなかった箇所がたくさんある。また校正刷りの全文を読んで下さったジョーン・ロビンソン、R・G・ホートレー、R・F・ハロッドの各氏にも大変お世話になった。索引はケンブリッジ大学キングス・カレッジのD・M・ベンスーザンバット氏が作成してくれた。

私にとって、本書の執筆は長い脱却の闘いだった。もし私の攻撃が成功を収めるなら、大半の読者にとっても、本書を読むことは脱却の闘い――習慣になっている考え方と表現方法から脱却する闘い――となるにちがいない。本書で四苦八苦して表現した考え方は、きわめて単純で、明快なものであるはずだ。難しいのは、本書で示した新しい考え方ではなく、古い考え方から脱却することである。私たちのように教えられて育った、たいていの人々は、心の隅々にまで古い考え方が染みついている。

一九三五年一二月一三日

ジョン・メイナード・ケインズ

ook 1

roduction

第1章 一般理論

Chapter 1
The General Theory

本書には『雇用、金利、通貨の一般理論』というタイトルをつけたが、強調したかったのは一般という言葉だ。私の論証・結論の特徴をこの問題に関する古典派理論*のそれと対比することが、このタイトルの目的である。私は古典派の理論を学んで育ったし、いまの世代の支配階級・学者階級の経済思想も、過去一〇〇年間同様、実務面・理論面とも古典派の理論に支配さ

＊「古典派経済学者」とはマルクスが考案した用語で、リカード、ジェームズ・ミルとそれに先立つ論者を指していた。つまり、リカード経済学として結実した理論の創始者である。私は、誤用と言えるかもしれないが、「古典派」という言葉をリカードの後継者を含める形で常々使っている。つまり、リカード経済学を採用して完成させた人々、（たとえば）J・S・ミル、マーシャル、エッジワース、ピグー教授などである。

れている。本書では、古典派理論の基本前提は特殊なケースにしか当てはまらず、一般的なケースには当てはまらないこと、古典派が想定している状況は存在しうる複数の均衡点の極端な一点であることを示していく。また、古典派の想定する特殊なケースの特徴は、私たちが実際に生活している経済社会の特徴とは、あいにく異なっており、古典派の教えを現実の世界に応用しようとすれば、あやまった悲惨な結果を招くことになる。

第2章

古典派経済学の基本前提

Chapter 2

The Postulates of the Classical Economics

価値と生産に関する理論では、たいていの場合、おもに次の問題を取り上げている。①ある一定量の資源が雇用・利用される場合、どのような用途に資源が配分されるのか、そして②そうした一定量の資源を雇用・利用して生産したモノの相対的な価値と、資源に対する相対的な報酬は、どのような条件で決まるのか――という問題だ。*

利用可能な資源の量（雇用可能な人口、天然資源の規模、これまでに蓄積した設備投資）については、記述的にはよく取り上げられてきたが、利用可能な資源のうち実際に雇用・利用される資源はどのように決まるのかという純粋理論が、徹底的に検証されたことはまずなかった。まったくなかったと言えば、もちろん言いすぎになる。というのも、雇用の変動を論じる場合は、かならずこの点が問題になるし、雇用の変動については何度となく議論されてきた。私が言いたいのは、この問題が見過ごされてきたということではなく、この問題の根底にある基本理論が、至極単純かつ明快なものだと考えられており、せいぜいのところ申し訳程度にしか取り上げられなかったという点だ。**

1

単純明快なものとされている古典派の雇用理論は、ろくに議論もしないまま、二つの基本前提(公準)を土台にしているように思える。その基本前提とは、

① 賃金は労働の限界生産物に等しい。

つまり、雇用される人の賃金は、雇用を一単位減らした場合に失われる価値に等しい(生産高の減少で浮く諸経費をすべて差し引く必要はあるが)。もっとも、競争や市場が不完全な場合は、一定の原理にしたがって、この等式が崩れる可能性があるという但し

書きはつく。

② ある一定量の労働力が雇用されている場合、賃金の効用（満足感）は、その雇用量の限界負効用〔労働量を一単位追加したときに増える労働者の苦痛の増加分〕に等しい。

つまり、雇用される人の実質賃金は、実際に雇用する労働量を引き出すのに過不足のない水準（労働者からみて）となる。もっとも、第一の基本前提に不完全競争という但し書きがついたように、この場合も、雇用可能な労働者の結束で個々の労働力一単位

＊ これはリカード経済学の伝統だ。というのも、リカードは国民分配分の量にはまったく関心がないと明言し、分配のほうに関心を示しているのである。この意味でリカードは自分の理論の性格を的確に把握していた。ただ、理解力で劣るリカードの後継者たちは、富がどのように生まれるのかという議論でこの古典派理論を用いている。リカードが一八二〇年一〇月九日にマルサスに宛てた書簡を参照。「あなたは経済学を富の性質と富の創出源を研究するものと考えておられるが、私は産業の生産物が、生産に協力する階級の間でどのように分配されるのか、その法則を研究するものであるべきだと考えています。量に関する法則を導き出すことは不可能ですが、割合についてなら、そこそこ正確な法則を導き出せる。私は前者の研究は無益な眉唾物であり、後者の研究のみがこの科学の真の目標だという確信を日に日に強めています」。

＊＊ たとえば、ピグー教授の『厚生経済学』（第四版、一二七ページ）では、次のように書かれている（傍点は筆者）。「ここではとくに断り書きのない場合、一般に一部の資源がその所有者の意思に反して利用されていない、という事実を一貫して無視する。この点を無視しても、論証の中身に影響はなく、説明を単純化できる」。つまり、リカードは国民分配分の全体量を取り上げることをはっきり拒否していたが、ピグー教授は国民分配分の問題を具体的に取り上げた書物で、多少の非自発的失業が存在しても、完全雇用時とまったく同じ理論が当てはまると主張している。

当たりでみて等式が損なわれうるという但し書きはつく。ここで言う負効用（苦痛、負の効用）には、「こんなことなら、ある一定の最低水準の効用（満足感）を得られる賃金を貰わない限り働かない」と労働者（個人であれ団体であれ）に思わせるような理由がすべて含まれると考えるべきだ。

この第二の基本前提の下では、「摩擦的」失業とでも呼べるものが起こりうる。というのも、この前提を現実的に解釈すれば、継続的な完全雇用を阻害する様々な調整の不備を無理なく認めることができるのだ。たとえば、計算ミスや需要の波のせいで専門職の相対的な数量のバランスが一時的に崩れて起きる失業。予期せぬ変化に伴うタイムラグの結果として起きる失業。転職には一定の時間差が伴うため、非静態的な社会では「次の職に移る」ための失業がかならず存在するという現実から生じる失業——である。こうした「摩擦的」な失業に加え、この第二の基本前提では「自発的」失業も説明できる。労働者個人が生産物の価値のうち、自身の限界生産力に見合った報酬を受け取らない、受け取れないために起きる失業だ。理由としては、法律や社会的な慣習、団体交渉のための結束、変化への対応の遅れ、単に強情な人間だから——といったことが考えられる。ただし、説明できるのは「摩擦的」失業と「自発的」失業の二つだけだ。この古典派の基本前提では、本書で「非自発的」失業と定義する第三の失業の可能性を説明できない。

古典派理論によれば、先ほどの但し書きはつくものの、以上二つの基本前提によって、雇用・利用される資源の量がしかるべき水準に決まる。第一の基本前提からは雇用の需要表が、第二の基本前提からは雇用の供給表が導き出せる。雇用の量は、限界生産物の効用が限界雇用の負効用と均衡する点に定まることになる。

だとすれば、雇用を増やす手立ては以下の四つしかない。

ⓐ　制度や予測を改善し、「摩擦的」失業を減らす。

ⓑ　労働の限界負効用を減らして、「自発的」失業を減らす。労働の限界負効用は、追加の労働力を引き出すための実質賃金から見て取れる。

ⓒ　賃金財〔賃金所得者が購入する財、消費財〕産業の物理的な限界労働生産性を高める（賃金財とはピグー教授の便利な用語で、その価格次第で名目賃金の効用が変わる財を指す）。

ⓓ　非賃金所得者の支出を賃金財から非賃金財にシフトさせることで、非賃金財の価格を賃金財の価格よりも割高にする。

私が理解する限り、これがピグー教授の『失業の理論』の骨子だ。同書は、古典派の失業理論を詳述した現存する唯一の書物である。*

2

一般に人々がいまの賃金で働きたいだけ働いているケースはまれだという現実を踏まえると、失業の種類は、本当に古典派の考える二種類だけなのかという疑問がわく。というのも、通常のケースでは、労働に対する需要があれば、どう考えても、いまの名目賃金（貨幣賃金）でもっと多くの労働力を引き出せるのだ。** 古典派は、第二の基本前提を持ち出して、この現象の辻褄をこう合わせる。――いまの名目賃金で働きたいと思う人がすべて雇用される前に、その賃金での労働需要が満たされてしまうことはあるかもしれないが、それは労働者が「いまの賃金以下では働かない」という公然もしくは暗黙の合意を結んでいるからであり、労働者全体が名目賃金の引き下げに同意すれば、雇用は増える、と。だとすれば、こうした失業は一見、非自発的にみえるが、厳密にはそうではなく、団体交渉などの影響による先ほどの「自発的」失業にいれなければならない。

この主張については、二つの点に留意する必要がある。第一は、労働者が実質賃金と名目賃金にそれぞれどのような態度を示すかという点で、理論上、根本的な問題ではない。ただ、第二の点は根本的な問題だ。

ここで、名目賃金が下がれば労働者は働かず、いまの名目賃金の水準が下がれば、現在雇用されている労働者がストライキなどを通じて労働市場から撤退すると、とりあえず仮定してみよう。この場合、現在の実質賃金の水準は労働の限界負効用を正確に示していると言えるだろうか。かならずしもそうではない。というのも、いまの名目賃金の引き下げが労働力の撤退につながるとしても、仮に賃金財の値上がりによって、賃金財の観点からみた現在の名目賃金の価値が低下した場合、労働者が市場から撤退するとは言えないのである。つまり、ある一定の範囲内では、労働者が求めるのは最低名目賃金であって、最低実質賃金ではないと言えるかもしれない。古典派は、この点について、古典派の理論を大きく揺るがすものではないと暗黙

＊　ピグー教授の『失業の理論』は第19章の補論でさらに詳しく検証する。

＊＊　二三ページの脚注＊＊で引用したピグー教授の文章を参照。

のうちに想定している。だが、実際にはそうではない。というのも、労働力の供給が実質賃金を唯一の変数とする関数でないのなら、古典派の主張は完全に崩壊し、実際の雇用がどうなるかという問題はまったく未解決のまま残ることになるのだ。* 古典派は、労働の供給が実質賃金だけの関数でないなら、物価変動のたびに労働の供給曲線全体がシフトするという点に気づいていなかったようだ。したがって、古典派の手法はきわめて特殊な仮定に縛られているのであり、修正を施しても、より一般的なケースには対応できない。

さて、日常の経験を振り返ると、労働者が（極端な事例を除き）実質賃金ではなく名目賃金での契約を要求するという状況は、単に可能性として考えられるどころか、まちがいなく常態と言える。通常、労働者は名目賃金の引き下げには抵抗するが、賃金財の値上がりのたびに労働市場から撤退する習慣はない。労働者が名目賃金の引き下げには抵抗して、実質賃金の低下には抵抗しないのは非論理的だと言われることがあるが、後ほど示す理由（第3節）で、これは一見そうみえるほど非論理的ではない可能性がある。後述するが、そうした姿勢は幸運なことと言える。ただ、論理的であろうとなかろうと、これが労働者の実態であることは経験から見て取れる。

また、不況の特徴である失業は、労働者が名目賃金の引き下げを拒否することが原因だという主張も、明確な事実の裏づけがあるわけではない。一九三二年のアメリカの失業は、労働者が名目賃金の引き下げを頑なに拒否したことが原因だという説や、当時の経済機構の生産性に釣り合わない実質賃金を労働者が頑なに要求したことが原因だという説は、あまり説得力がない。経験を振り返ると、労働者の最低限の実質的な要求や労働者の生産性にみたところまったく変化がなくても、雇用量は大きく変動している。労働者は好況時よりも不況時のほうが反抗的になる――そんなことはありえない。物理的な生産性が不況時に下がることもない。経験から見て取れるこうした事実は、古典派の分析の妥当性に疑問を投げかける明確な根拠となる。

名目賃金の変化と実質賃金の変化が実際にどのような関係にあるのか、統計を調査すれば興味深い結果が出るだろう。ある特定の産業に特有の変化であれば、実質賃金と名目賃金が同じ方向に変化することが予想される。しかし、賃金水準全般の変化をみた場合、名目賃金の変化に応じた実質賃金の変化は、通常は同じ方向とは程遠く、ほぼつねに反対の方向に動くことが明らかになると思える。つまり、名目賃金が上昇しているときには実質賃金が低下しており、名目賃金が低下しているときは実質賃金が上昇していることが明らかになるはずだ。なぜかと

＊ この点は第19章の補論で詳述する。

いうと、名目賃金の低下と実質賃金の上昇は、それぞれ個別の理由で、短期的に雇用の減少を伴う可能性が高いからだ。労働者は雇用が減少しているときには、相対的に賃下げを受け入れやすいが、この状況では実質賃金が不可避的に上昇する。生産が減少している局面では、所与の資本設備に対する限界収益が上昇するためだ。

実際、いまの実質賃金が、追加の労働力を引き出すのに過不足のない最低限の水準（その水準を下回ればどんな状況でも現在雇用されている以上の労働力を引き出すことはできないという水準）にあるという指摘が正しいのであれば、摩擦的失業は別にして、非自発的な失業は存在しないことになる。ただ、そのような状態がつねに成り立っていると考えるのは荒唐無稽だ。というのも、現在雇用されている以上の労働力は、ふつう、現在の名目賃金で引き出せる。たとえ賃金財の価格が上昇し、結果的に実質賃金が低下している場合でも引き出せるのである。もしそうなら、いまの名目賃金で買える賃金財の価値は、労働の限界負効用の正確な指標とはならず、古典派の第二の基本前提は成立しなくなる。

だが、もっと根本的な反論がある。第二の基本前提は、労働者の実質賃金が、労使の賃金交渉で決まるという発想から来ている。もちろん、名目賃金ベースで実際に賃金交渉が行われていることは認めるし、労働者に受け入れられる実質賃金が、それに相当する名目賃金とまったく無関係ではないことも認める。それにしても、古典派理論では、賃金交渉で決まった名目賃金で実質賃金が決まるとされているのである。したがって、古典派理論では、労働者が名目賃金の引き下げを受け入れれば、自動的に実質賃金の低下も受け入れることになると想定していることになる。実質賃金が労働の限界負効用と等しくなる傾向があるという第二の基本前提は、労働者自身が自分の実質賃金を決められる立場にあるとはっきり想定している（もっとも、その賃金で引き出せる雇用の量までは決定できないが）。

手短に言えば、伝統的な古典派理論は、労使の賃金交渉で実質賃金が決まると主張しているのである。つまり、雇用主が自由に競争し、労働者同士の結束という制約がない状況では、労働者はやろうと思えば、みずからの実質賃金を限界負効用と――雇用主がその賃金で創出する雇用量の限界負効用と――一致させることができると言っているのだ。そうでなければ、実質賃金と労働の限界負効用が一致する傾向にあると予想する根拠がなくなる。

忘れてならないのは、古典派はみずから出した結論を労働力全体に当てはめようとしていたことだ。ただ単に、労働者個人が仲間の拒否する名目賃金の引き下げを受け入れれば職を得られるといった話がしたかったわけではない。また、古典派の出した結論は、開放経済にも、閉鎖経済にも、等しく当てはまることになっており、ある国で名目賃金が下がれば貿易に影響が出るという、開放経済の特徴を論拠とするようなことはしていない。無論、貿易の話は、この議論の範疇を完全に超えている。また、雇用主の支払う名目賃金が減少すれば、金融システムや与信の状態に間接的に一定の影響が出るといった点を論拠としているわけでもない（この点の影響については第19章で詳述する）。古典派は、閉鎖経済で名目賃金の全般的な水準を引き下げれば、とにかく短期的には、実質賃金が一定程度（かならずしも比例的にではないが）下がる、但し書きがついたとしても些細なものだ——という信念に基づいて結論を下したのである。

ところが、実質賃金の全般的な水準が労使間の名目賃金交渉に左右されるという想定は、明白な事実とは言えない。実際のところ、この想定の証明や反証がこれまでほとんど試みられていなかったのが不思議なほどだ。というのも、この想定は、古典派理論全体の論調とまったく相容れないのである。古典派の説を信じるなら、「物価は名目の限界主要コストに左右され、限界主要コストはおおむね名目賃金に左右される」となる。したがって、古典派によれば、名目賃金が変動した場合、物価もほぼ同じ比率で変動し、実質賃金と失業の水準は事実上以前と変わらず、労働者がすこしでも得をしたり損をしたりすることがあれば、まだ変わっていない限界コストの他の要素で損失や利益が発生することになるはずだ。* だが、古典派はこうした論理の流れから逸脱してしまったようだ。原因は、一つには「労働者は自分の実質賃金を決められる立場にある」と信じ切っていたこと、またおそらく一つには「物価は通貨の量に左右される」という考え方に心を奪われていたことにある。そして、ひとたび確立した「労働者はつねに自分の実質賃金を決められる立場にある」という信念は、「労働者はつねに完全雇用（＝所与の実質賃金で実現可能な最大量の雇用）に対応する実質賃金を決められる立場にある」という主張と混同され、今なお残っているのである。

まとめてみよう。古典派の第二の基本前提には二つの反論がある。一つは労働者の実際の行動に関するものだ。物価の上昇で実質賃金が下がっても、名目賃金が変わらなければ、ふつう、いまの賃金で働く労働者の供給が、物価上昇前の実際の雇用量を下回ることはない。実際の雇用量を下回ると想定するなら、「いまの賃金で働きたいと思っている失業者は全員、生計費がすこしでも上昇すれば、働く気をなくす」と想定していることになる。だが、この奇妙な想定がピグー教授の『失業の理論』** の根底にあるようなのだ。そして正統派の学者の誰もが、暗黙の裡にそうした想定を受け入れているのである。

* 実のところ、こうした主張には、かなりの真理が含まれていると思う。もっとも、第19章でみるように、名目賃金の変化がもたらす結果の全容はもっと複雑だ。

** 第19章の補論を参照。

だが、もう一つ、さらに根本的な反論がある。これについては本書でさらに論を進めていくが、反論の根底には、実質賃金の全般的な水準が賃金交渉の性格によって直接決められるという想定に対する疑問がある。賃金交渉で実質賃金が決まると想定する古典派は、不当な想定に陥っている。というのも、労働者全体が、名目賃金の全般的な水準で購入できる賃金財の価値をいまの雇用量の限界負効用に一致させる手段はまったくないかもしれないのである。労働者全体が労使交渉で名目賃金を改定して実質賃金を特定の水準に変更する手段など存在しないかもしれないのである。これが本書の論旨となる。本書では、基本的には何か別の力が実質賃金の全般的な水準を決めるのだという点を示していきたい。この問題の解決を試みることが、本書のメインテーマの一つである。私たちの生活している経済がこの点でどう動いているかをめぐって、根本的な誤解があることを示していきたい。

3

実質賃金の全般的な水準は、名目賃金をめぐる個人や団体の争いで決まると考えられることが多いが、実際にはそうした争いには別の目的がある。労働の移動は不完全で、賃金は各職業で純粋に得られる利益と完全には一致しない傾向があるため、周囲との比較で名目賃金の引き下げに同意する個人や団体は、例外なく実質賃金の相対的な低下に見舞われることになる。だからこそ名目賃金の引き下げに抵抗するのである。一方、すべての労働者に等しく影響を及ぼす通貨の購買力の変化に伴う実質賃金の低下については、逐一抵抗するのは現実的とは言えないだろう。実際、そのような形の実質賃金の低下に対しては、実質賃金の低下が極端に進まない限り、ふつう、抵抗は起きない。また、実質賃金が下がるたびに抵抗が起きれば、総雇用の拡大を阻む越えがたい障害となるが、特定産業の名目賃金引き下げに対する同種の抵抗は、それほどの障害にはならない。

つまり、名目賃金をめぐる争いがおもに影響を及ぼすのは、異なる労働団体間の総実質賃金の分配であって、雇用一単位当たりの平均額ではない。後者は、後述するように別の一連の力の影響を受ける。労働団体の側の結束には、労働者の相対的な実質賃金を守るという効果がある。実質賃金全般の水準は、経済体系《システム》のほかの力で動く。

したがって、無意識ではあるが、労働者が本能的に古典派よりも合理的な経済学者であることは幸運と言える。労働者は、名目賃金のいまの実質値が現在の雇用の限界負効用を上回っていても、名目賃金の引き下げには抵抗するが、名目賃金の引き下げが全産業で起きることはまず絶対にない。その一方で、総雇用の増加につながり、相対的な名目賃金は変化しない実質賃金の低下には抵抗しない（実質賃金が大幅に低下し、現在の雇用量の限界負効用を下回るおそれがある場合は別だが）。労働組合は、たとえ小幅な引き下げであっても名目賃金の引き下げには、こぞってある種の抵抗を示すだろうが、生計費が上がるたびにストに突入しようなどとは夢にも思わない。したがって、古典派の指摘とは異なり、総雇用拡大の障害とはならないのである。

4

さて、ここで第三の失業、厳密な意味での「非自発的」失業を定義しておく必要がある。古典派の理論では存在の可能性が認められていない失業である。

言うまでもないが、「非自発的」失業は、単に使いつくされていない労働力を示す言葉ではない。人間は一日一〇時間働けるから一日八時間労働は失業に相当する、とは言わない。実質報酬が一定水準を下回るくらいなら働かないほうがよいという理由で勤務を拒否する労働者の団体も「非自発的」失業には入らない。また、本書の「非自発的」失業の定義から「摩擦的」失業を除外しておいたほうが便利だろう。したがって、私の定義はこうなる。名目賃金との比較で賃金財の価格が若干上昇した場合に、いまの名目賃金で働きたいという労働者の総供給と、いまの名目賃金で人を雇いたいという総労働需要が、ともに現在の雇用量から増える状態にあるとき、非自発的な失業が発生している。ただし、第3章第1節では、実質的には同じ意味だが、別の定義を示す。

この定義からすると、古典派の第二の基本前提で想定している「実質賃金と雇用の限界負効用が等しい」という状態は、現実的に解釈すると、「非自発的」失業が存在しない状態に相当する。この状態を本書では「完全」雇用と呼ぶ。この定義では、「摩擦的」失業と「自発的」失業が存在しても、「完全」雇用となる。後述するが、これは古典派理論の他の特徴とも矛盾しない。古典派理論は、完全雇用下の分配理論と考えるのがもっとも適切だ。古典派の基本前提が成立する限り、失業――先ほど定義した意味での非自発的な失業――は、起こりえない。したがって、一見失業にみえるものも①転職タイプの一時的な失職、②高度な専門職に対する一時的な需要の減少、③クローズドショップ（労働組合員以外は雇わない労使協定）が非組合員に及ぼす影響――のいずれかが原因でなければならない。このため、古典派の系譜に連なる人々は、古典派理論の根底にある特殊な想定を無視し、「一見失業にみえるものは（明らかな例外を除き）、失業者が自分の限界生産力に相当する報酬の受け入れを拒否することに根本原因があるにちがいない」という結論——古典派の想定に基づけば完璧に論理的な結論——に不可避的に追い詰められた。古典派の経済学者は、名目賃金の引き下げを拒否する労働者に共感するかもしれないし、一時的な状況に対応するため賃下げを受け入れるのは賢明ではない場合があることも認めるだろうが、科学的に冷徹な目で見ると、そうした労働者の拒否が問題の根底にあると断言せざるをえないのである。

だが、言うまでもないことだが、もし古典派の理論が完全雇用のケースにしか当てはまらないなら、非自発的失業——もしそうしたものがあるのなら（誰がその存在を否定できよう）——の問題に古典派の理論を当てはめるのは論理的に誤っている。古典派の学者は、非ユークリッド的世界に住んでいるユークリッド幾何学者に似ている。ユークリッド幾何学者は、見たところ平行に見える線がたびたび交わることを実際の経験から発見して、線が曲がっていると批判する。現実に起きている不幸な衝突を解決するには、そう批判するしかないのである。だが、実際には平行線の公理を放棄して、非ユークリッド幾何学を打ち出す以外に解決策はない。いまの経済学にも同じようなことが必要だ。我々は古典派理論の第二の基本前提を放棄して、厳密な意味での非自発的失業がありうるという体系の働きを見極める必要がある。

5

古典派との相違点を強調したが、重要な一致点があることも見逃してはならない。というのも、本書では第一の基本前提はこれまで通り維持するのである。但し書きも古典派のものと変わらない。ここでしばらく立ち止まって、この点について考えてみよう。

つまり、組織・設備・技術が一定の場合、実質賃金と生産量（したがって雇用量）は一義的な相関関係にあり、雇用はふつう、実質賃金レートの低下を伴う形でなければ増やすことができない。このため、古典派が（正しくも）覆せないと指摘したこの重要な事実に反論するつもりはない。組織・設備・技術が一定の場合、労働一単位で稼ぎ出せる実質賃金は、雇用量と一義的な（逆）相関関係にある。したがって、もし雇用が増えれば、短期的には、賃金財で測った労働一単位当たりの報酬は、通常減少し、事業家の利益（利潤）が増える。* これは、設備等が不変と考えられる短期でみれば、産業はふつう、収穫逓減に見舞われるというお馴染みの説の裏返しでしかない。このため、賃金財産業の限界生産物（これが実質賃金を左右する）は、雇用が増加すれば必然的に減少する。実際、この説が成り立つ限り、どんな手段で雇用を増やしても、同時に限界生産物が減少し、結果的にその生産物で測った賃金のレートも低下する。

雇用が減少すると、労働者の受け取る賃金で買える賃金財の量はかならず増えるが、我々は第二の基本前提を放棄しており、雇用の減少は、かならずしも労働者の要求する賃金財が増えたせいだとは言えなくなる。そして、労働者の側が名目賃金の引き下げを受け入れれば、失業問題が解決する、ともかならずしも言えなくなる。ここで話が賃金と雇用の関係に及んでくるが、賃金理論の説明は第19章とその補論まで待たねばならない。

6

セイやリカードの時代から、古典派の経済学は、供給がそれみずからの需要を生み出すと説いてきた。この説の意味するところは重要で、明確には定義されていないが、つまりは、経済全体で見ると、生産コストの全額がかならず、直接・間接的にその製品の購入に費やされるはずだと言っているのである。

J・S・ミルの『経済学原理』では、この教えが明確に述べられている。

商品の支払い手段は、商品にすぎない。他人が生産したものを購入する手段は、その人が保有する商品である。すべての売り手は、その言葉の定義からして、かならず買い手となる。一国の生産力を一気に倍増させることが可能なら、すべての市場で商品の供給が倍増するはずだ。ただし、この場合、購買力も同時に倍増する。すべての人の供給と需要が倍増するのである。すべての人が交換できるものを二倍保有することになるため、すべての人がこれまでの二倍の商品を購入できるようになる。**

* 論証は以下の通り。n人が雇用されており、n人目の労働者が小麦の収穫高を一日当たり一ブッシェル増やし、受け取る日給で一ブッシェルの小麦を買えるとする。しかし、$n+1$人目の労働者は収穫高を一日当たり〇・九ブッシェルしか増やせない。そうなると、賃金との比較で小麦の価格が上昇して、日給で買える小麦が〇・九ブッシェル相当になるまで、雇用を$n+1$人まで増やせないことになる。その場合、日給の合計額は、以前のnブッシェル相当から$\frac{9}{10}(n+1)$ブッシェル相当になる。したがって、追加の労働者を実際に一人雇う場合、以前から働いていた人の所得が、必然的に事業家に移転することになる。

** 『経済学原理』第3篇第14章第2節。

この教えから派生した説として、次のことも論じられている。個人が消費を控えたとしても、消費に充てられなかった労働・商品は、かならず資本財の生産に投資されるため、結局は同じことになる――。こうした伝統的なアプローチを説明しているのが、マーシャルの『国内価値の純粋理論』*の次の一説だ。

人の所得はすべて、サービス・商品の購入に費やされる。たしかに一般には、人は所得の一部を消費し、残りを貯蓄するとされている。しかし、貯蓄した分についても、消費したとされる分とまったく同じように、労働や商品を購入しているというのが、経済学の通説だ。購入するサービスや商品をいま享受する場合は消費したと言われ、購入する商品や労働を富の生産に充て、そこから将来の享受の手段を引き出そうとする場合は、貯蓄したと言われる。

たしかに、マーシャルの後期の論文**やエッジワース、ピグー教授の論文から同じような見解を引用することは容易ではないだろう。現在、この教えがこのような露骨な形で述べられることは絶対にない。しかし、この教えはいまも古典派理論全体の根底にあり、これを取り去ると、古典派理論は崩壊する。いまの経済学者は、ミルに同意するのに躊躇するかもしれないが、ミルの教えを前提とする結論は躊躇なく受け入れている。「通貨は、摩擦をもたらす以外何ら重要な違いをもたらさない」「生産と雇用の理論は（ミルの場合と同じように）『実物』交換を基に構築できる。通貨については後のほうの章で申し訳程度に取り上げればよい」という信念は、伝統的な古典派理論の現代版と言え、たとえば、ピグー教授のほぼすべての論文では、こうした信念が貫かれている。いまの思想は「いずれにしても人は消費する」という考えに今なお強く染まっているのである。*** たしかに、大戦後の経済学者が、こうした立場を首尾一貫した形で

* 三四ページ。

** J・A・ホブソン氏は『産業の生理学』（一〇二ページ）で先ほどのミルの文章を引用し、マーシャルがすでに『産業の経済学』（一五四ページ）でミルの文章に次のようなコメントをしていると指摘している。「しかし、人間には購買力があるが、購買力を利用しない可能性もある」。ホブソン氏は「だが（マーシャルは）この事実が決定的に重要であることを見逃し、それが影響するのは『恐慌』時に限られると考えていたようだ」と述べている。マーシャルの後期の著作を踏まえると、これは今なお、もっともなコメントだと思える。

*** アルフレッド・マーシャル、メアリー・マーシャルの『産業の経済学』一七ページを参照。「すぐに擦り切れるような素材で服をつくるのは、商売上、望ましくない。もし人々が収入を新しい服の購入に回さなかったら、何か別の形で労働者に仕事を与えるために収入を使うことになる」。読者は私が再び初期のマーシャルから引用していることに気づくだろう。マーシャルは『経済学原理』になると、疑念を持ちはじめ、非常に慎重にこの問題を回避している。ただ、古い考え方を撤回したことは一度もなく、自分の思想の基本前提から古い考え方を完全に排除したことはない。

主張できたためしはまずない。というのも、いまの思想には、それと反対の傾向や、従来の見解とはどうみても矛盾する経験的な事実が大量に流れ込んでいるのである。* しかし、いまの経済学者は、そこから壮大な結論を引き出せていない。根本理論を修正できていないのだ。

　そもそも、このような結論は、ある種ロビンソン・クルーソー型の交換のない経済からのあやまった類推で、我々の実際に住むタイプの経済に当てはめられた可能性がある。ロビンソン・クルーソー型の経済では、個人が生産活動の結果として消費したり手元に置く所得が、実際に生産活動によって生み出した実物の生産物以外の何物でもない。ただ、それは別にして、「生産のコストは、経済全体で見ると、需要から発生する販売収入で常にカバーされる」という結論は、とてももっともらしく聞こえる。というのも、これは一見同じようにみえる別の疑う余地のない説――「ある社会で生産活動に従事しているすべての成員が稼ぎ出した合計所得は、その生産物の価値とまったく等しい価値をかならず持つ」という説――と区別しにくいのである。

　同様に「みたところ誰からも何も奪うことなく自分の富を増やすという個人の行為は、社会全体の富の増加にもつながるはずだ。結果的には（先ほど引用したマーシャルの一節にあったように）個人の貯蓄行為は、それに相当する投資行為にかならずつながる」という発想も自然だと言える。というのも、やはりここでも「個人の富の純増分を合計すれば、その社会の富の純増分の合計と完全に等しくなるはずだ」という説を疑う余地はないのである。

しかし、そのような考え方をする人は、目の錯覚に欺かれている。本質的に異なる二つの活動が、同じものに見えているのだ。そうした人は、「いまの消費を控える」という決定と「将来の消費に備える」という決定を結びつける核のようなものがあると誤解している。実際には、後者を決定する動機は、前者を決定する動機とは、単純にはつながっていない。

そうなると、生産物全体の需要価格と供給価格が一致するという想定こそ、古典派理論の「平行線の公理」とみなさなければならない。これを認めてしまうと、その他すべてのものが導かれてしまう。――民間や国が倹約すれば社会の利益になるという説、伝統的な金利観、古典派の失業理論、貨幣数量説、貿易では無条件でレッセフェール（自由放任）が望ましいという考え方――その他諸々、我々が疑問視しなければならないすべてのものが導かれてしまう。

＊　一貫した思考体系を保ち続け、自らの理論と同じ体系の下で実際的な提言をしているのは、ほぼロビンズ教授だけであり、教授はこの点で際立っている。

7

この章では随所で、古典派の理論が次の想定に立て続けに依存していることをみてきた。

① 実質賃金は、その時点の雇用の限界負効用に等しい。
② 厳密な意味での非自発的失業といったものは存在しない。
③ 供給はそれみずからの需要を生み出す。これは生産高と雇用量がどのような水準にあっても、総需要価格と総供給価格は一致するという意味だ。

しかし、この三つの想定は、共に立ち共に倒れる——どの一つをとってもほかの二つを論理的に包含している——という意味で、すべて同じことを言っている。

第3章 有効需要の原理

Chapter 3

The Principle of Effective Demand

1

まず、厳密な定義は後回しにして、いくつかの用語を導入する必要がある。技術・資源・コストが一定の場合、一定量の労働力を雇用する事業家には、以下の二種類の費用が関わってくる。第一に、生産要素（ほかの事業家を除く）〔労働者など〕のいまのサービスに対する支払いがある。この費用をその雇用の要素コスト（*factor cost*）と呼ぼう。第二に、必要な物資の購入代金としてほかの事業家に支払う費用と、設備を遊ばせずに稼働する際に犠牲になる分がある。この二つを合計して、その雇用の使用コスト（*user cost*）と呼ぶことにする。* 生産したモ

＊「使用コスト」の正確な定義は第6章で行う。

ノの価値が、要素コストと使用コストの合計額を超過した分が利益だ。本書ではこれを事業家の所得（*income*）と呼ぼう。言うまでもないが、事業家からみた要素コストは、生産要素が自分の所得とみなしているものと同じものである。このため、要素コストと事業家の利益を合計したものを、事業家の創出した雇用から生じる総所得（*total income*）と定義する。事業家は創出する雇用量を決める際に、いま定義した事業家の利益を最大化しようと考えるはずだ。事業家からみて、一定量の雇用から生じる総所得（要素コスト＋利益）をその雇用の収入（*proceeds*）と呼ぶのが便利な場合もある。一方、一定の雇用量で生産するモノの総供給価格*は、「この収入が期待できるのであれば、その人数の雇用を創出する価値がまさしくある」と事業家が考える収入の期待値である**。

そうなると、技術・資源と雇用一単位当たりの要素コストが一定の場合、各企業・各産業、そして経済全体の雇用量は、事業家がその雇用量に対応する生産高からどの程度の収入を見込むかに左右されることになる***。というのも、事業家は収入から要素コストを引いた額を最大化できると見込んだ水準に雇用量を設定しようとするからだ。

*N*人を雇用して生産するモノの総供給価格を*Z*としよう。*Z*と*N*の関係は$Z=\phi(N)$で表せ、これを総供給関数（*Aggregate Supply Function*）と呼ぶことができる****。同様に事業家が*N*人

の雇用で受け取れると予想する収入をDとする。DとNの関係は$D=f(N)$で表せ、これを総需要関数（*Aggregate Demand Function*）と呼ぶことができる。

さて、N人を雇っている状況で予想収入が総供給価格より大きいとき（DがZより大きいと

＊　この用語を通常の意味での生産物一単位当たりの供給価格と混同してはならない（＊＊を参照）。

＊＊　読者は、私が一定の生産量から生じる「収入」と「総供給価格」から使用コストを除外していることに気づくだろう。つまり、この二つの用語は使用コスト「抜き」と解釈すべきだ。一方、購入者が支払う総額は、当然、使用コスト「込み」である。なぜこうした定義が便利なのかは第6章で説明する。要点を言えば、使用コスト抜きの総収入と総供給価格は、曖昧な点なく一義的に定義できる。一方、使用コストは当然、業界の統合度や事業家が他の事業家からどの程度のモノを購入するかに左右されるため、購入者が支払う使用コスト「込み」の総額は、そうした要因と無関係に定義することはできない。通常の意味での個々の生産者の供給価格を定義する場合でさえ同様の問題が起きるが、生産全体の総供給価格の場合は、重複という深刻な問題——これまでかならずしも直面しなかった問題——が関係してくる。この用語を使用コスト込みと解釈する場合、消費財産業か資本財産業かに応じて、その産業の事業家の統合度合いについて特殊な仮定を導入しなければならないが、そうした仮定自体、曖昧かつ複雑で、事実と合致しない。だが、総供給価格を使用コスト抜きで定義すれば、こうした問題は起きない。ただ、これについては第6章とその補論でさらに詳しく論じるので、読者はそれまでお待ち頂きたい。

＊＊＊　もちろん、生産規模について実務的な決断を迫られる事業家は、ある生産高の販売収入がどの程度になるか、揺るぎない単一の予想を抱いているわけではなく、確率や確実性が異なる複数の仮説に基づく予想を立てている。したがって、事業家が決断を下す際の予想の状態は、漠然とした多種多様な可能性の寄せ集めであり、そうした寄せ集めが実際の行動につながる。私のいう事業家の予想収入というのは、そうした寄せ集めのうち、もし確信が持てた場合に、実際にとった行動と同じ行動につながる予想収入のことだ。

＊＊＊＊　第20章では、この関数と密接に関係する関数を雇用関数と呼ぶ。

き）、事業家には雇用をN人以上に増やそうというインセンティブが――必要なら生産要素の獲得競争でコストを引き上げてでもZとDが等しくなるNの値まで雇用を増やそうというインセンティブが――働く。このため、雇用量は、総需要関数と総供給関数が交わる点に定まる。この点で事業家の利益予想が最大化されるためだ。この総需要曲線が総供給曲線と交わる点のDの値を有効需要（*effective demand*）と呼ぼう。これが雇用の一般理論の骨子であり、この点を説明することが本書の狙いとなる。続く以下の章では、この二つの関数を左右する様々な要因をおもに検証する。

一方、「供給はそれみずからの需要を生み出す」という言葉で曖昧な点なく表現されてきた古典派理論――今なおすべての正統派の経済理論の根底にある古典派の教え――では、この二つの関数の関係について特殊な想定をしている。というのも、「供給がそれみずからの需要を生み出す」のであれば、Nがどのような値でも――つまり生産高や雇用がどの水準にあっても――$f(N)$と$\phi(N)$が等しくなる。そして、Nの増加に対応して、$Z(=\phi(N))$が増えれば、$D(=f(N))$もかならずZと同じだけ増えることになる。つまり、古典派理論では、総需要価格（もしくは収入）はつねに総供給価格に等しくなるように自己調節され、Nがどのような値であろうと、収入Dは、Nに対応する総供給価格Zと等しい値になると想定されている。つまり、有効需要はただ一つの均衡値に定まるのではなく、どの値も等しく取れる。取れる値は無限ということになる。そして、雇用量も、労働の限界負効用が上限にはなるが、それ以下ならどのような値も取りうることになる。

もしこれが事実なら、事業家間の競争で、雇用は生産物全体の供給が非弾力的になる水準——つまり、これ以上有効需要が増えれば、生産が増えないという点——までかならず増える。言うまでもないが、これは完全雇用の状態に相当する。前章では、労働者の行動という観点から完全雇用を定義したが、「総雇用が生産物の有効需要増加に対して非弾力的になる状況」というのが、いま到達したもう一つの基準（結局は同じものだが）となる。したがって、「生産物全体の総需要価格は、生産量がどのような水準にあっても総供給価格と一致する」というセイの法則は、「完全雇用の実現には何の障害もない」という説に等しい。だが、これが総需要関数と総供給関数を正しく関連づける法則ではないとしたら、経済理論のきわめて重大な一章がまだ書かれていないことになる。この章がなければ、総雇用量についてどれだけ議論しても無意味なのである。

2

ここで、本書で展開する雇用理論を簡単に要約しておけば、全容は把握できないかもしれないが、読者の役に立つかもしれない。用語については、後ほどさらに厳密に定義する。この要約では、名目賃金などの要素コストを雇用労働力一単位当たり一定と仮定しよう。こうした単純化は、説明を簡単にすることだけが目的であって、この仮定は後ほど外すことになる。名目賃金などが変化する場合も、論証の本質には何ら影響しない。

本書の理論の概略は、こう説明できる。雇用が増加すると、総実質所得が増加する。社会の心理としては、総実質所得が増えれば、総消費も増えるが、消費は所得の増加分ほどは増えない。したがって、事業家が増加した雇用すべてを足元で増加した消費需要に充てると損失を被ることになる。このため、どのような水準であれ、一定量の雇用を正当化するには、「総生産」から「その雇用量の水準で社会が消費する量」を差し引いた余剰の部分を吸収するだけの量の投資がその時点で必要になる。それだけの量の投資がなければ、事業家の受け取る金額では、その水準の雇用を創出するインセンティブがなくなるためだ。したがって、その社会の「消費性向」と呼ぶべきものが一定なら、雇用の均衡水準——事業家が全体として雇用を増やそうとも減らそうとも思わない水準——は、その時点の投資量に左右されることになる。その時点の投資量はと言えば、投資のインセンティブとでも呼ぶべきものに左右される。この投資のインセンティブは、「資本の限界効率表」と「様々な満期・リスクからなる融資金利の体系」の関係に左右されるはずだ。

したがって、消費性向と新規投資率が与えられれば、雇用の均衡水準がただ一つに定まることになる。そのほかの水準では、生産物全体の総供給価格と総需要価格が一致しないためである。この水準は完全雇用を上回ることはない。つまり、実質賃金が労働の限界負効用を下回ることはないのである。だが、この水準が完全雇用と等しくなると予想する根拠は一般にない。有効需要が完全雇用に結びつく水準に定まるのは特殊なケースであり、このケースは、消費性向と投資のインセンティブが特殊な関係にならない限り、成立しない。この特殊な関係は、古典派理論の想定に相当するもので、ある意味では最適の関係だ。だが、これが実現するのは、偶然もしくは事前の計画により、その時点の投資が生み出す需要が「完全雇用の結果生じる生産物の総供給価格」から「完全雇用時に社会が消費に回す分」を差し引いた分とちょうど等しくなる場合のみだ。

この理論は以下の説に要約できる。

①技術・資源・コストが一定の場合、所得（名目・実質とも）は雇用量Nに左右される。
②その社会の所得と、その社会が消費に回すと見込まれる分（D_1）の関係は、その社会の心理的な性格（本書では「消費性向」と呼ぶ）に左右される。つまり、消費性向が変化しない限り、消費は総所得の水準——したがって雇用水準N——に左右される
③事業家が雇用しようと思う労働力Nは、以下の二つの量の合計（D）に左右される。D_1（その社会が消費に回すと見込まれる分）とD_2（その社会が新規投資に充てると見込まれる分）の二つである。Dは先ほど本書で「有効需要」と呼んだものだ。
④$D_1+D_2=D=\phi(N)$であり（ϕは総供給関数）、先ほどの②でみたようにD_1は、消費性向に左右されるNの関数（$\chi(N)$と表してもよいだろう）であるため、$\phi(N)-\chi(N)=D_2$となる。
⑤均衡水準の雇用量は、ⓐ総供給関数ϕ、ⓑ消費性向χ、ⓒ投資量D_2に左右される。これが雇用の一般理論のエッセンスだ。
⑥Nがとるすべての値には、それに対応する賃金財産業の労働の限界生産性が存在し、この労働の限界生産性で実質賃金が決まる。したがって、⑤には「Nがとる値は、実

質賃金が労働の限界負効用と等しくなる値を上回らない」という条件がつく。つまり、名目賃金が一定だという当座の仮定は、Dのすべての変化とは両立できない。本書の理論を完全に説明するためには、この仮定を外すことが不可欠となる。

⑦ Nがどのような値をとっても$D=\phi(N)$であると想定する古典派理論では、Nは最大値を下回るすべての値で、雇用量が中立的な均衡状態になる。このため、事業家同士の競争でNは最大値に押し上げられる可能性がある。古典派理論では、この点でしか安定した均衡状態は成立しない。

⑧ 雇用が増えれば、D_1は増えるが、Dほどは増加しない。これは、所得が増えれば消費も増えるが、所得の増加分ほど消費は増えないためだ。現実の問題を解決するカギは、この心理法則にある。というのも、雇用量が増えれば、「それに対応する生産高の総供給価格（Z）」と「事業家が消費者の支出で取り戻せると期待できる額（D_1）」の差額が増えるのである。したがって、消費性向に変化がなければ——D_2が同時に増えて、拡大するZとD_1の差額を埋めない限り雇用は増えない。このため「雇用が増えれば、何らかの力が働いて、つねにD_2が増え、拡大するZとD_1の差額を埋める」という古典派の特殊な想定を除けば、経済システムは、Nが完全雇用を下回る水準——つま

り、総需要関数と総供給関数の交わる点――で安定した均衡状態に陥る可能性がある。

したがって、雇用の最大水準は、一定の実質賃金で利用できる労働力の供給量で決まるが、そのケースを除けば、雇用量は、実質賃金で測った労働の限界負効用では決まらない。消費性向と新規投資率が相まって雇用量を決めるのであり、その雇用量が一定の実質賃金の水準と一義的に結びつく。その逆ではない。消費性向と新規投資率が有効需要の不足をもたらせば、実際の雇用水準は、いまの実質賃金で潜在的に利用できる労働力の供給量を下回り、均衡実質賃金が均衡雇用水準の限界負効用を上回ることになる。

このように分析すれば、豊富なのに貧しいというパラドックスを説明できる。なぜなら、有効需要が不足するだけで、雇用の増加が完全雇用の水準に達する前にストップしてしまう可能性があり、実際にストップするケースが多いと考えられるからだ。労働の限界生産物の価値が、雇用の限界負効用をまだ上回っている場合でも、有効需要が不足すれば、生産プロセスが阻害されてしまう。

また、社会が豊かになれば、実際の生産高と潜在的な生産力のギャップが拡大する傾向があり、経済システムの欠陥が、いよいよ明確に耐えがたいものになる。というのも、貧しい社会では、生産高のかなりの部分が消費される傾向があるため、投資量がそれほど多くなくても、十分に完全雇用を実現できる。ところが、豊かな社会では、格段に多くの投資機会がなければ、豊かな成員の貯蓄性向で貧しい成員の雇用を実現することができない。潜在的に豊かな社会で、投資のインセンティブが不足すれば、潜在的に豊かになれるにもかかわらず、有効需要の原理で実際の生産量が減る。すると、その社会は、豊かになる潜在力があるにもかかわらず貧しくなり、結果的に消費を超過する分が、投資のインセンティブの弱さに見合う水準まで減少することになる。

さらに悪いことに、豊かな社会では、限界消費性向*が低下するだけでなく、すでに蓄積された資本が潤沢に存在するため、金利が急低下しない限り、残された投資機会の魅力が薄れる。ここで、金利理論の問題――なぜ金利が自動的に適正水準に下がらないのかという問題――が浮上するが、これは第4篇で検証しよう。

したがって、現段階では知識の三つの大きな穴――「消費性向」の分析、「資本の限界効率」の定義、「金利」の理論――を埋めていく必要がある。その作業が完了すれば、一般理論を

＊ 第10章で定義する。

補足する問題として「物価の理論」を適切な場所に埋め込めるだろう。ただし、本書の「金利」の理論では「通貨」がきわめて重要な役割を果たしていることも明らかになる。本書では「通貨」ならではの独特な性質を解明していく。

3

リカード経済学の根底にあるのは、総需要関数は無視して差し支えないという考え方だ。私たちが過去一世紀以上教えられてきた理論の土台には、このリカード経済学がある。たしかにマルサスは、「有効需要の不足などありえない」というリカードの教えに激しく抵抗したが、抵抗は失敗に終わった。というのも、マルサスは、なぜ、どのような経緯で、有効需要に過不足が生じる可能性があるのかという問題を(周知の事実に訴える以外は)明確に説明できず、それに代わる理論を打ち立てられなかったのだ。リカードは、異端審問官がスペインを征服したように、イギリスを完全に征服した。リカードの理論は、金融街、政治家、学界に受け入れられたばかりか、論争をも止めてしまったのである。別の見方が完全に抹殺され、議論の対象にならなくなった。マルサスが取り組んだ「有効需要」という大きな難問は、経済学の文献から姿を消した。古典派理論にもっとも成熟した形を与えたマーシャル、エッジワース、ピグー教授の全著作をみても、この問題はただの一度も言及されていない。カール・マルクス、シルヴィオ・ゲゼル、ダグラス少佐の地下世界の中で、ひっそりと水面下で生き続けてきたにすぎない。

なぜリカードが完璧な勝利を収めることができたのか。これは、どことなく奇妙で不可解である。リカードの教えが、様々な面で当時の環境と相性がよかったと考えるしかない。一般の無教養な人間とはまったく異なる結論に達したことで、知的な権威が高まったのではないか。この教えを実践に移すと、緊縮や、往々にして厳しい現実につながることが美徳となった。壮大で首尾一貫した論理的な上部構造を持つように修正されたことで、美しさも備わった。進歩のためには社会の様々な不公正や見た目の残酷さが不可欠だと説明できたこと――そうした現実を変えようとすれば、全体としてはかえって悪い方向に向かう可能性が高いと説明できたことで――権力者にも受け入れられた。個々の資本家の自由な活動を正当化する手段にもなり、権力者の背後にいた社会の支配勢力の支持も集めた。

この教えそのものは、その後長らく正統派の経済学者から疑問を投げかけられることはなかった。しかし、科学的な予測という面でまったくの失敗に終わったことで、実践面の威信は時とともに大きく低下した。というのも、マルサス以降の経済学者は、理論の結果と観察された事実が一致しなくても動じなかったようだが、一般の人々はその矛盾に気づき、理論上の結果を現実に当てはめ観察を通じて確認する他の分野の科学者に対する尊敬の念を、経済学者には次第に抱かなくなったのである。

伝統的な経済理論のあの名高い楽天主義のために、経済学者はカンディドのような存在とみなされるようになった――この世を逃れ自分の畑を肥やし、あるがままにしておけばすべてが考えられる限り最高の世界の最高の状態になると説くあのカンディドのような存在だ。この楽天主義の根は、有効需要の不足が繁栄の足を引っ張りうる点を無視したことにもあるのではないか。というのも、古典派の基本前提にしたがって動く社会では、資源の雇用・利用がまちがいなく自然と最適な状態に向かうのである。古典派理論は、経済の理想の姿を示していると言っても差し支えない。だが、実際の経済が理想通りに動くと想定するのは、現実に問題はないと想定していることに等しい。

ok 2

initions

nd Ideas

第4章 単位の選択

Chapter 4 The Choice of Units

1

この章と続く三つの章では、いくつかの難問を解く試みに専念したい。本書で本来検証する問題だけに関わる固有の難問ではないため、以下の章は脱線の性格を帯びる。メインテーマの検証はしばらく措くことになる。ここでこうした題目を取り上げるのは、あいにくのところ、私独自の研究の必要上ふさわしいと思われる形で、こうした題目が過去に取り扱われたことがなかったからにすぎない。

本書を書き進める上でとくに障害となり、ある程度解決するまでは自分の見解をうまく表明できないと思えた難問は、以下の三つだ。①経済システム全体の問題を取り扱う上でふさわしい量の単位の選択、②経済分析で予想が果たす役割、③所得の定義——である。

2

経済学者が通常用いる単位に問題があることは、「国民分配分」、実物資本ストック、物価全般の水準という概念をみれば、はっきりする。

① マーシャルとピグー教授*が定義した「国民分配分」という概念では、当期の生産物の価値や名目所得ではなく、生産物の量や実質所得を測定している。** また、この概念は、ある意味で純生産高に依拠している。つまり、当期の経済活動や犠牲によって生じた社会の資源——消費したり、資本ストックとして保有できる社会の資源——の純増分（期首に存在した実物資本ストックの損耗分を差し引いた純増分）に依拠している。この概念を土台にして、定量的な科学を打ち立てようとしているのである。しかし、そのような目的のために、この定義を使うのは大いに問題がある。社会で生産されるモノやサービスは、異質な商品の組み合わせであり、厳密に言えば、一部の特殊なケースを除いて測定できない（特殊なケースの例としては、ある生産高を構成する個々の商品の比率が、別の生産高とまったく同じ場合などが挙げられる）。

②純生産高を計算するために、資本設備の純増分を測定しようとすると、問題はさらに大きくなる。というのも、その期に生産された新しい設備と、損耗で消滅した古い設備を量的に比較する基準が必要になるのだ。ピグー教授は、純「国民分配分」を導き出すために、旧式化した分などを控除しているが、その基準については「『正常』と呼べるようなもの。正常と呼べるかどうかの実際の基準は、その損耗が定期的なもので、細部はともかく、すくなくとも一般に予想できるもの」***としている。だが、この控除は通貨建ての控除ではないため、ピグー教授は、物理的な変化はないのに物理的な量の変化が起きうるという想定に陥っていることになる。つまり、ひそかに価値の変化を導入しているのだ。また、教授は、技術変化に伴い新旧の設備に差が生じた場合に、新しい設備を古い設備との比較でどう評価するかという公式も満足に考案できていない。****私はピグー教授の目指している概念が、経済を分析する上で正しく適切なものだ

* ピグー『厚生経済学』の随所、とくに第1部第3章を参照。

** ただし、国民分配分を構成する際に利用される実質所得は通常、便宜的に、通貨で購入できる財・サービスに限られている。

*** 『厚生経済学』第1部第5章「資本をそのまま維持するとはどういう意味か」。一九三五年六月の『エコノミック・ジャーナル』(二二五ページ)に掲載された最近の論文で修正された。

と確信している。だが、満足のゆく単位の体系が採用されない限り、正確な定義は不可能だ。ある実物生産高と別の実物生産高を比較した上で、旧設備の損耗分を新規の設備と相殺して純生産高を計算するという問題は、答えの出ない謎《コナンドラム》だと自信を持って言える。

③ 第三に、全般的な物価水準という概念にも、よく知られた、しかし避けることのできない、曖昧さが明白につきまとう。したがって、正確性を要求される因果関係の分析で、この用語を用いるのは大いに問題だと言える。

だが、いま挙げた問題は、正しく「謎」だと認識されている。これは「純粋に理論的」な問題であり、ビジネス上の決定を惑わせることや、ビジネス上の決断で考慮されることすらなく、経済的な現象の因果関係にもまったく関わってこない。上記の概念は定量的に漠然としているが、経済的な現象は明確で、漠然としたところがない。したがって、こうした概念は不正確なだけでなく、不必要だと結論するのが妥当だ。言うまでもないが、定量分析は、量的に曖昧な表現をいっさい使わずに進める必要がある。そして、試してみればすぐにわかるが、量的に曖昧な表現を使わないほうがはるかにうまくいく。その点をこれから示していきたい。

同じ基準で比較できない雑多なものの寄せ集めが二つあっても、それだけでは定量分析の素材にはならない。しかし、だからと言って、無論、厳密な計算ではなく大雑把な判断で、近似的な統計比較ができないわけではない。そうした比較は、ある一定の範囲内で、有意義で説得力を持つ可能性がある。だが、純実物生産や物価全般の水準といったものは、歴史的な記述や統計上の記述の分野にとどめるのが適切であり、歴史的・社会的興味を満たすことを目的とすべきだ。本書のような因果関係の分析では、(関連する数量の実際の値を完全・正確に把握できるかどうかは別として)完璧な精度が求められるが、歴史的・社会的興味を満たす目的であれば、そのような精度が実現することはまれだし、その必要もない。「いまの純生産は一〇年前や一年前に比べると多いが、物価水準は下がっている」といった説は「ビクトリア女王はエリザベス女王よりよい女王だったが、女性としては不幸だった」といった説と大差なく、無意味でも、つまらなくもないが、微分計算の素材としては不適切だ。そうした曖昧な部分のある非定量的な概念を定量分析の土台にすれば、見掛け倒しの正確性に終わってしまう。

**** ハイエク教授の批判を参照。『エコノミカ』一九三五年八月(二四七ページ)。

忘れてはならないが、事業家はいついかなる場合も、一定の資本設備をどの程度の規模で稼働させるかに関心を持っている。需要の増加（総需要関数の上方シフト）が予想されれば、総生産の増加につながるというのは、資本設備を保有する企業が、設備に配置する労働力の総雇用を実際に増やそうとするという意味だ。個別の企業や、同種の製品を生産している業界なら、言おうと思えば「生産量が増えた」「減った」と問題なく言える。だが、すべての企業活動を総計する場合、一定の設備に配置される雇用量で測定しなければ、正確な話はできない。本書の文脈では、全体の生産量やその価格水準といった概念は不要になる。というのも、総生産の絶対的な測定——ある総生産量と、別の資本設備に異なる量の雇用を配置した場合の総生産量を比較する時に必要となるような総生産の絶対的な測定——はまったく必要ないのである。記述や大雑把な比較の目的で、生産量が増加したと言いたい場合は、「一定の資本設備に配置された雇用量が、結果として生じる生産量の満足のゆく指標となる」という一般的な推定に頼ることになる。つまり、雇用量と生産量は（厳密に比例的ではないが）同じ方向に上下すると推定される。

したがって、雇用の理論を論じるに当たっては、二つの基本的な数量単位だけを使うことを提案したい。金額ベースの量と雇用量だ。このうち、前者は厳密に同質的であり、後者も同質的にできる。つまり、様々な等級・種類の労働や給与払い補助職の相対報酬がおおむね固定されている場合、本書の目的上、雇用量は十分に定義できる。ふつうの労働力一時間分の雇用を一単位とし、特殊労働一時間の雇用は報酬の比率に応じて重みを変える。つまり、通常のレートの倍の報酬をもらっている特殊労働一時間分を二単位と数えるのである。雇用量を測定するこの単位を「労働単位」と呼び、一労働単位当たりの名目賃金を「賃金単位」と呼ぶことにする。[*] したがって、賃金（と給与）の支払額を E、賃金単位を W、雇用量を N とするなら、$E=N\cdot W$ となる。

供給される労働力を同質化できるというこの仮定は、「個々の労働者によって特殊技能や職業への適性は大きく異なる」という明白な事実があっても揺らがない。というのも、「個々の労働者はその報酬に応じて労働力の供給に貢献している」と定義しているため、各労働者の報酬が効率性に比例するなら、個々の労働者の違いに対応できる。また、生産が増えて、雇用でき

＊ 何であれ、通貨で測定した量を X と表記するなら、賃金単位で測定した同じ量を X_w と表記すれば便利なことが多いだろう。

る専門労働力の効率が一賃金単位当たりで次第に低下していく場合も、単に資本設備に配置する労働力が増えたため、その設備の生産高が収穫逓減に見舞われる一因になったと解釈できる。言ってみれば、報酬の等しい労働単位の非同質性をその設備に組み込み、「設備は、生産が増えるにつれて、利用できる労働単位の雇用に順応しにくくなる」と解釈するのである。「資本設備は同質的で、利用できる労働単位が設備の利用に順応しにくくなる」とは考えない。したがって、特殊労働力や熟練労働力に余剰がなく、これまでよりも適性の低い労働力を雇うことで生産一単位当たりの労働コストが上がる場合、雇用増加に伴う設備の収穫逓減のペースは、労働力に余剰がある場合に比べて急激になる。* 様々な労働単位が高度な専門職で、まったく取り替えがきかないという極端なケースでも、問題はない。ある特定の資本設備を専門に取り扱う利用可能な労働力をすべて雇用してしまったため、その設備の生産物の供給弾力性が一気にゼロに低下したと考えればよいだけの話だ。** したがって、異なる労働単位の相対的な報酬が大きく変動しない限り、労働単位を同質と考える本書の想定に問題はない。仮にその種の問題が生じても、労働の供給と総供給関数の形状には、急激に変化する傾向があると想定すれば、対処可能だ。

経済システム全体の動きを論じる場合、単位を通貨と労働の二つだけに限定すれば、余計

な難問の多くを排除できるというのが、私の信念だ。特定の生産物や設備という単位は、個々

＊ いま使用中の設備と同じタイプの設備に余剰があっても、需要の増大で生産物の供給価格が上がるのは、これが主因である。仮にすべての事業家に等しく利用できる労働者の余剰供給のプールがあり、ある目的のために雇用される労働者が、実際の職場で厳密な効率性ではなく、少なくとも部分的には努力の単位に応じて報酬が支払われると想定すれば（これはたいていのケースで現実的な想定と言える）、雇用された労働者の効率性の逓減は、生産の増加に伴い供給価格が上昇する格好の事例と言え、内部不経済が原因ではない。

＊＊ ふつうに用いられている供給曲線の場合、この問題にどう対処すべきかについては、何とも言えない。というのも、そうした曲線を使う学者は、前提条件をあまり明確に示していないのだ。たぶん、ある目的で雇用される労働者が、その仕事の効率性に厳密に連動した報酬を受け取ると想定しているのだろうが、これは現実的とは言えない。おそらく、労働者の様々な効率性をあたかも設備の側に原因があるかのように扱う本質的な理由は、生産の増加で黒字が増えれば、現実には、効率のよい労働者ではなく、おもにその設備の所有者の利益になるという事実にある（効率のよい労働者は「常時雇用される」「出世が早い」といったメリットを受けるかもしれないが）。つまり、同じ仕事で効率性の異なる労働者が、効率性に厳密に比例したレートの報酬を受けることはめったにないということだ。だが、効率性の高い労働者に高い賃金が支払われる場合、そしてその限りにおいて、私の手法で対応できる。というのも、雇用されている労働単位の数を計算する際に、報酬に比例して個々の労働者の重みを変えているからだ。私の想定の下で個別の供給曲線を扱う場合は当然、興味深い複雑な問題が浮上する。適性のある労働者の需要がほかの分野でどの程度あるかで、曲線の形状が変わってくるからだ。先ほど指摘したように、こうした複雑な問題を無視するのは現実的とは言えない。ただ、雇用全体について論じる場合は、この点を考慮する必要はない。ある一定量の有効需要が、異なる製品間でどう配分されるかが、一義的に定まると仮定する限り、そう言える。だが、需要がどのような原因で変化しても、そうした仮定が成り立つとは言えないかもしれない。たとえば、消費性向の上昇で有効需要が増えた場合の総供給関数は、投資のインセンティブの増加で有効需要が同量増えた場合の総供給関数とは異なる可能性がある。ただ、こうした諸々の点は、ここで示した一般的な考え方を詳細に分析する際に問題になるもので、ここで直ちに取り上げるつもりはない。

の企業や産業の生産高を個別に扱うケースにとっておけばよい。そして、全体の生産量、資本設備全体の量、全般的な物価水準という曖昧な概念の利用は、どうみてもある程度まで（おそらくかなりの程度まで）不正確で近似的でしかない歴史上の比較をする場合にとっておけばよい。

したがって、本書では（消費財の生産であれ、新規の資本設備の生産であれ）いまの生産高の変化を既存の資本設備に配置された労働者の有給労働時間に照らして測定する。熟練労働者の労働時間は報酬に応じて重みを変える。この生産高と、別の資本設備に別の労働者集団を配置したケースの生産高を量的に比較する必要はまったくない。ある一定の設備を所有する事業家が、総需要関数のシフトにどう対応するかを予想するためには、結果として生産されるモノの量や、生活水準、物価全般の水準が、ほかの時期やほかの国と比べてどうなるかを知る必要はない。

4

通常は供給曲線で示される供給の条件と、生産高と価格の関係を示す供給の弾力性は、総供給曲線を使えば、本書で選んだ二つの単位で処理できる。ある特定の企業や産業を取り上げる場合も、経済活動全体を取り上げる場合も、生産量に言及することなく、処理できる。これは簡単に示すことができる。ある企業の総供給関数（ある特定の産業、産業全体も同様だが）は以下の通りだ。

$$Z_r=\phi_r(N_r)$$

Z_rは収入（使用コスト抜き）であり、そうした収入を見込んでいるからN_rという雇用水準が実現する。したがって、雇用と生産高の間に「雇用がN_rであれば、生産高はO_rになる」という関係がある場合、つまり$O_r=\psi_r(N_r)$の場合、

$$p=\frac{Z_r+U_r(N_r)}{O_r}=\frac{\phi_r(N_r)+U_r(N_r)}{\psi_r(N_r)}$$

が、通常の供給曲線となる。$U_r(N_r)$は雇用水準N_rに対応する（予想）使用コストである。

したがって、各商品が同質の場合、$O_r=\psi_r(N_r)$には明確な意味があり、$Z_r=\phi_r(N_r)$の値を

通常の方法で求めることができる。しかし、その次の段階で、複数の N_r を総計することはできるが、複数の O_r は N_r のような形では総計できない。ΣO_r は数値ではないからだ。また、ある環境で所与の総雇用が異なる産業に一義的に分配されると想定できるなら、N_r は N の関数となり、一段の単純化が可能になる。

第5章

生産高と雇用を決める予想

Chapter 5

Expectation as Determining Output and Employment

1

すべての生産は、最終的には消費者を満足させることが目的だ。だが、生産者が（消費者を念頭に置いて）コストを負担してから、最終消費者がその生産物を購入するまでには、ふつうは時間が――ときには長い時間が――かかる。一方、事業家（ここでは生産者と投資家の双方を含む）は、そうした期間――長期にわたりうる期間――を経て、消費者に（直接・間接に）商品を供給する体制を整えた際に、消費者からいくら貰えるかについて、できる限り正確な予想*を立てる必要がある。仮に時間がかかるプロセスを経てモノを生産するのであれば、そうした予

＊　販売収入について、こうした予想に相当するものを導く手法については、第3章の五一ページの脚注＊＊＊を参照。

想を目安にするしかない。

こうしたビジネス上の決定を左右する予想は、二種類に分けられる。第一のタイプの予想を専門に立てる個人・企業があり、第二のタイプの予想を専門に立てる個人・企業がある。第一のタイプは、生産者が生産プロセスを開始する際に「完成」品の販売価格について立てる予想だ。(生産者からみて)商品を利用もしくは第三者に販売できる準備が整えば、「完成」品となる。第二のタイプは、事業家が既存の資本設備に追加する「完成」品を購入(もしくは、おそらく製造)する際に、将来いくら稼げるかについて立てる予想だ。前者を短期の予想、後者を長期の予想と呼んでもよいだろう。

したがって、各企業が日々の生産高*を決める際の行動は、各企業の短期の予想で決まることになる。生産規模を変えた場合、生産にどの程度のコストがかかるか、そうして生産したモノをいくらで売れるか、という予想である。もっとも、こうした短期の予想は、資本設備を追加する場合や――また流通業者に商品を販売する場合でも――一般に他者の長期(もしくは中期)予想に大きく左右される。企業が創出する雇用量は、こうした様々な予想に左右されることになる。生産や生産物の販売が実際にどのような結果になったかは、その後の予想を修正するものでない限り、雇用には影響しない。また、翌日の生産高を決める際に手元にある資本設備や中間財・半完成品の取得のきっかけとなった元々の予想が、影響を及ぼすこともない。したがって、そうした決定を下す際は、手元の設備や在庫を参照こそすれ、つねにかならず、今後見込まれるコストと販売収入の現時点の予想を基に、決断が下されることになる。

さて、(短期の予想であれ長期の予想であれ) 予想が変化しても、かなりの時間が経たないと、雇用に完全な影響は出ない。予想の変化に伴う雇用の変化は、予想が変化した二日目と一日目では同じではないし、三日目と二日目でも同じではない、という具合だ。これはたとえ、その後の予想に変化がなくても言えることである。というのも、短期予想の場合、予想が悪い方向に変化し、修正後の予想でみて生産プロセスを開始したこと自体がまちがいだったと思われる場合でも、すべての生産プロセスの作業をストップするほど、予想が急激に激しく変化することはふつうないからだ。予想がよい方向に変化し「もっと早く予想を修正していれば、この水準まで雇用を引き上げていただろう」と思われる場合でも、その水準まで雇用を増やすには準備のための時間が要る。長期予想の場合は、取り替えられない設備が損耗するまで雇用は維持される。長期予想がよい方向に変わった場合も、設備を新しい状況に合わせるまでは、雇用が

＊　ここでいう「日々」とは、雇用する人数に関する決定を自由に修正できるようになるまでの最短期間である。言ってみれば、経済の時間の最小有効単位だ。

一時的にその後の水準を上回る可能性がある。

ある予想が長期間保たれ、その影響が雇用に完全に反映されて、いまある雇用は、大まかに言って、すべてその新しい予想の状態がつねに成り立っていたおかげだ、という状況を想定してみよう。このように達成された安定した雇用の水準をその予想の状態に対応する「長期雇用*」と呼べるかもしれない。そうなると、予想は頻繁に変化し、実際の雇用水準は、現在の予想の状態に対応する長期雇用に達する暇はないかもしれないが、それでも、すべての予想の状態には、それに対応する明確な長期雇用の水準が存在することになる。

まず、予想の変化により、雇用がどのように長期雇用水準に移行するかを考えてみよう。予想はその後変化せず、予想に混乱が生じたり、予想が中断されることはないとする。とりあえず、予想の変化に伴い、新たな長期雇用水準が以前の水準を上回るケースを考えてみよう。まず大きな影響を受けるのは、ふつう投入ペースのみ――つまり新しい生産工程の初期段階の作業量のみ――だろう。予想の変化前に始まっていた後段階にあたる消費財の生産高と雇用量は、以前とおおむね変わらないはずだ。半完成品の在庫がある場合は、この結論に修正が必要となるかもしれないが、当初の雇用増加が大幅なものではないという結論は変わらない可能性が高い。しかし、時間の経過とともに、雇用は緩やかに増加する。また、雇用がある時点で新規の長期雇用水準を超える事態も容易に想像できる。というのも、新たな予想に合わせて資本を増強していく過程で、雇用に加え、足元の消費が長期水準到達時の水準を上回る可能性があるからだ。したがって、予想の変化に伴い、雇用の水準が次第に緩やかに増加し、ピークに達した後、新たな長期水準に減少するというパターンも考えられる。同じパターンは、新たな長期水準が以前と同じ場合でも起こりうる。消費の方向性が変わり、既存の工程・設備の一部が時代に合わなくなると予想される場合だ。また、新しい長期雇用水準が以前の水準を下回る場合も、移行期間中に雇用が長期水準を下回る可能性がある。したがって、予想が変化するだけで、循環運動と同じタイプの形状の振幅が、影響波及の過程で生じうる。私は『通貨論』で、経営資本・流動資本のストックが予想の変化に応じて増加・減少することを論じたが、その際に指摘したのがこのタイプの運動だ。

いまみたような、途中で中断されずに新たな長期水準に向かう移行のプロセスは、細部が複雑になる可能性があるが、実際の移行プロセスはさらに複雑だ。というのも、予想の状態は

＊　長期雇用の水準はかならずしも一定ではない。つまり、長期の状態はかならずしも静的ではない。たとえば、富や人口の安定的な増加が、変わることのない予想に組み込まれる可能性はある。いまの予想がかなり以前から立てられていた、というのが唯一の条件だ。

つねに変わりうるため、以前の予想が完全に反映されるずっと前に新たな予想が重なってくる。その結果、経済機構は、いつの時点をとっても、過去の様々な予想の状態のために多数の活動が折り重なっていることになる。

2

ここで話が目下の目的とつながる。以上の点から明らかなのは、雇用の水準は、ある意味では、いついかなる場合も、現在の予想の状態だけでなく、過去一定期間の複数の予想の状態に左右されるということだ。だが、まだ完全に影響を出し切っていない過去の予想は、現在の資本設備に体現されている。そして、事業家は、現在の資本設備を踏まえて、今日の決定を下すしかない。過去の予想は、現在の資本設備に体現された限りにおいて、事業家の決定に影響を及ぼす。したがって、先ほど述べたような事情はあるにせよ、「いまの雇用は、いまの資本設備を踏まえて立てられるいまの予想に左右される」という記述は正しいと言える。

現行の長期予想について、あからさまな言及を避けることは難しい。だが、短期の予想については、あからさまな言及を避けたほうが無難な場合が少なくない。実際の短期予想の修正プロセスは、緩やかかつ連続的なもので、おもに、実現した結果を踏まえて修正が続く。このため、予想される結果と実現した結果が混じり合い、相互に重なり合って影響を及ぼす。というのも、生産と雇用は、過去の結果ではなく、生産者の短期予想によって決まるが、そうした予想を決定する最大の要因は、ふつう、直近の結果なのである。生産プロセスを開始するたびに、一から予想を立てるのは、手間がかかりすぎるし、時間の無駄でもある。昨日と今日で多くの状況が大きく変わることは、ふつうないからだ。したがって、変化を予想する明確な根拠がない限り、直近の結果が続くと想定した上で予想を立てるのが、生産者にとって現実的と言える。このため、実際には、最近の生産で実現した販売収入が雇用に及ぼす影響と、いまの投入量から予想できる販売収入が雇用に及ぼす影響は、かなり重複している。生産者の予想は、今後見込まれる変化の予想よりも、実際の結果を踏まえて、緩やかに修正されることのほうが多い。*

だが、耐久財の場合は、生産者の短期予想の土台に、投資家の現在の長期予想があるという点を忘れてはならない。長期予想は、実現した結果を踏まえて、逐一確認することができない。また、第12章で長期予想をさらに細かく考察する際に見るように、長期予想は突然変わる傾向がある。したがって、たとえおおよその話をする場合でも、現在の長期予想という要因を無視したり、実現した結果で代用することはできない。

＊ 生産を決める際に心の中にある予想が重要になるというこうした考え方は、ホートレー氏の指摘とも整合性がとれると思える。ホートレー氏によると、投入量と雇用は、予想との比較で価格が下落したり、生産に対する失望が実際の損失に反映されたりする前に、在庫の積み上がりの影響を受ける。というのも、前期の生産高の単なる販売収入データを何も考えずにそのまま次の期に投影した場合、ある一定の投入量が示されるが、この売り残り在庫の積み上がり（もしくは先行受注の減少）こそ、そうした投入量を変える可能性がとくに高いたぐいの出来事なのである。

第6章 所得・貯蓄・投資の定義

Chapter 6 The Definition of Income, Saving and Investment

1 所得

事業家は、どの期間をとってみても、生産した完成品を消費者やほかの事業家に一定額（A）で販売している。ほかの事業家から購入した完成品にも一定額（A_1）を支払っている。期末には、一定の価値（G）を持つ資本設備（未完成品の在庫・経営資本、完成品の在庫を含む）を保有していることになる。

ただ、$A+G-A_1$ の一部は、その期の活動ではなく、期初に保有していた資本設備に負っているはずだ。したがって、当期の「所得」を算出する場合は、$A+G-A_1$ から一定額——前期から引き継いだ設備の価値に（何らかの意味で）負う部分——を差し引く必要がある。所得を定義するという問題は、この差し引く分を計算する満足のゆく方法が見つかれば、すぐに解決する。

計算には二つの原理が考えられ、それぞれ一定の意義がある。一つは生産と結びつける方法、もう一つは消費と結びつける方法だ。順に検証しよう。

① 期末の資本設備の実際の価値 G は、事業家が当期に設備を維持・改善した分（ほかの事業家から購入した分とみずから作業した分の双方を含む）から、生産で設備が損耗・減価した分を引いた値となる。資本設備を生産には使わないと決断していた場合でも、設備の維持・改善に支払う価値のある一定の最適額が存在する。この場合、設備の維持・改善に B' を支払っていたと想定し、その金額を支払った上での期末の設備の価値が G' だったとする。そうなると、設備を A の生産に利用しなかった場合、$G'-B'$ が、前期から引き継いでいた可能性のある純価値の最大値となる。この設備の潜在価値から $G-A_1$ を引いた分が、A を生産するために（何らかの形で）犠牲になった分だ。この量、すなわち、

$$(G'-B')-(G-A_1)$$

を A の生産のために犠牲になった価値＝ A の使用コスト（*user cost*）と呼ぶことにす

る。使用コストはUで表す*。事業家がほかの生産要素にサービスの見返りとして支払った額——生産要素からみれば自分の所得——をAの要素コスト（*factor cost*）と呼ぼう。要素コストFと使用コストUを合計したものを、生産高Aの主要コスト（*prime cost*）と呼ぶ。

この場合、事業家の所得**（*income*）は、その期に販売された完成品の価値から主要コストを差し引いた分と定義できる。つまり、事業家の所得は、事業家が生産規模に応じて最大化を目指す量——通常の意味での粗利益——に等しいことになる。これは常識にも合致する。社会のその他の所得は、事業家の要素コストに等しいので、総所得はA-Uに等しくなる。

こうして定義した所得は、量としてまったく曖昧なところがない。また、事業家が、ほかの生産要素にどの程度の雇用を創出するかを決める際に最大化を目指すのは、この所得からほかの生産要素への支出を差し引いた額の予想値であるため、この量は、因果関係上、雇用に重大な意味を持つ。

* 使用コストについては、本章の補論でさらに詳しく検討する。
** 以下で定義する「純所得」とは異なる。

もちろん、$G-A_1$ が $G'-B'$ を上回るケース――使用コストがマイナスになるケースも考えられる。たとえば、期間の選び方によっては、その期の投入量は増えているが、増加した生産物を完成させて販売できる段階には至らなかったというケースは十分考えられる。また、産業の統合が非常に進んで事業家が設備の大半を自前で生産する状況を想像してみれば、投資がプラスの値のときは、つねにそうした状態になるだろう。ただ、使用コストがマイナスになるのは、事業家が自分の労働力で資本設備を増やす場合のみであり、資本設備を生産する会社と利用する会社がおおむね異なる経済では、通常、使用コストはプラスになると考えてよい。また、A の増加に伴う限界使用コスト（$\frac{dU}{dA}$）がプラス以外の値を取るケースは考えにくい。

ここで、本書の後半を先取りしておくのが便利かもしれない。社会全体では、ある期の総消費（*consumption*、C）は $\Sigma(A-A_1)$ に等しくなり、総投資（*investment*、I）は $\Sigma(A_1-U)$ に等しくなる。また、ほかの事業家から購入した分を除く事業家個人の設備について言えば、U が事業家個人の負の投資（したがって $-U$ は投資）となる。このため、産業が完全に統合された体制（つまり $A_1=0$）では、消費は A と等しくなり、投資は $-U$、つまり $G-(G'-B')$ に等しくなる。A_1 を導入したことですこし複雑になったが、これは単に、生産が統合されていない体制のケースを一般化して示すことが望ましいという理由による。

また、有効需要（*effective demand*）とは、事業家が創出すると決めた現在の雇用量から予想できる総所得（つまり収入）――ほかの生産要素に払う所得も含む――にほかならない。総需要関数は、様々な仮定上の雇用量と、その雇用量による生産で見込まれる収入とを結びつけたものだ。そして、有効需要は、この総需要関数の一点であり、それが有効になるのは、供給状態との関係を踏まえれば、その点が事業家の予想利益を最大化できる雇用水準に対応するためだ。

こうした一連の定義には、限界収入（もしくは所得）と限界要素コストを等しくできるというメリットもある。したがって、ここで定義した限界収入と限界要素コストの関係については、ほかの経済学者――使用コストを無視したり、ゼロと想定して、供給価格*＝限界要素コストとしてきた経済学者**――と、同じような説に到達できる。

* 使用コストの定義という問題を無視した場合、供給価格という用語は不完全にしか定義できないと思える。この問題は本章の補論でさらに論じるが、私の主張はこうだ。総供給価格について論じる場合は、供給価格から使用コストを除外することが適切なケースがあるが、個別企業の生産一単位の供給価格を論じる場合は不適切だ。

② 次に、先に言及した二番目の原理に移ろう。ここまでは、資本設備の期末と期首の価値変化のうち、利益の最大化を目指す事業家の自発的な決定による変化について論じてきた。しかし、これに加え、事業家のいまの決定では変えられない理由、もしくはいまの決定とは無関係の理由で、資本設備の価値に非自発的な損失（もしくは利益）が発生する可能性がある。（たとえば）市場価値の変化、旧式化や単なる時の流れによる損耗、戦争・地震などの災害による破壊で生じる損失・利益である。さて、こうした非自発的な損失の中には、避けることはできないが、大まかに言って、予想ができないわけではないものがある。たとえば、使用するしないにかかわらず時間の経過によって発生する損失や、「正常」な旧式化――ピグー教授が言う「定期的なもので、細部はともかく、すくなくとも一般に予想できるもの」などだ。これに、定期的に発生するため一般に「保険対象となりうるリスク」とみなされている社会全体が被る損失を加えてもよいだろう。予想損失額が予想を立てる時期をどう想定するかに左右されるという事実は、とりあえず無視しよう。こうした非自発的だが予想できなくはない設備の減価――つまり、予想できる減価のうち、使用コストを上回る分――を補足コス

ト（*supplementary cost*）と呼び、Vと書くことにする。この定義がマーシャルの補足コストの定義と同じではないことは、おそらく説明するまでもないだろう。もっとも「予想される減価のうち主要コストに入らない部分を取り上げる」という根底にある発想は、似ていると言える。

したがって、事業家の純所得（*net income*）と純利益（*net profit*）を計算する場合は、ふつう、先ほど定義した所得と粗利益から、補足コストの推定額を差し引くことになる。というのも、消費や貯蓄に回せる額がいくらあるかを考える事業家にとって、補足コストは粗利益から差し引かれるようなものと、事実上、同じ心理的な効果を及ぼすためだ。事業家は、設備を使うかどうかを決める生産者としては、本書で定義した主要コストと粗利益を重視するが、消費者としては、補足コストが主要コストの一部

** たとえば、$Z_w=\phi(N)$ もしくは $Z=W\cdot\phi(N)$ を総供給関数としよう（Wは賃金単位、$W\cdot Z_w=Z$）。この場合、限界生産物の収入は、総供給曲線のどの点をとっても限界要素コストと等しくなるため、$\Delta N=\Delta A_w-\Delta U_w=\Delta Z_w=\Delta\phi(N)$ となる。つまり $\phi'(N)=1$ だ。ただし、要素コストと賃金コストの比率は一定で、各企業（企業数は一定と想定する）の総供給関数は他の産業で雇用されている人数から独立しており、個々の事業家にとって成り立つ上記の等式の項を合算して事業家全体に当てはめることができるという条件がつく。これは、賃金が一定で、他の要素コストが賃金の支払い額と一定の比率にある場合、総供給曲線は直線となり、傾きは名目賃金の逆数で与えられることを意味する。

であるかのように感じられる。したがって、総純所得を定義する際に、使用コストだけでなく補足コストも差し引けば――つまり、総純所得＝$A-U-V$と定義すれば――一般的な用法に限界まで近づけられるだけでなく、消費量を左右する概念にも到達できる。

残るは、非自発的だが、大まかに言って予想が不可能な設備価値の変化である。原因は、予想外の市場価値の変動、通常では考えられない旧式化や災害による破壊だ。純所得を計算した際にも無視したこの種の実損は、資本勘定に費用計上される。この損失を偶発損失（意外の損失、*windfall loss*）と呼んでもよいだろう。

純所得が因果関係として重要なのは、Vの大きさが現在の消費量に心理的な影響を及ぼすからだ。というのも、一般の人が今いくら消費するかを決める際、純所得を自分の使える所得と考えることが想定されるのである。もちろん、これだけで消費額が決まるわけではなく、たとえば、どの程度の偶発利益・損失を資本勘定に計上するかで、消費額は大きく変わってくる。だが、補足コストと偶発損失には違いがある。前者の変化は、粗利益の変化とまったく同じように影響する傾向がある。事業家の消費を左右するのは、現在の生産収入から、主要コストと補足コストの合計額を差し引いた金額だ。これに対し、偶発損失（もしくは利益）は、事業家の決定に際し考慮はされるものの、補足コストと同じ程度では考慮されない。ある一定額の偶発損失は、同額の補足コストと同じ影響を及ぼさない。

しかし、ここで次の点に立ち返る必要がある。補足コストと偶発損失を分ける境界線――つまり「所得勘定の借方に計上することが適切と考えられる避けられない損失」と「資本勘定に計上するのが妥当と考えられる偶発損失（もしくは利益）」を分ける境界線――には、慣習的・心理的な面があり、この境界線は、前者を推計する際にどのような基準が一般に受け入れられているかで変わってくる。補足コストの推計について、唯一無二の基準を確立することはできず、その額は会計手法の選択に左右されるのである。補足コストの予想値は、設備が生産された当初は一定の量だ。だが、その後、再評価が行われた場合、その間の予想の変化に伴い、設備の残存耐用期間の補足コストが変わる可能性がある。偶発損失は、今後見込まれる $U+V$ の一連の値の「当初の予想」と「修正後の予想」の差額の割引価値だ。内国歳入庁のお墨付きを得ている一般的な企業会計原理では、設備の取得後に予想が変わっても、設備取得時の補足コストと使用コストの合計額を設備の耐用期間中、維持することが認められている。

この場合、補足コストは、どの期をとってみても、設備の取得時に決めた額から実際の使用コストを引いた額とみなす必要がある。これには、資産の耐用期間全体でみた場合、偶発利益・損失をゼロにできるという利点がある。ただ、一定の状況では、恣意的な会計期間（たとえば一年）ごとに、その時点の値と予想に基づいた補足コスト分を再計算することが妥当な場合もある。実際、どちらを選ぶかは事業家によって異なる。設備を最初に取得した際に見積もる当初の予想補足コストを基本補足コスト（*basic supplementary cost*）と呼び、現在の値と予想に基づいて最新の状態に再計算した補足コストを最新補足コスト（*current supplementary cost*）と呼べば、便利かもしれない。

このため、補足コストとは、典型的な事業家が、配当を決める目的や（株式会社の場合）、自分のいまの消費の規模を決める目的で（個人の場合）、純所得と考えられるものを計算する際に、自分の所得から差し引く額としか言えない。これ以上、補足コストの量を正確に定義することはできない。資本勘定に偶発損失を計上するという選択肢も残されているので、疑わしい場合は資本勘定に計上し、明らかに補足コストと思われるものだけを補足コストとして計上することがまちがいなく望ましい。というのも、資本勘定への負荷が過大になった場合は、その時点の消費率に及ぼす資本勘定の影響力が相対的に大きくなるため、過大な負荷の是正が可能になるからだ。

本書の純所得の定義は、マーシャルの所得の定義に非常に近いことがわかるだろう。マーシャルは、所得税委員会の慣行に逃げ場を求め、大まかに言って、同委員会が経験上、所得として扱うものをすべて所得とみなした。同委員会の決定構造は、日常生活で通常、純所得として扱われるものを解釈する上で、もっとも詳細かつ広範な調査の結果とみなせるのであり、これ以上の調査結果は手に入らないからだ。本書の定義は、ピグー教授の「国民分配分」の最新の定義の名目（通貨）価値にも対応する。*

だが、純所得が曖昧な基準に基づいており、権威の間で解釈が異なる可能性があること、完璧に明快な概念ではないことも、やはり事実だ。たとえばハイエク教授は、資本財を保有する個人が、資本財から得られる収入を一定にしたいと考える可能性があり、何らかの理由で投資所得に減少傾向がみられれば、それを相殺するだけの額を貯めるまで、所得を自由に消費に回せないと感じる、と示唆している。** 私には、そのような個人がいるとは思えないが、そうした差し引きが純所得の心理的な基準になる

* 『エコノミック・ジャーナル』（一九三五年六月、二三五ページ）
** 「資本の維持」『エコノミカ』（一九三五年八月、二四一ページ以下参照）

という可能性に対して、理論的に反論することはできない。ただ、貯蓄と投資の概念にも、それに対応する曖昧さがあるというハイエク教授の推論については、純貯蓄と純投資を意味している場合に限って正しいと言える。雇用理論にとって重要な概念である「貯蓄」と「投資」は、曖昧さという欠陥とは無縁で、先ほど示したような客観的な定義が可能だ。

したがって、「純所得」をことさら重視するのは間違っている。純所得は、消費に関する決定を左右するだけであり、消費に影響するほかの様々な要因と際立った違いはない。また、厳密な意味での「所得」の概念を軽視するのも間違っている（軽視されることが多いが）。所得は、その時点の生産に関する決定を左右する概念であり、曖昧なところはない。

上記の所得と純所得の定義には、できる限り常識的な語法に近づけようとする意図がある。したがって、私が『通貨論』で、所得を特殊な意味に定義したことを急いで記しておかなければならない。以前の定義が特殊だったのは、総所得のうち、事業家が受け取る部分だ。利益（粗利でも純利益でも）を現在の操業から実際に得られた利益とも、現在の操業を決めた時の予想利益とも考えず、ある意味で正常利益・均衡利益と考えていた（いまにして思えば、生産規模が変動する可能性を考慮すれば不十分な定義だった）。その結果、この定義では、正常利益から実際の利益を引いた分だけ、貯蓄が投資を上回ることになった。こうした語法が――とくに貯蓄との相関関係で使われる場合に――かなりの混乱を招いたのではないかと思う。同書の結論（とくに貯蓄が投資を上回るという結論）は、私が定義した特別な意味で用語を解釈しない限り正しくなかったが、一般の議論では、用語が通常の語法に近い意味で使われていると誤解されることが多かった。このため――また、以前の用語がなくても、私の考えを正確に表現できるようになったため――古い用語は捨て去ることにした。以前の用語が混乱を招いたことを深く遺憾に思う。

2　貯蓄と投資

様々な語法が渦巻く中で、一つの定点が見つかるとほっとする。私が知る限り、貯蓄（*saving*）が、所得から消費支出を差し引いた分を意味することについては、誰も異議を唱えていない。

したがって、貯蓄の意味に疑念が生じる場合は、所得か消費の意味に疑念があることになる。所得については、先ほど定義した。消費支出は、どの期をとっても、その期間中に消費者に販売された商品の価値を意味するはずだ。そうなると、消費者による購入とは何かという問題が浮上する。「消費者による購入」と「投資家による購入」を分ける境界線の定義は、首尾一貫して適用できる妥当なものであれば、何でも構わないだろう。そうした問題——たとえば、自動車の購入は消費者による購入であり、住宅の購入は投資家による購入であるとみなすのが適切かどうかといった問題——は、頻繁に議論されており、私がこの議論に付け加えられる重要な論点は何もない。言うまでもないが、この境界線は、消費者と事業家を分ける境界線に対応したものでなければならない。したがって、本書で A_1 を「ある事業家がほかの事業家から購入するモノの価値」と定義した際、この問題は暗黙の裡に解決していたことになる。そうなると、消費支出は $\Sigma(A-A_1)$ であると、曖昧な点なく定義できる。ΣA とはその期の売上総額であり、ΣA_1 はある事業家のほかの事業家に対する売上の総額である。今後は、基本的に Σ を省略し、A をあらゆる商品の総売上高、A_1 を事業家間の総売上高、U を事業家全体の総使用コストとするのが便利だろう。

所得と消費を定義したので、貯蓄——所得から消費を差し引いた分——は自然と定義できる。所得が $A-U$、消費が $A-A_1$ であるため、貯蓄は A_1-U となる。同様に純貯蓄（*net saving*）は、純所得（*net income*）から消費を差し引いた分であるため、A_1-U-V となる。

所得を定義すれば、直ちに当期投資（*current investment*）も定義できる。というのも、当期投資とは、当期の生産活動によって生じた資本設備の価値の当期の増加分を意味するはずだ。これは、先ほど貯蓄と定義したものと明らかに一致する。なぜなら、これは当期の所得のうち消費に回されなかった分なのである。すでにみたように、どの期をとってみても、事業家は生産活動の結果、A の価値を持つ完成品を販売する。A を生産し、販売する結果、資本設備は、ほかの事業家からの購入 A_1 を考慮に入れたベースで、U の額だけ減価する（U がマイナスの場合は設備が $-U$ の分だけ改善する）。この期に生産された完成品の価値 $A-A_1$ が消費に回される。$A-U$ から $A-A_1$ を引いた額、つまり A_1-U は、その期の生産活動によって増えた資本設備であり、これがその期の投資（*investment*）となる。同様に、A_1-U-V は、資本設備の純増分――使用に伴う損耗とは異なる、そして資本勘定に費用計上する偶発的な変化による損耗とも異なる、正常な損耗分を差し引いた資本設備の純増分――であり、これがその期の純投資（*net investment*）となる。

したがって、貯蓄額は個々の消費者の行動を積み重ねた結果であり、投資額は個々の事業家の行動を積み重ねた結果であるが、二つの額は必然的に等しくなる。どちらも、所得から消費を差し引いた額に等しいためだ。また、このような結論が得られるのは、先ほどの所得の定義が巧妙精緻であるためでも、特殊であるためでもない。①所得が当期生産物の価値に等しい、②当期投資は、当期生産物の消費されない分の価値と等しい、③貯蓄は所得から消費を差し引いた額に等しい――という点（どれも常識に合致するし、大多数の経済学者の用語の使い方にも合致する）を認めるなら、貯蓄と投資が等しいという結論が必然的に導かれる。要約すれば、

所得＝生産物の価値＝消費＋投資

貯蓄＝所得―消費

よって

貯蓄＝投資

先ほどの条件を満たす定義であれば、どのような定義を組み合わせても、同じ結論につながる。どれか一つの妥当性が否定されない限り、この結論は回避できない。

貯蓄量と投資量が等しくなるのは、①生産者と②消費者もしくは資本設備の購入者――の

間で、両方向的な特徴のある取引が行われるからだ。所得は、生産者が販売した生産物から得る価値のうち、使用コストを差し引いた分で創出される。ところが、言うまでもないが、この生産物はすべて、消費者かほかの事業家に販売されているはずだ。各事業家の当期投資は、ほかの投資家から購入した設備の価値から自分の使用コストを差し引いた額に等しい。したがって、全体でみれば、所得から消費を差し引いた額（これを貯蓄と呼べる）は、設備投資の増加分（これは投資と呼べる）と異なるはずがない。純貯蓄と純投資も同様だ。実際のところ、貯蓄は残余部分にすぎない。消費の決断と投資の決断が相まって所得を決める。投資の決断が実行に移された場合、それによって消費が減少するか、所得が増加するはずだ。したがって、投資をすれば、おのずとその分だけ、貯蓄と呼ばれる残余部分・差額が自動的に増えざるをえない。

もちろん、個々人が貯蓄や投資をそれぞれいくらにするかについて冷静な判断を下せず、取引が行われる価格の均衡点が定まらないというケースは、可能性としては考えられる。この場合、生産物の市場価値が定まらず、ゼロから無限大の間で落ち着きどころを見いだせなくなるため、本書の用語は当てはまらなくなる。ただ、経験を振り返ると、これは事実とは言えない。買い意欲と売り意欲が等しくなる均衡点に到達できるような心理的な反応が、傾向としてみられる。生産物には市場価値というものがなくてはならない。これは名目所得が一定の価値を持つ必要条件であるとともに、貯蓄する個人が決める貯蓄額の総計と投資する個人が決める投資額の総計が等しくなるための十分条件でもある。

おそらく、この問題を明確に理解する最良の方法は、貯蓄の決定という観点ではなく、消費の決定（もしくは消費を控える決定）という観点で考えることにある。個人はまちがいなく、自分で消費する・しないの決定を下せる。投資するかしないかについても同じことが言える。総所得と総貯蓄の量は、消費の是非と投資の是非について個人が自由に選択した結果なのである。しかし、どちらの量も、消費と投資の決定とは無関係に下された別の一連の決定から生じる独立した値を取ることはできない。こうした原理があるため、本書では、貯蓄性向（傾向）の代わりに、消費性向（*propensity to consume*）という概念を使っていく。

第6章の補論

使用コストに関して

Appendix on User Cost

1

使用コストは、古典派の価値理論にとって重要な意義があると思えるが、この点はこれまで見過ごされてきた。これについては、この場に関連することや、この場で述べるのが適切なこと以上に論じるべきことがある。ただ、この補論では、脱線として、もうすこし検証を進めてみたい。

ある事業家の使用コストは、定義によって以下に等しい。

$$A_1+(G'-B')-G$$

A_1 は事業家がほかの事業家から購入する量、G は事業家の資本設備の期末の実際の価値、G'

は資本設備を使用せず、設備の維持・改善に最適額 B' を支払っていた場合に、期末の設備が持ちえた価値である。さて、事業家の設備の価値が、前期から引き継いだ純価値から、どれだけ増えたかを示す $G-(G'-B')$ は、事業家の当期の設備投資であり、I と書ける。したがって、事業家の販売収入 A の使用コスト U は、A_1-I に等しい。A_1 は事業家がほかの事業家から購入した分、I は事業家が自分自身の設備に行った当期の設備投資である。すこし考えればわかるが、以上のことは常識以外の何物でもない。ほかの事業家への支払いの一部は、自分の設備への当期投資と見合い、残りは、販売物の生産で生産要素に支払った以上に事業家が負担を強いられた犠牲になった分となる。同じことを別の形で言い換えようとすればわかるが、本書の表記には、解決不能（かつ不要）な会計上の問題を回避できるというメリットがある。当期の生産収入を曖昧な点なく分析する手法は、これ以外にないと思える。産業が完全に統合された場合や、事業家が外部から何も購入しない場合（つまり $A_1=0$ の場合）、使用コストは単に、その設備の使用に伴う当期の負の投資と等しくなる。ただ、その場合も、販売したモノと保有している設備に要素コストを配分するという作業が、分析のどの段階でも不要になるというメリットがある。このため、（統合された企業でも、個別の企業でも）ある企業の創出する雇用が、一つの総合的な決断に左右されるとみなすことができる。これは、当期に販売されるモノの生産と、全生産高が、相互に絡み合っているという現実の特徴に対応する。

また、使用コストの概念を使えば、企業の販売可能な生産物一単位当たりの短期の供給価格について、通常採用されている定義よりも明確な定義をすることができる。というのも、短期の供給価格は、限界要素コストと限界使用コストの合計額なのである。

通常、現代の価値理論では、短期の供給価格が限界要素コストのみに等しいとされている。だが、言うまでもないが、それが正しいのは、限界使用コストがゼロの場合か、本書第3章第1節で「収入」と「総供給価格」の定義から総使用コストを除いたのとまったく同じように、供給価格を「限界使用コストを除いたもの」と特殊に定義した場合のみだ。生産全体を論じる際は、使用コストを除外したほうが便利なときもあるかもしれないが、この手続きを単一の産業・企業の生産物に、常習的に（かつ暗黙の裡に）当てはめれば、分析から現実味が完全に失われる。というのも、「価格」という言葉が通常意味するものが、モノの「供給価格」という言葉から切り離されてしまうのだ。一部の混乱の原因は、こうした慣行にあるのかもしれない。個別企業の販売可能な生産物一単位を論じる際に使われる「供給価格」は、意味が明瞭だとみなされていたようで、議論の必要はないと考えられている。しかし、限界生産物を生産する際に①ほかの企業から購入するモノ、②企業の保有設備が被る損耗——の双方をどう扱うか。ここには、所得の定義に付随するありとあらゆる難問が詰まっている。というのも、企業の供給価格と言われるものを算出する場合、一単位当たりの販売収入から、生産物の追加の一単位の販売に際して必要になる他社からの限界購入コストを差し引く必要があると考えた場合でも、限界生産物の生産に際してその企業の保有設備に発生した限界「負の投資」を、まだ考慮に入れる必要があるのだ。たとえ、すべての生産が、完全に統合された一社で行われたとしても、限界使用コストがゼロだと想定するのは――限界生産物の生産に伴う設備の限界「負の投資」を一般に無視できると想定するのは――妥当とは言えない。

使用コストと補足コストの概念は、長期供給価格と短期供給価格の関係を明確にする上でも役に立つ。言うまでもないが、長期コストには、設備の耐用期間で適切に平均した予想主要コストと基本補足コストを計上する必要がある。つまり、生産の長期コストは、主要コストと補足コストの予想合計額と等しくなる。また、こうして計算した長期コストを長期供給価格が一定額上回らなければ、正常な利益は生み出せない。この一定額は、相応の期間・リスクの現行融資金利で決まる。この金利を設備にかかるコストの比率とみなすのである。もしくは、もし標準的な「純粋」金利を採用したければ、長期コストに三つ目の用語――「リスク・コスト」と呼んでもよいかもしれない――を付け加える必要がある。実際の収益が予想収益と異なる未知の可能性をカバーするためのコストだ。しがたって、長期供給価格は、主要コスト、補足コスト、リスク・コスト、金利コストの合計額と等しくなり、複数の要素に分けて分析することが可能だ。一方、短期の供給価格は、限界主要コストに等しい。したがって、事業家が設備を購入・製造する場合は、主要コストの限界値から平均値を引いた分で、補足コスト、リスク・コスト、金利コストを賄えると予想できなくてはならない。このため、長期の均衡水準では、限界主要コストから平均主要コストを引いた額が、補足コスト、リスク・コスト、金利コストの合計額と等しくなる。*

限界主要コストが、平均主要コストと平均補足コストの合計額とちょうど一致する生産の

＊ こうしたことが言えるのは、生産高が変化する全区間にわたって、限界主要コスト曲線が連続的だと便宜的に想定しているからだ。実際には、この想定は現実的ではないケースが多く、不連続点が存在する可能性がある。とくに生産高が設備の技術的な生産能力の限界に達した場合はそうだろう。この場合、限界分析は一部成り立たなくなり、生産がわずかに減少した場合の限界主要コストを計算すると、価格が限界主要コストを超過する可能性がある。（同様に、下方向、つまり生産高がある一定の水準を下回った場合も、不連続点が発生するケースが少なくないかもしれない）。これは、長期均衡における短期の供給価格を考察しているときに重要になる。というのも、その場合、技術的な生産能力の限界点に対応して存在しうるすべての不連続性が、影響を及ぼすと想定する必要が出てくるからだ。したがって、長期均衡における短期の供給価格は（生産がわずかに減少した場合に計算した）限界主要コストを超過することが必要になるかもしれない。

水準は、特別な重要性を持つ。というのも、この点で事業家の事業会計が収支トントンとなるためだ。つまり、この点は純利益がゼロの点に対応する。生産がこれよりも少なければ、純損益が赤字になる。

主要コスト以外に、どの程度補足コストを計上しなければならないかは、設備のタイプによって大きく異なる。極端な例を二つ挙げてみよう。

① 設備の維持作業には、かならず設備の利用と並行して行うものがある（機械に油をさすなど）。この費用は、（外部からの購入を別にすれば）要素コストに含まれる。物理的な理由で、当期の減価分すべてをこのような形で埋め合わせる必要がある場合、使用コスト（外部からの購入分は除く）の額は、補足コストと同額で符号は逆となる。長期均衡水準では、リスク・コストと金利コストに等しい額だけ、限界要素コストが平均要素コストを上回ることになる。

② 設備を利用した場合にだけ発生する設備の減価もある。このコストを設備の利用と並行して埋め合わせない場合、このコストは使用コストに計上される。設備の減価がすべてこのような形で起きる場合は、補足コストがゼロになる。

使用コストが低いという理由だけで、事業家がもっとも古い劣悪な設備から利用を始めることはないと指摘しておく価値はあるかもしれない。使用コストが低くても、相対的に効率が悪い――つまり要素コストが高い――点がネックになる可能性があるからだ。したがって、事業家は、なるべくなら生産物一単位当たりの使用コストと要素コストの合計額がもっとも低い設備から利用する。* ということは、当該生産物のどのような生産量に対しても、それに対応する使用コストがあるが、** この総使用コストは、限界使用コスト――生産ペースの加速に伴う使用コストの増分――と一定の関係にあるわけではない。

* 使用コストは将来の賃金水準の予想に一部左右されるため、賃金単位の減少が一時的と予想される場合、要素コストと使用コストが異なる比率で変動し、結果的に、どの設備を使うかや、ことによると、有効需要の水準にも影響が及ぶ。要素コストは、使用コストとは異なる形で有効需要の決定に関わってくる可能性があるためだ。

** 最初に利用される設備の使用コストは、かならずしも総生産量と無関係なわけではない（後述参照）。つまり、総生産量が変われば、それに応じてつねに使用コストに影響が出る可能性がある。

使用コストは、現在と未来を結ぶ鎖の一つとなる。というのも、事業家は生産規模を決める際、設備をいま使い切ってしまうか、将来使うためにとっておくかの選択を迫られるからだ。使用コストの量は、現在使用することで将来の利益がどの程度犠牲になると予想するかで決まってくる。この犠牲の限界量が、限界要素コストと予想限界収入と相まって、事業家の生産規模を決める。となると、事業家は生産活動の使用コストをどのように計算するのだろうか。

本書で定義した使用コストは、設備を使用した場合に、使用しなかった場合と比べてどの程度設備が減価するかを示している（やっておいて損のない維持・改良のコストと、ほかの企業からの購入も考慮に入れている）。したがって、いま使用しない場合に将来のある時点で得られる追加の見込み収益の割引価値を計算すれば、使用コストを算出できるはずだ。ところで、これは、設備を遊ばせておくことで生じる設備の取り替え時期の延期という機会（*opportunity*）の現在価値と、少なくとも等しくなければならない。それを上回る可能性もある。*

余剰、つまり余ったストックがない場合――そのため、同様の設備が増設や交換のために毎年新たに製造されている場合――限界使用コストは「設備を利用した場合に耐久期間や効率がどの程度、縮小・低下するか」と「その時点の取り替えコスト」を参照して計算される。これは明らかだ。ただ、設備が余っている場合は損耗などにより余剰がなくなると見込まれるまでの期間の金利と最新補足コスト（再評価した補足コスト）も、使用コストを左右する要因となる。こうして、金利コストと最新補足コストも、使用コストの計算に間接的に入ってくる。

この計算は、要素コストがゼロの場合──たとえば、銅などの原材料の余剰ストックがある場合──私が『通貨論』（第2巻第29章）で考案した線に沿って、もっとも単純かつわかりやすい形で示すことができる。将来の様々な時点の銅の見込み価値を並べてみよう。この一連の値は、余剰が解消され、次第に推定正常コストに近づいていくペースによって変わってくる。そうすると、余剰の銅一トン当たりの現在価値・使用コストは、「銅一トンのある時点の推定将来価値」から「今日からその時点までの銅一トン当たりの金利コストと最新補足コスト」を差し引いた価値の最大値と等しくなる。

同様に、船舶・工場・機械の使用コストは、こうした設備の供給が余剰となっている場合、

＊ 上回る場合というのは、後日、正常な水準を上回る収益が期待できるが、その状態がそれほど長続きせず、新たな設備を生産するのは割に合わない（もしくは生産する時間がない）というケースだ。今日の使用コストは、明日以降のすべての日の潜在的な予想収益の割引価値のうち最大値と等しい。

余剰が解消されると見込まれる日までの金利コストと最新補足コストのレートで割り引いた推定取り替えコストである。

ここまでは、設備が一定期間後にまったく同じ設備に取り替えられると想定してきた。当該設備が損耗した際にまったく同じものに取り替えられない場合は、廃棄後に導入される新設備の使用コストのうち、旧設備の効率性に相当する分の使用コストを割り出して、使用コストを計算する必要がある。

3

読者はお気づきだろうが、設備が旧式化しておらず、ただ単にしばらく余剰になっている状況では、実際の使用コストと正常な値（設備に余剰がない場合の値）の差は、余剰の解消が見込まれる予想期間によって変わってくる。したがって、問題となっているタイプの設備が、様々な年代のもので、一部の年代に偏っておらず、毎年かなりの部分が寿命を迎えるなら、余剰が際立って過度なものでない限り、限界使用コストが大きく低下することはないだろう。不況の場合、限界使用コストは、事業家が不況の期間をどの程度と予想するかに左右される。したがって、景気が上向き始めた時の供給価格の上昇は、予想の修正による限界使用コストの急激な上昇が一因かもしれない。

余剰工場設備を組織的に廃棄する計画は、すべての余剰工場設備に適用されなければ、価格上昇という望ましい効果を得られないということが、事業家の見解に反して、時々論じられるが、使用コストの概念を使えば、余剰工場設備の（たとえば）半分を廃棄した場合でも、直ちに価格上昇効果が期待できる可能性があることがわかる。というのも、余剰が解消される日が近づけば、そうした政策で限界使用コストが上昇し、結果的に足元の供給価格も上がるからだ。したがって、事業家は使用コストを明確に定式化しているわけではないが、そうした考えを暗黙の裡に念頭に置いているようにみえる。

補足コストが多大であれば、設備余剰がある場合は、限界使用コストが低くなる。また、設備余剰がある場合、限界要素コストと限界使用コストが平均要素コストと平均使用コストの値を大幅に上回る可能性は低い。こうした条件がいずれも満たされれば、余剰設備が存在する場合、事業家は純損失、おそらく大幅な純損失を計上する公算が大きい。余剰が解消された瞬間に、こうした状況から突然、正常利益に移行することはないだろう。余剰が減るにつれて、使用コストは緩やかに上昇する。限界要素コスト・使用コストの平均要素コスト・使用コストに対する超過分も、緩やかに拡大する可能性がある。

4

マーシャルの『経済学原理』（第六版、三六〇ページ）では、使用コストの一部が「工場設備の追加の損耗」という項目で主要コストに包含されている。しかし、この項目をどのように計算するのか、この項目がどの程度重要なのかについては、何の手引きも示されていない。ピグー教授の『失業の理論』（四二ページ）では、限界生産に伴う設備の限界「負の投資」は、一般に無視できるとはっきり想定されている。「生産の変化に伴って設備が被る損耗の量の変化と非肉体労働者の雇用コストの変化は、一般に二次的な重要性しか持たないとして、無視されている*」。実際、限界生産に伴う設備の負の投資がゼロだという考え方は、最近のかなり多くの経済理論に浸透している。しかし、個別企業の供給価格とは何かを正確に説明することが必要だと考えれば、直ちにこの問題全体が、眼前に立ちはだかることになる。

遊休工場設備の維持コストが、上述した理由で往々にして限界使用コストの額を減らす可能性があることは事実だ。とくに不況が長期にわたって続くと予想されている場合はそうだろう。しかし、限界使用コストが非常に低いというのは、短期それ自体の特徴ではなく、遊休工場設備の維持コストがたまたま重いという特殊な状況・タイプの設備の特徴であり、非常に急激な旧式化や大幅な余剰に伴う不均衡状態（とくに比較的新しい工場設備の割合が高い場合）の特徴でもある。

原材料の場合、使用コストを踏まえる必要性は明白だ。銅一トンを今日使い切ってしまえば、明日は使えない。明日使用していた場合の銅の価値は当然、限界コストの一部とみなす必要がある。しかし、銅は、資本設備を生産に使用する際にかならず起きることの極端な事例にすぎないという事実は、見過ごされている。原材料の場合は、使用に伴う負の投資を考慮する必要があるが、固定資本の場合は無視して構わないという確然とした区別は、事実に対応しているとは言えない。とくに、設備が毎年更新時期を迎え、設備を使用するごとに更新必要日が近づいてくるという正常な状態ではそう言える。

＊ ホートレー氏は、ピグー教授が供給価格と限界労働コストを同一視していると指摘し、これによって教授の論証の説得力が甚だしく低下したと主張している（『エコノミカ』一九三四年五月、一四五ページ）。

使用コストと補足コストの概念には、経営資本・流動資本にも、固定資本と同じように適用できるというメリットがある。原材料と固定資本の本質的な違いは、使用コストと補足コストが発生するかどうかではなく、流動資本から得られる見返りが一期限りであるのに対し、固定資本は耐久性があり段階的に利用されるため、見返りが複数の期にわたって稼ぎ出される一連の利益と、使用コストから成り立っているという点にある。

第7章 貯蓄と投資の意味 詳論

Chapter 7 The Meaning of Saving and Investment, Further Considered

1

前章では、貯蓄と投資の量が必然的に等しくなる――社会全体でみれば、同じものの異なる側面でしかない――と定義した。しかし、いまの学者は(『通貨論』を書いた当時の私自身も含め)、こうした用語に特殊な定義を与え、両者はかならずしも等しくないと指摘している。用語の定義をまったくせずに、両者が等しくならない可能性があると想定している学者もいる。このため、こうした用語をめぐる議論をこれまで述べてきたことと結びつけながら、いま使われているとみられる様々な用法の一部を分類する意義はあるだろう。

私の知る限り、貯蓄が所得から消費支出を引いた分を意味するという点に異論はない。そのような意味でなければ、どう考えても非常に不便だし、誤解の元にもなる。また、消費支出とは何かについても、重要な意見の相違はみられない。したがって、語法の違いは投資の定義か所得の定義から来ていると言える。

2

まずは投資から始めよう。日常用語としては、ふつう、個人や企業が新旧を問わず資産を購入することを意味する。証券取引所で取引される資産の購入に限定される場合も時にはあるかもしれないが、たとえば「住宅に投資する」「機械に投資する」「完成品や未完成品の在庫に投資する」といった使い方は、まったく同じくらい、ふつうにする。大まかに言って、新規投資（再投資ではなく）とは、種類を問わず所得から資本資産を購入することを意味する。投資資産の売却をマイナス投資——つまり負の投資（*disinvestment*）とみなすなら、本書の定義は一般的な用法にも合致する。古い投資資産の売買は、かならず互いに相殺されるからだ。たしかに、負債の創造と消滅（与信量や通貨量の変化も含む）を調整する必要はあるが、社会全体でみれば、総債権額が増減すれば、ちょうどその分だけかならず総債務額も増減するため、総投資について論じる場合は、こうした複雑な問題も帳消しになる。したがって、日常的な意味での所得が本書の純所得に対応するなら、日常的な意味での総投資は、本書の純投資の定義に対応する。純投資とは、あらゆる種類の資本設備の純増分――ただし、純所得を計算する際に考慮する古い資本設備の価値の変動を調整した上での純増分――だ。

したがって、こう定義した投資には、固定資本、経営資本、流動資本を問わず、資本設備の増加分が含まれている。（投資と純投資の違いは別にして）定義が大きく違うのは、こうした各種資本をすべて投資に算入するかどうかだ。

たとえば、ホートレー氏は、流動資本の変動――つまり意図せざる売れ残り在庫の増加（もしくは減少）――をとても重視しており、流動資本の変動を除いたベースで投資を定義できるのではないかと示唆している。この場合、貯蓄が投資を上回る分は、売れ残り在庫の意図せざる増加分（つまり流動資本の増加分）と等しくなる。私は、この点を重視するホートレー氏の説に納得できない。というのも、予想されている変化（正しいかどうかは別にして）ではなく、まったく予想されていなかった変化の補正に、すべての力点が置かれているのである。ホートレー氏によると、事業家は日々の生産規模を売れ残り在庫の変動を踏まえて前日の規模から変えていく。たしかに、消費財の場合、売れ残り在庫は意思決定で重要な要素となる。しかし、事業家の決定でほかの要素が果たす役割をなぜ無視するのか。したがって、私は有効需要の総合的な変化を重視したい。有効需要の変化のうち、前期の売り残り在庫の増減を反映した部分のみを重視しようとは思わない。また、固定資本の場合は、未使用能力の増減が、売れ残り在庫の増減のように、生産の決定に影響を及ぼす。この少なくとも同程度に重要な要因をホートレー氏の手法でどう扱えるのか、私にはわからない。

オーストリア学派が使っている資本形成と資本消費という用語は、本書で定義した投資とも、負の投資とも、純投資とも、負の純投資とも一致しないようだ。とくに、資本消費は、本書で定義した資本設備の純減がどうみてもまったく存在しない状況で起きるとされている。だが、こうした用語の意味が明確に説明されている箇所を私は見つけることができない。たとえば、生産期間が長引けば資本形成が起きると論じたところで、物事が大きく前進するわけではない。

3

次は、所得を特殊に定義したため、所得から消費を引いた分の定義も特殊になり、貯蓄と投資が一致しないというケースを見てみよう。私が『通貨論』で使った用法が、その一例だ。第6章第1節で説明したように、私が同書で使った所得の定義は、いまの私の定義とは異なる。事業家の所得を実際に実現した利益ではなく、(ある意味で)「正常利益」とみなしていたからだ。したがって、貯蓄が投資を超過している場合は、事業家の利益が自分の設備から得られる正常利益を下回るような生産規模になっている、と考えていた。貯蓄から投資を差し引いた分が増えている場合は、実際の利益が減少しており、事業家には生産を縮小するインセンティブが働く、といった具合である。

いまの私の考えでは、雇用量(したがって生産高と実質所得)は、現在の利益と今後見込まれる利益の最大化を目指す事業家によって決まる(事業家はその際、使用コストを考慮に入れる。使用コストは「設備をどのように利用すれば、耐用期間全体で設備から最大のリターンを得られるか」について、事業家がどう考えるかで決まる)。一方、事業家の利益を最大化する雇用量は、総需要関数に左右される。総需要関数は、消費と投資からそれぞれどの程度の収入を得られるか、事業家が様々な仮説に基づいて弾き出した予想合計収入に左右される。『通貨論』では、利益の変化を論じる手段として、(同書で定義した)投資から貯蓄を差し引いた分の変化という概念を使った（もっとも、『通貨論』では、予想された結果と実際の結果の違いを明確に区別していなかったが）*。投資から貯蓄を引いた分の変化が、生産量の変化を大きく左右する原動力になると論じたのである。したがって、私の新しい説は――（いま振り返れば）以前の説よりもずっと正確で有益だが――本質的には、以前の説を発展させたものだ。『通貨論』の用語で表現すれば、こうなる。「投資」から「貯蓄」を差し引いた分が増加すると予想され、雇用量と生産高が以前と同じなら、事業家には雇用量と生産高を増やそうとするインセンティブが働く。いまの私の説も、以前の説も、ポイントは「雇用量は事業家が推定する有効需要によって決まる」という点にある。『通貨論』で定義した「投資が貯蓄との比較で増加するという予想」は、有効需要の増加を示す尺度となる。ただ、無論、本書でさらに発展させた説からみれば、『通貨論』の説明は不完全で、大きな混乱を招くものだった。

D・H・ロバートソン氏は、今日の所得が昨日の消費と投資の合計に等しくなると定義している。したがって、同氏の意味する今日の貯蓄は、昨日の消費から今日の消費を差し引いた分に、昨日の投資を加えたものに等しくなる。この定義では、貯蓄が投資を上回りうる。つまり、昨日の所得（本書の定義）から今日の所得を差し引いた分だけ上回りうる。このため、ロバートソン氏が言う「貯蓄が投資を上回っている状態」は、私が言う「所得が減少している状態」

とまったく同じであり、同氏が言う「貯蓄の超過」は、私が言う「所得の減少」とまったく同義である。仮にいまの予想がつねに昨日の実績によって決まるのであれば、今日の有効需要は昨日の所得に等しいことになる。私は有効需要と所得を対比することで、因果関係の分析に重要きわまりない区別をしようと試みているが、ロバートソン氏の手法は、私の手法に代わる試み（おそらく一次近似ではあるが）とみなせるかもしれない。**

4

次は、「強制貯蓄」という用語に関連する非常に曖昧な概念を取り上げよう。そうした概念に果たしてすこしでも明確な意義はあるのだろうか。『通貨論』（第1巻一七一ページ、脚注）で

* 『通貨論』で用いた手法では、その時点の実現利益でその時点の予想利益が決まるとみなしていた。

** ロバートソン氏の論文「貯蓄と保蔵」（『エコノミック・ジャーナル』一九三三年九月、三九九ページ）と、ロバートソン、ホートレー両氏と私の間で行われた討論（『エコノミック・ジャーナル』一九三三年一二月、六五八ページ）を参照。

は、強制貯蓄という用語の初期の用法に若干言及し、投資と（同書で定義した）「貯蓄」の差額に似たところがあると示唆した。いまとなっては、当時考えていたほどの類似性が実際にあったのか、確信が持てない。いずれにしても、「強制貯蓄」や、その後最近になって用いられている類似の用語（ハイエク教授やロビンズ教授の用語など）については、『通貨論』で定義した「貯蓄」と投資の差額とは、明確な関係はないといいまでは強く感じている。というのも、こうした学者は強制貯蓄が意味するところを正確には説明していないが、彼らが意味する「強制貯蓄」は、明らかに通貨や銀行与信の量の変化に直接起因する現象であり、そうした変化によって測定されているのである。

言うまでもないが、生産・雇用量が変化すれば、たしかに賃金単位で測定した所得も変化するし、賃金単位が変化すれば、借り手と貸し手の間の所得の再分配が起き、通貨で測定した総所得も変化する。また、いずれの場合も、貯蓄量の変化があるはずだ（もしくはその可能性がある）。したがって、通貨量が変化すれば、（後述するように）金利への影響を通じて、所得の量と分配に変化が起きる可能性がある。そうした変化に伴い、貯蓄量が間接的に変化する可能性もある。だが、そうした貯蓄量の変化は、状況の変化に伴う他の貯蓄量の変化と同様、「強制貯蓄」ではない。一定の条件下の貯蓄額を基準もしくは標準と定めない限り、個々のケースを区別する手段はない。また、後述するように、通貨量に一定の変化があった場合の総貯蓄の変化量は非常に変わりやすく、ほかの多くの要因に左右される。

したがって、標準的な貯蓄率を定めない限り、「強制貯蓄」は意味を成さない。仮に標準的な貯蓄率を「完全雇用が確立した状況に対応する貯蓄率」とした場合（これが妥当な選択かもしれない）、強制貯蓄の定義は「実際の貯蓄が、長期均衡状態の完全雇用が成立していた場合の貯蓄を超過する分」となる。この定義なら意味を成すだろうだが、その場合、強制された余剰貯蓄が発生するのは、とてもまれな、非常に不安定な現象だろう。強制された貯蓄不足がふつうの状態になるはずだ。

実際、これが強制貯蓄の元々の意味であったことが、ハイエク教授の興味深い論文「『強制貯蓄』説の発展に関するメモ*」に記されている。「強制貯蓄」もしくは「強制倹約」は、そもそもベンサムが考案したものだった。ベンサムは、「すべての働き手が雇用され、もっとも有利な条件で雇用されている**」状況で通貨の量が（通貨で販売できるモノの量との比較で）増加した場合、どのようなことになるかを考えていたと明言している。ベンサムによると、そうした状況

* 『クォータリー・ジャーナル・オブ・エコノミクス』（一九三二年一一月、一二三ページ）。

** 前掲論文、一二五ページ。

では、実質所得が増えることはなく、したがって、そのような推移の結果として起きる追加投資は、強制倹約を伴い、「国民の快適さと国民の正義が犠牲になる」。この問題に取り組んだ一九世紀の論者はすべて、事実上同じ考えを抱いていた。しかし、この明確きわまりない概念を拡張して、完全雇用以下の状況に当てはめようとすると、問題が生じる。無論、（一定の資本設備に配置する雇用が増えれば、収穫逓減が発生するという事実によって）雇用がすこしでも増えれば、すでに雇用されている人の実質所得がある程度まで犠牲になるが、この損失を投資の増加——雇用の拡大を伴う可能性のある投資の増加——に関連づけようというのは、実りのある試みとは言えないだろう。いずれにせよ、「強制貯蓄」に関心を持つ現代の論者が、この概念を拡張し、雇用が増加している局面にも当てはめようとしているという話は聞いたことがない。強制倹約というベンサムの概念を拡張して完全雇用以下の状況にも当てはめるのであれば、一定の説明や但し書きが必要になるという点が、概して見過ごされているようだ。

ごくふつうの意味での貯蓄と投資が一致しない可能性があるという見方が多いことについては、個人預金者と銀行の関係が一方的な取引に見えるという目の錯覚で説明できると思う。両者の関係は、実際には双方的な取引だ。「預金者と銀行の間で何らかの工夫をすれば、貯蓄を銀行システムの中に葬り去り、投資に回らないようにすることができる」とか、その反対に「銀行システムは対応する貯蓄がなくても投資を生み出せる」といった見方があるが、誰も資産（現金であれ、債権であれ、資本財であれ）を取得せずに貯蓄することはできない。誰かが以前持っていなかった資産を取得する場合は、かならず同等の価値を持つ資産が新たに生産されているか、誰か別の人が以前持っていた同等の価値の資産を手放しているかのいずれかだ。前者の場合は、対応する新規投資がある。後者の場合は、誰か別の人が同額の負の貯蓄をしているはずだ。というのも、この人が富を失ったのは、その人の消費がその人の所得を上回ったことが原因であって、資本資産の価値の変化で資本勘定に損失を計上したことが原因ではないはずだ。以前保有していた資産の価値が低下したというケースではないからである。この人は、資産の現在価値を当然受け取るが、どのような形の富でもこの価値を一定に保持していないとすれば、いまの所得を上回るいまの消費にその価値を費やしていることになるはずだ。また、資産を手放したのが銀行システムであれば、誰かが現金を手放しているはずだ。そうなると、最初の人とその他の人々の貯蓄を合わせた総貯蓄は、かならずいまの新規投資の量と等しくなるはずだ。

銀行システムの信用創造があるので、投資に対応する「本物の貯蓄」がなくても、投資を行えるという見方は、銀行与信の増加がもたらす帰結のうち、一つの帰結だけを取り出して他の帰結を無視した結果にほかならない。もし、銀行が既存の融資に加えて、ある事業家に追加融資を行い、その事業家が追加融資なしにはできなかった追加投資を足元で実施した場合、所得はかならず増える。通常、所得の増加ペースは投資の増加ペースを上回る。また、完全雇用の状態でなければ、名目所得だけでなく、実質所得も増加する。一般の人々は、増えた所得を貯蓄と消費にどのような比率で配分するか「自由に選択」できる。事業家が投資を増やすために借り入れをしても、一般の人々が決める貯蓄のペースより速いペースで自分の意図を実現することはできない（ほかの事業家がいずれにしても行っていた投資の代わりに、その投資をするなら別だが）。また、そうした決断によって生じた貯蓄は、ほかのすべての貯蓄同様、本物の貯蓄だ。新規の銀行与信に対応する追加の通貨を個人に強制的に保有させることはできない。個人が、ほかの富の形態ではなく、通貨の保有を増やすことを熟慮の上で選択するしかない。しかし、雇用・所得・物価は、そうした新しい状況の下では、誰かが追加の通貨保有を選択するような方向に動かざるをえない。たしかに、特定の方向への投資が予想外に増えれば、総貯蓄・投資率が、事前に予想されていれば起きなかったような不規則性に見舞われる可能性はある。また、銀行与信が以下の三つの傾向を生み出すことも事実だ。①生産の増加、②賃金単位でみた限界生産物の価値の上昇（これは、収穫逓減の下ではかならず生産の増加に伴うはずだ）、③通貨で測った賃金単位の増加（これは、雇用の改善に頻繁に伴う）。こうした傾向が異なる集団間の実質所得の分配に影響を及ぼす可能性はある。しかし、これは生産が増加している状態そのものの特徴であり、生産の増加が銀行与信の増加以外の要因で始まった場合も、まったく同じように起きる。これを避けるには、雇用の改善につながる行動方針をすべて避けるしかない。だが、以上の点の多くは、後述する議論の結論を先取りしたものである。

したがって、貯蓄はかならず投資を伴うという旧来の見方は、不完全で誤解の元ではあるが、「投資がなくても貯蓄はできる」「『本物』の貯蓄がなくても投資はできる」という目新しい見方よりも、形式的には健全だと言える。あやまりは、そこから進んで「個人が貯蓄すれば、その分だけ総投資が増える」というもっともらしい推論に達することにある。たしかに、個人が貯蓄すれば、その個人の富は増える。しかし、個人が貯蓄すれば、社会全体の富も増えるという結論は、個人の貯蓄行為が誰か別の人の貯蓄に影響し、結果的に別の人の富にも影響する可能性を考慮に入れていない。

　個人は自分や他人の投資額とは無関係に「自由意志」で貯蓄額を決められるようにみえるが、貯蓄と投資は一致する。両者が両立するのは、基本的には、貯蓄が消費のように双方的な取引であるためだ。というのも、個人の貯蓄量が自分の所得量に大きく影響する可能性は低いが、その人の消費量は他人の所得に影響を及ぼすため、すべての個人が同時に一定額を貯蓄することは不可能なのである。消費を減らして貯蓄を増やそうとすれば、かならず所得に影響が出るため、そうした試みは必然的に失敗に終わる。もちろん、社会全体の貯蓄量をいまの投資量未満にすることも、同様に不可能だ。そのようなことを目指せば、必然的に所得が増加する――個人の選択する貯蓄額の合計が、投資額とまったく等しくなる水準まで所得が増加する。

　以上の点は、自由と必然を調和させる以下の考え方ととてもよく似ている。すべての個人は、保有する通貨の量を変えたいと思ったときに変える自由があるが、個人の保有残高を合計すれば、必然的に、銀行システムが創出した現金の量と正確に一致する。この場合に等式が成り立つのは、人々が選ぶ通貨の保有量が、所得やモノの価格（とくに証券価格）に左右されるからだ。モノの購入は、通貨保有に代わる自然な選択肢となる。したがって、所得や価格は必然的に変化し、最終的には、新しい所得・価格水準で個人の選択する通貨の保有額の総計が、銀行システムの創出した通貨量と等しくなる。これは、まさに通貨理論の基本学説だ。

いま述べた二つの説は、ただ単に「売り手なくして買い手なし、買い手なくして売り手なし」という事実から導き出せる。市場規模に比べて取引高の小さい個人であれば、需要は一方的な取引ではないという事実を無視しても差し支えないが、総需要を論じる際にこの点を無視するのはナンセンスだ。ここが、社会全体の経済行動の理論と個々の単位の行動理論との大きな違いだ。後者では、個人の需要の変化はその人の所得に影響しないと想定できる。

第3篇 消費性向

Book 3 The Propensity to Consume

第8章 消費性向① 客観的な要因

Chapter 8
The Propensity to Consume: I. The Objective Factors

1

第2篇では、手法と定義をめぐる一部の一般的な問題を論じるため、本筋から脱線したが、ようやくメインテーマに戻る準備が整った。本書の分析の究極の目的は、何が雇用量を決めるのかを突き止めることにある。とりあえず、雇用量は、総供給関数と総需要関数が交わる点で決まるという暫定的な結論を下した。ただ、総供給関数は、おもに物理的な供給状態に左右されるもので、すでに知られている論点以外、あまり論じることはない。形状は従来のものとは異なるかもしれないが、根底にある要素は目新しいものではない。総供給関数については、その逆関数を「雇用関数」と名づけて、第20章で改めて取り上げよう。だが、おもに見過ごされているのは、総需要関数が果たす役割だ。第3篇と第4篇では、この総需要関数について論じる。

総需要関数は、任意の雇用水準と、その雇用水準で実現すると予想される「収入」を結びつけるものだ。この「収入」は二つの量の合計値――雇用がその水準にある場合の合計消費額と合計投資額の合計値――だ。この二つの量を左右する要因は、おおむね別物である。第3篇では、前者――つまり、雇用がある一定の水準にある場合、どのような要因で消費の合計額が決まるのかを論じる。第4篇では、投資額を決める要因を取り上げよう。

ここでは、雇用が所与の水準にある場合に、消費の合計額がいくらになるかを検討する。そのため、厳密に言えば、消費量（C）と雇用量（N）を結びつける関数を論じる必要があるのだが、すこし異なる関数で論を進めるほうが都合がよい。雇用水準 N に対応する所得――賃金単位で測った所得（Y_w）――と賃金単位で測った消費（C_w）を結びつける関数だ。「Y_w は N だけの関数ではない」「N には様々な環境が考えられる」という反論はあるだろう。というのも、Y_w と N の関係は、その雇用に特有の性格に左右される可能性（おそらく非常に軽微だろうが）があるからだ。つまり、ある一定の総雇用 N の各種雇用への分配が二通りあれば、Y_w の値も変わってくる（これは各雇用関数の形状が異なることが原因だ。これについては第20章で論じる）。この点にとくに配慮しなければならない状況も考えられるが、一般的には、Y_w が N によって一義的に決まると考えても、それほど大きな誤差はない。したがって、本書で「消費性向」と呼ぶものを Y_w（賃金単位でみたある一定の所得水準）と C_w（その所得水準での消費支出）の関数関係 χ と定義する。つまり、

$$C_w = \chi(Y_w) \quad もしくは \quad C = W \cdot \chi(Y_w)$$

社会の消費支出量が、次の三点に左右されることは明らかだ。①一部は、社会の所得量、②一部は、その他の客観的な付帯状況、③一部は、その社会を構成する個人の主観的なニーズや心理的な性向・習慣、また社会の成員への所得の分配原理（これは生産高が増えれば変わる可能性がある）――。支出の動機は相互に影響し合っており、それを分類しようとすれば、あやまった分け方をしてしまうおそれがある。とはいえ、「主観的な要因」と「客観的な要因」とに大まかに分けて個別に考えれば、頭を整理できるはずだ。次章で詳細に検討する主観的要因には、人間に共通する心理的な特徴、社会的な慣行・制度が含まれる。変えられないわけではないが、異常事態や革命的な状況を除いて短期では大きく変わらない可能性が高い要因だ。歴史研究や、異なるタイプの社会体制の比較をする場合は、主観的な要因の変化がどのように消費性向に影響しうるかを考慮する必要がある。ただ、以下では、主観的要因を総じて所与のもの

として扱い、客観的要因の変化のみが消費性向を左右すると想定しよう。

2

消費性向に影響を及ぼす客観的要因は、おもに以下のものであると考えられる。

① **賃金単位の変化**。言うまでもないが、消費（C）は、名目所得の関数というよりも（ある意味で）実質所得の関数という側面がはるかに強い。技術や嗜好、また所得の分配を決める社会的な条件が一定の場合、ある人の実質賃金は、労働単位をどれだけ確保できるかに応じて——つまり賃金単位で測った所得量に応じて——上下する。ただし、総生産量が変化すれば、その人の実質所得の増加率は（収穫逓減の法則により）賃金単位で測った所得の増加率を下回ることにはなるが。したがって、一次近似として、「賃金単位が変化した場合、ある一定の雇用水準に対応する消費支出は、物価のように同じ比率で変化する」と想定することが合理的だろう。もっとも、賃金単位の変化を受

けて、所与の実質所得の事業家・金利生活者間の分配が変わった場合、それが総消費に及ぼしうる影響を考慮する必要が生じるケースはあるかもしれない。この場合を除けば、すでに賃金単位の変化は考慮に入れてある。消費性向を賃金単位で測った所得で定義してあるからだ。

②**所得と純所得の差額の変化。**前述したが、消費量は所得よりも純所得に左右される。定義により、ある人が消費量を決める場合、おもに念頭に置くのは純所得であるからだ。ある一定の状況では、それぞれの所得水準に対応して一義的に純所得の水準を決める関数が存在するという意味で、両者の間にある程度安定した関係があると言えるかもしれない。しかし、もしそうした関係がないとしたら、所得の変化のうち、純所得に反映されない分は、消費にまったく影響を及ぼさないので、すべて無視する必要がある。同様に、所得に反映されない純所得の変化も考慮に入れなければならない。ただ、特殊なケースを除いて、この点が実際に重要な要素になるとは思えない。所得と純所得の差額が消費に及ぼす影響については、この章の第4節で改めて詳述しよう。

③**純所得を計算する際に考慮されない資本価値の偶発的な変化。**こちらのほうが、消費性向を修正する上ではるかに重要だ。こちらは、所得量と安定的・規則的な関係はま

ったくないのである。資産家階級の消費は、保有資産の名目価値の予想外の変動の影響を極端に受けやすいのではないか。これは、消費性向に短期的な変化を引き起こしうる大きな要素の一つとして分類しなければならない。

④時間割引率の変化、つまり現在の財と将来の財の交換比率の変化。これは金利とまったくの同義ではない。通貨の購買力が将来どの程度変化するかも、予想できる範囲内で考慮に入るからだ。また「将来の財を享受するまで生きられないリスク」「没収にも等しい課税のリスク」など、あらゆる種類のリスクも考慮する必要がある。ただ、近似値としては、金利と同義とみなせるだろう。

この要素が消費性向に影響を及ぼすという見方には、大いに疑問の余地がある。「金利が貯蓄の需給を均衡させる要因になる」という考え方が根底にある古典派の金利理論*の場合は、「他の事情が同じなら消費支出は金利の動きと逆に動く」――つまり金利が上昇すれば、目にみえて消費が減少する――という想定が好都合だった。しかし、金利の変化が現在の消費意欲に及ぼす総合的な影響は、複雑で不透明であり、相反する傾向に左右されることは、以前から認識されている。貯蓄を促す主観的な動機の中には、金利が上昇するとあっさり満たされるものと、逆に弱まるものがあるからだ。

金利が長期的に大きく変化すれば、おそらく社会の習慣が大きく変わり、主観的な消費性向にも影響が出る可能性が高いとみられる（もっとも、実際の事例を踏まえない限り、どちらの方向に動くか判断は難しい）。だが、通常のタイプの短期的な金利の変動が、消費の増減に直接大きな影響を及ぼすとは考えにくい。自分の総所得が以前と同じなのに、金利が五％から四％に下がったから生活の仕方を変えるという人は、そう多くない。間接的な影響のほうが（方向は一様ではないだろうが）相対的に多いかもしれない。おそらくもっとも重要なのは、金利の変化で証券などの資産価格が上下し、それが消費性向に影響を及ぼすというケースだろう。自分の資本の価値が偶発的に高まれば、たとえ所得という観点でみた資本の価値が以前と変わらなくても、自然といまの消費意欲が高まる。資本価値が低下した場合は、消費意欲が弱まる。しかし、この間接的な影響は先ほどの③ですでに考慮に入れた。この点を除けば、金利の短期的な変動が個人の消費性向に及ぼす影響は、副次的であまり重要ではない、というのが経験から見て取れる大きな結論だと思われる。ただし、金利の変動が異常に大きい場合は、

＊ 第14章を参照。

おそらく別だろう。金利がきわめて低い水準に低下した場合、「一定額で買える年金」対「その額で得られる年利」の比率が上昇するため、年金の購入で老後に備える動きが広がり、負の貯蓄の重要な原因となるかもしれない。

先行き不透明感が極度に高まり、今後の見通しが立たないという事情で、消費性向に急激な影響が出る異常事態も、おそらくこの項目に分類すべきだろう。

⑤ **財政政策の変化。** 言うまでもないが、個人の貯蓄意欲が、将来の予想収益に左右されるのであれば、貯蓄意欲は金利だけでなく、政府の財政政策にも左右される。所得税（とくに「不労」所得をターゲットにしたもの）、キャピタルゲイン税、相続税などは、金利と同じくらい重要だ。また、財政政策は、金利以上に変化する可能性――少なくとも金利以上に変化すると予想される可能性――がある。もし、財政政策が所得の公平な分配のための意図的な手段として利用されれば、消費性向を高める効果は当然、高まる一方だろう*。

また、政府が債務返済のため、一般税収で減債基金を設立する場合の総消費性向への影響も考慮する必要がある。というのも、これは一種の法人貯蓄であり、大規模な減債基金を設立する政策は、ある一定の環境では消費性向の低下につながると考える必要がある。したがって、政府による借り入れという政策から、減債基金の設立という逆の政策に移行すると、有効需要が大幅に縮小しかねない（逆方向の移行の場合は、有効需要が大幅に増加する可能性がある）。

⑥ 現在と将来の所得水準に関する予想の変化。形式を整えるため、この要因も挙げておく必要がある。ただ、これは特定の個人の消費性向にかなりの影響を及ぼしうるが、社会全体で見ると、個々人の変化が均される可能性が高い。また、これは一般に不透明要因が多すぎ、大きな影響は出ないというケースに該当する。

したがって、結論としては、所与の状況では、名目ベースの賃金単位の変化を除去（消去）しておけば、消費性向はかなり安定した関数であると考えられるかもしれない。消費性向は、資本価値の偶発的な変化で変わる可能性があるし、金利や財政政策が大きく変われば、一定の影響を受けるかもしれない。しかし、消費性向に影響を与えうるほかの客観的な要因は、無視することはできないが、ふつうの状況では重要ではない可能性が高い。

＊ ついでに言えば、財政政策が富の成長に及ぼす影響について、重大な誤解があると言えるかもしれない。だが、この点は第4篇で展開する金利理論の助けを借りないと、十分な議論ができない。

一般的な経済情勢では、賃金単位でみた消費支出は、おもに生産高と雇用量に左右される。このため、その他の要因を「消費性向」という合成的な関数で一括りにすることが可能だ。こうしたその他の要因も変わりうるが（この点を忘れてはならない）、総需要関数の消費部分の主たる変数は、ふつう、賃金単位でみた総所得なのである。

3

さて、消費性向がかなり安定した関数であり、総消費量は基本的に、おもに総所得量（どちらも賃金単位で測定）に左右される——消費性向自体の変化は、副次的な影響しかない——としたら、この関数は、通常どのような形状をしているのだろうか。

平均すると、人は概して、所得が増えれば、消費を増やすが、所得の増加分ほど消費は増やさない——これは、人間性に関する我々の知識と、実際のこまごまとした経験の双方から、演繹的に強い自信をもって当てにして差し支えない基本的な心理法則だ。つまり、C_wを消費量、Y_wを所得（ともに賃金単位で計測）とすると、ΔC_wはΔY_wと同じ符号を持つが、ΔY_wよりは量が少ない。つまり、$\frac{dC_w}{dY_w}$は正の値を取るが、一より小さい。

これは、いわゆる雇用の循環変動のような、短期のケースを考えると、とくによく当てはまる。周囲の客観的な状況が変わっても、短期間では習慣（相対的に恒久不変の心理的な性向ではなく）を変えられないというケースだ。というのも、ふつう、所得の使い道では、その人の習慣となっている生活水準の維持が優先される。実際の所得と、習慣となっている生活水準にかかる経費の差額は、貯蓄に回される傾向がある。また、たとえ所得の変化に合わせて支出を調整する場合も、短期間では調整が非常に不完全なものとなる。このため、所得が上がれば、往々にして貯蓄が増える。所得が下がれば、貯蓄が減る。貯蓄の増減は、最初のほうが後のほうよりも大きい。

もっとも、所得水準の短期的な変化とは別に、所得の絶対的な水準が上がれば、ふつう、所得と消費の差額は明らかに拡大する傾向にある。人はふつう、まず自分や家族の目先の基本的なニーズを満たそうとする。蓄財は二の次であって、生活に余裕が出て初めて動機として力を持つようになるからだ。こうした点を踏まえると、実質所得が上がれば、ふつう、貯蓄に回される所得の比率は増える。だが、貯蓄の比率が増えようが増えまいが、「実質所得が増えても、消費の絶対額は、所得ほどは増えず、結果的に貯蓄の絶対額が増える」というのは、すべての現代社会に当てはまる基本的な心理法則だと考えられる。これは、同時に他の要素が異常に大きく変化している局面でない限り、言えることだ。後述するが*、基本的に、経済システムの安定性は、現実に広く働いているこの法則に依存している。したがって、雇用が増加し、結果的に総所得が増加しても、増えた雇用のすべてが、追加の消費ニーズを満たすために必要になるわけではない。

一方、雇用水準の減少を受けて所得の減少が進んだ場合は、消費が所得を上回るケースもある。一部の個人や機関が好況時に積み立てていた金銭的な備え（準備金）を取り崩すだけでなく、政府も、意図的もしくは致し方なく、財政赤字を計上したり、借り入れた資金で失業手当などを支給するからだ。したがって、雇用が落ち込んでも、総消費は実質所得ほどは落ち込まない。個々人の習慣的な行動に加え、おそらく政府が政策を発動するためだ。だからこそ、ふつうは、ほどほどの変動で新たな均衡状態に到達する。そうでなければ、いったん始まった雇用と所得の減少は、極端なところまで進みかねない。

後述するが、この単純な原理からは、以前と同じ結論が導き出せる。つまり、雇用が増加するのは、並行して投資が増加している場合のみだ（消費性向が実際に変化すれば、話は別だが）。消費者は、雇用が増加しても、総供給価格の増加分ほどは支出を増やさないため、増えた雇用は採算が取れなくなる。その穴を埋めるには、投資の拡大が必要になる。

4

先に述べた事実の重要性を軽視してはならない。雇用は、予想される消費と予想される投資の関数だが、消費は、他の条件が同じなら、純所得の関数、つまり純投資の関数だ（純所得は、消費＋純投資に等しい）。換言すれば、純所得の計算で差し引く必要があると判断される金銭的な備え（準備金）の額が多ければ、一定水準の投資が、消費に及ぼす好影響――したがって雇用に及ぼす好影響――は低下することになる。

この準備金（もしくは補足コスト）が、実際に、当期の既存の資本設備の維持に、全額支出されるのであれば、この点が見過ごされることはおそらくないだろう。しかし、準備金が、当期の実際の維持管理費を上回っている場合、それが現実の雇用にどのような影響を及ぼすかは、

＊ 第18章第3節を参照。

かならずしも意識されていない。というのは、この超過額は当期投資には直接つながらず、消費にも回されないのである。この場合、埋め合わせに新規投資が必要になるが、新規投資の需要は、準備金を積み立てている目的である旧設備のいまの損耗とは、まったく無関係に生じている。その結果、当期の所得を生み出すはずの新規投資は、過剰準備の分だけ目減りすることになり、一定の雇用水準を実現するには、新規投資の格段に大きな需要が必要になる。使用コストに計上される減損引当金についても、損耗分の引当金が取り崩されなければ、ほぼ同じことが言える。

取り壊すか、住む人がいなくなるまで住み続けられる家を例に取ろう。家主は、借主が毎年支払っている家賃から一定額を住宅価値の減価分として計上しているが、この一定額を維持管理費には回さず、消費に回せる純所得とも認識していないとする。その場合、この準備金は、*U*の一部であろうと、*V*の一部であろうと、この家の耐用期間を通じて雇用の足を引っ張る要因となる。準備金は、家が建て替えられる時に突如として、一気に取り崩されるのである。

静態的な経済であれば、こうしたことはまったく問題にならない可能性がある。古い家について毎年計上される減価償却費が、その年に耐用期間を終えて新たに建て替えられる住宅で、ちょうど相殺される場合だ。だが、非静的な経済では、これが深刻な要因になりかねない。とくに、耐用期間の長い資本財に対する投資が、一気に急増した直後の時期はそうだろう。というのも、そうした状況では、既存の資本設備に対して事業家が積み立てる準備金が増え、新規投資のかなりの部分が相殺されてしまう可能性があるからだ。既存の設備は、時とともに摩耗するものの、積み立てた準備金の全額に近い額を修理・更新のために取り崩す時期は、まだまだ先だ。その結果、所得は、低い純総投資に対応した低い水準を上回ることができない。したがって、減債基金などを設立すると、消費者の購買力が長期にわたって奪われ、その後ようやく（そうした引当金で備えをしていた）交換用の支出の需要が出てくるという傾向がある。つまり、減債基金などは、足元の有効需要を減らし、実際に交換が行われた年になって初めて有効需要を増やす。さらに、実際の設備の損耗ペースよりも早めに初期コストを「償却」しておくことが望ましいとする「慎重な財務方針」で、こうした傾向に拍車がかかれば、その累積効果は深刻きわまりないものになりかねない。

　たとえば、アメリカでは一九二九年までの五年間で資本が急激に拡大し、交換の必要のなかった工場設備に対して、相次いで減債基金や減損引当金が設定された。こうした準備金は巨額に上り、これを相殺するだけでも、途轍もない額のまったく新しい投資が必要になった。完全雇用の豊かな社会で実現しがちな新規貯蓄に見合うような追加の新規投資を確保するなど、まず期待できない状態だったのである。おそらく、これだけでも不況を引き起こす十分な原因となった。しかも、まだ余力のあった大企業が、不況期を通じて、この種の「慎重な財務方針」を継続したことで、早期の景気回復に深刻な障害が生じた。

また、現在（一九三五年）のイギリスでも、大戦後、住宅建設など大量の新規投資が行われた結果、いま必要とされる修繕費・更新費をはるかに上回る規模の減債基金が設定されている。地方自治体や公的機関が行った投資については、「健全」財政の指針を背景に、この傾向がさらに顕著だ。実際の交換時期が到来する前に初期コストを減債基金で償却することが義務づけられるケースが多いのである。公的・半公的機関がこうした大量の法定準備金を積んでいるので、たとえ民間の個人が純所得を全額消費に回す用意があったとしても、完全雇用の回復は難しいだろう。こうした準備金は、それを相殺する新規投資があろうとなかろうと、まったく無関係に積まれるのである。私の考えでは、* 地方自治体の減債基金は、年間ベースでみて、地方自治体の新規投資総額の半分以上に達している。** 厳格な減債基金の設定を地方自治体に指示する保健省は、自分たちがどれほど失業問題を悪化させている可能性があるのか、気づいているのだろうか。住宅金融組合の住宅ローンでは、ローンを組んだ人が、実際の家の老朽化よりも早いペースで返済を済ませたいと考えて、家を買わなかった場合よりも貯蓄を増やす可能性がある。

もっとも、これは消費性向を直接低下させる要因であって、純所得への影響を通じて消費性向を低下させる要因と分類すべきではないだろう。住宅金融組合の住宅ローンに関する実際の統計を見てみると、返済額は一九二五年の二四〇〇万ポンドから、一九三三年には六八〇〇万ポンドに増えている。新規融資は一億三〇〇〇万ポンドだ。おそらく、現在の返済額はさらに増えているとみられる。

生産統計にあらわれるのは、投資であって純投資ではない——コリン・クラーク氏の『国民所得一九二四〜一九三一年』を見ると、この点が、当然ながらはっきりと浮かび上がる。また同氏は、減価償却費等が通常、投資額に対していかに大きな比率を占めるのかも示している。たとえば、同氏の推計によると、一九二八〜一九三一年のイギリスの投資と純投資は次ページの表の通りだ。ただし、クラーク氏の粗投資には、使用コストの一部が含まれている可能性があり、私が定義する投資よりも、おそらく若干多いとみられる。また、同氏の「純投資」が、***

* 実際の統計への関心は非常に薄いとみられ、統計は二年以上遅れて公表されている。

** 地方自治体は、一九三〇年三月期に資本勘定で八七〇〇万ポンドを支出したが、このうち三七〇〇万ポンドは過去の資本支出に対する減債基金等から拠出された。一九三三年三月期は、それぞれ八一〇〇万ポンド、四六〇〇万ポンドだ。

*** 引用書の一一七、一三八ページ。

私の定義する純投資とどこまで対応するかは不明だ。

一九一九〜一九三三年のアメリカの「粗資本形成」（私の言う投資）の統計をまとめたクズネッツ氏も、ほぼ同様の結論に達している。生産統計にあらわれる物理的な事実は、必然的に粗投資となり、純投資とはならない──。クズネッツ氏は、粗投資から純投資を導き出す難しさも指摘している。「粗資本形成から純資本形成に到達する難しさ──すなわち、既存の耐久財の消費分を調整する難しさ──は、データ不足だけが原因ではない。耐用期間が何年にもわたるモノを毎年消費するという概念そのものに、曖昧さという難点がある」*。このため、同氏は「企業の帳簿に計上された減価・減耗償却費が、企業によってすでに利用されている既存の完成耐久財の消費量を正確に表しているという想定」にやむをえず頼っている。一方、同氏は、住宅など個人が保有する耐久財については、まったく控除を試みていない。クズネッツ氏のとても興味深いアメリカの調査結果の概要は、次ページの表のように示せる。

この表からは、複数の事実がはっきりと浮かび上がる。一九二五

（単位１００万ポンド）

	粗投資産出高	「旧資本の物的損耗額」	純投資
1928年	791	433	358
1929年	731	435	296
1930年	620	437	183
1931年	482	439	43

〜一九二九年の五年間の純資本形成は、非常に安定しており、後半に一〇%増加しただけだ。事業家の修繕・維持・減価・減耗控除は、不況の底でさえ高い水準を維持していた。ただ、クズネッツ氏の手法では、まちがいなく、減価償却費などの推定年間増加額が低く出すぎるはずだ。というのも、同氏は、年間増加率を新規の純資本形成の一・五%未満としているのである。また、何にもまして、純資本形成は一九二九年以降、凄まじい減り方をしている。一九三二年には、一九二五〜一九二九年の五年間の平均を九五%も下回る水準に落ち込んだ。

＊ 全米経済研究所の研究所報（五二号）から引用。クズネッツ氏の近刊の暫定的結果が掲載されている。

（単位１００万ドル）

	粗資本形成（企業在庫の純変化を調整済み）	**事業家の点検・修繕・維持・減価・減耗**	**純資本形成**（クズネッツ氏の定義による）
1925年	30,706	7,685	23,021
1926年	33,571	8,288	25,283
1927年	31,157	8,223	22,934
1928年	33,934	8,481	25,453
1929年	34,491	9,010	25,481
1930年	27,538	8,502	19,036
1931年	18,721	7,623	11,098
1932年	7,780	6,543	1,237
1933年	14,879	8,204	6,675

以上、少々脱線したが、次の点を強調しておく必要がある。すでに大規模な資本ストックがある社会では、社会の所得からかなりの額を差し引かなければ、純所得――通常、消費に回すことができる所得――には辿り着けない。この点を見過ごすと、消費性向にかかっている重圧を過小評価しかねない。この重圧は、人々が純所得のかなりの部分を消費に回したいと思っている場合でさえ、存在するのである。

繰り返すまでもないが、消費は、あらゆる経済活動の唯一の目標であり、目的である。雇用機会は、総需要の規模に必然的に制約される。総需要は、いまの消費か、将来の消費のためのいまの備えからしか引き出せない。消費をいつまでも先送りすれば、採算のとれる形で事前に備えることが不可能になる。社会全体としては、金融上の手段で将来の消費に備えることはできず、いまの物理的な生産で備えるしかない。社会の組織や企業が将来のための金銭的な備え（準備金）と将来のための物理的な備えを分離し、前者を確保する努力がかならずしも後者を伴わない場合、慎重な財務方針は得てして総需要を減らし、社会の幸福を損なうことになる。これは、多くの例証が示す通りだ。また、私たちが事前の備えをする消費が増えれば、その分だけ「このために備えよう」と思う追加のものが見つけづらくなり、その分だけ、需要の源として現在の消費への依存度が高まる。しかも、不幸なことに、私たちの所得が増えれば増えるほど、所得と消費の差額は増えることになる。したがって、これから述べていくように、何か目新しい手段がない限り、この難問を解くカギは一つしかない。失業を増やして私たちが貧しくなることだ。そうすれば、今日生産して割に合う将来の消費に備えた物理的な備えと等しい分だけ、消費が所得を下回ることになる。

もしくは、このような見方もできる。消費は、今期に生産されたモノと、以前生産されたモノ（つまり負の投資）によって満たされる。消費が後者によって満たされれば、その分、今期の需要は縮小する。純所得の一部として戻ってくる今期の支出の割合がその分だけ減るからだ。反対に、将来の消費を満たすために今期にモノを生産すれば、今期の需要が拡大する下地が整う。さて、すべての資本投資は、遅かれ早かれ、負の資本投資となる運命にある。したがって、つねに負の資本投資を上回る新規の資本投資を確保して、純所得と消費の差額を埋めるという問題は、資本の増加に伴い、対処が難しくなる。新規の資本投資がいまの負の資本投資を上回るのは、将来の消費支出が増加すると予想されている場合のみだ。投資を増やして、今日の均衡を確保しようとすれば、そのたびに明日の均衡確保が難しくなる。今日の消費性向低下が社会の利益につながるのは、いつか消費性向の上昇が起きると予想される場合のみだ。明日の派手な生活が見込めない限り、今日生真面目になる理由など絶対にない、という「蜂の寓話」が思い出される。

一つ奇妙な点を指摘しておきたい。一般の人々は、道路・住宅建設など、公共投資が絡む場合にだけ、この究極の難問を意識するようだ。政府主導の投資で雇用を拡大する計画が持ち上がると、決まって「あとで困ったことになる」という批判が出る。「将来、人口の増加に歯止めがかかり、その際に必要になるとみられる家や道路、市庁舎、送電線、水道などを全部つくってしまったら、することがなくなってしまうではないか」と。しかし、同じ問題が、民間投資や産業の拡大にも当てはまることは、なかなか理解されない。産業の拡大は、とくにこの問題が当てはまる。というのも、個別には微々たるお金しか吸い上げない新しい工場やプラントへの〔投資〕需要がすぐに十二分に満たされてしまうことは、住宅需要の場合よりもはるかに容易に理解できるはずだ。

いま挙げたような例では、なぜ明確な理解が妨げられるのか。これについては、資本に関する学術的な議論にも、ほぼ同じことが言える。つまり、次の事実が十分に意識されていないのだ。資本は、消費と離れて存在する自立した存在ではない。むしろ、長年変わらない習慣としての消費性向が低下するたびに、消費の需要だけでなく、かならず資本の需要も低下するのである。

第9章
消費性向② 主観的な要因

Chapter 9 The Propensity to Consume: II. The Subjective Factors

1

消費性向を決める第二のタイプの要素が残っている。主観的・社会的なインセンティブだ。賃金単位でみた総所得と、すでに論じた重要な客観的な要素が一定の場合、消費量はこれで決まる。しかし、こうした要素の分析に目新しい点はまったくないため、長々とした説明は抜きにして、比較的重要なものを列挙するだけで十分かもしれない。

個人が所得の支出を控える原因となる主観的な動機・目的は、一般的にはおもに八つある。

① 不測の事態に備えて備蓄したい。

② 個人・家族のニーズと所得の関係が将来変わることが予想されるので、それに備えた

い。老後の備え、家族の教育費、扶養家族の生活費など。

③ 金利収入や値上がり益を得たい。つまり、いますぐすこし消費するより、後で実質的にたくさん消費したほうがよいという理由。

④ 支出はすこしずつ増やしたい。支出を楽しむ気力・体力は将来低下するかもしれないが、生活水準は、すこしずつ上がったほうが下がるよりはよいというありふれた動機を満たせる。

⑤ とくにやりたいことははっきりしていないが、自分が自活していると感じながら生活したい。

⑥ 投機やビジネスの軍資金を確保したい。

⑦ 遺贈したい。

⑧ 単なるケチ。非合理的だが、お金を使うこと自体に強い抵抗を感じる。

この八つの動機は、それぞれこう呼べるかもしれない。用心、先見、計算、改善、自活、冒険心、誇り、貪欲。これに対応する消費の動機リストも、つくれるかもしれない。享楽、短慮、寛大、計算ミス、派手な生活、浪費など。

個人の蓄積する貯蓄に加えて、巨額の所得が中央・地方政府、機関、企業によって留保されている。その額は、イギリスやアメリカなどの現代産業国では、蓄積額全体の三分の一から三分の二を占める。動機は個人の動機と似ているが、まったく同じではない。主なものは、以下の四つだ。

① 事業動機。借金や市場での追加の資本調達を回避しながら、さらに資本投資を進めるための資金を確保する。

② 流動性動機。非常事態、問題、不況に対処するため流動性を確保する。

③ 改善動機。所得をすこしずつ増やす。蓄財による所得増加は、効率性による所得増加とめったに区別できないため、これは経営陣を批判から守る手段にもなる。

④ 慎重な財務運営をして「好感を持たれたい」という動機。使用コストや補足コストを上回る準備金を積み、債務を削減し、資産のコストを実際の損耗・旧式化のペースよりも早く償却する。この動機が強まるかどうかは、おもに資本設備の量・性格や技術変化のペースに左右される。

以上は、所得の一部を消費に回さず留保する動機だが、これに対応する形で、所得を上回る消費を促す動機が働くときがある。先ほど挙げた個人に正の貯蓄を促す動機の一部は、それに対応する後日の負の貯蓄を意図したものである。家族や老後のニーズに備えるために貯蓄するといったケースだ。借り入れを原資とする失業給付も、負の貯蓄と考えるのが最適だ。

こうした諸々の動機がどの程度強いかは、以下の要因で非常に大きく変わってくる。想定する経済社会の制度や組織。人種・教育・慣習・宗教・社会道徳によって形成される習慣。いまの希望と過去の経験。資本設備の規模と技術。富の分配の現状と、すでに確立された生活水準。ただ、本書では、広範囲に及ぶ社会の変化の帰結や、長期の発展が及ぼす緩慢な影響については、時々脱線する場合を除いて論じない。つまり、貯蓄と消費それぞれの主観的動機の背後にある主な背景については、所与のものとして扱う。富の分配についても、その社会のおおむね永続的な社会構造によって決まるのであれば、長期にわたって緩やかにしか変化しないと考えられ、本書の文脈では所与のものと考えて差し支えない要素となる。

2

このように、主観的・社会的インセンティブの主な背景はゆっくりとしか変化せず、金利などの客観的な要因が及ぼす短期的な影響も、副次的な重要性しか持たないことが多い。となれば、消費の短期的な変動は、一定の所得の消費性向がどう変わるかではなく、おもに（賃金単位で測った）所得をどの程度のペースで稼げるかに左右されることになる。

しかし、誤解のないよう注意が必要だ。先ほど、小幅な金利の変化が消費性向に及ぼす影響は通常小さいと指摘したが、だからと言って、金利の変化が、実際の貯蓄量と消費量にわずかな影響しか及ぼさないというわけではない。その正反対である。金利が実際の貯蓄量に及ぼす影響はきわめて重要だ。しかし、ふつう考えられている方向とは逆の方向に作用する。たとえ「金利が上昇すれば将来得られる所得が増える」という魅力に、消費性向を引き下げる効果があったとしても、金利の上昇には、確実に実際の貯蓄量を減らす効果がある。というのも、総貯蓄は総投資に左右される。金利が上昇すれば（それに伴い投資の需要表が変化して、金利の上昇が相殺されない限り）投資は減る。このため、金利が上昇すれば、その影響で貯蓄が投資と同程度に減る水準まで所得が減少することになる。絶対量で見ると、所得は投資よりも大幅に減るため、たしかに金利が上昇すると消費率は落ちる。しかし、だからと言って、貯蓄の余地が増えるわけではない。逆に、貯蓄と消費の双方が減るのである。

したがって、たとえ、金利が上昇すれば、社会が一定の所得から貯蓄に回す分が増えるとしても、金利の上昇は（投資の需要表に好ましい変化がないと想定すると）総貯蓄を確実に減らす。この線で論を進めていけば、他の事情が同じなら、金利上昇で所得がいくら減るかもわかる。というのも、金利が上昇すれば、投資はその時点の資本の限界効率に応じて減少する。所得は、その時点の消費性向の下で、貯蓄が投資と同量減るまで、過不足なく減少しなければ（もしくは再分配されなければ）ならない。この点の詳細は次の章で論じよう。

もし私たちの所得が一定なら、金利の上昇時に貯蓄を増やそうというインセンティブが働くかもしれない。だが、金利の上昇で投資が阻害されれば、所得は一定にはならないし、なるはずがない。所得は必然的に減少し、貯蓄余力が低下し、金利上昇に伴う貯蓄刺激効果が相殺される。その地点まで所得は減少するのである。私たちが清貧の美徳を掲げ、倹約を決意すればするほど――国や家計が保守的な財務運営に固執すればするほど――資本の限界効率との比較で金利が上昇した際に、私たちの所得はその分だけ落ち込まざるをえない。頑張っても褒美をもらえるわけではない。罰が下るだけだ。というのも、この帰結は避けようがないのである。

したがって、結局のところ、実際の総貯蓄・消費率は、用心、先見、計算、改善、自活、冒険心、誇り、貪欲には左右されない。美徳も不道徳も役には立たない。すべては、資本の限界効率に照らして、金利がどこまで投資に有利に働くかにかかっている。*いや、これは言いすぎだ。仮に金利が持続的な完全雇用を維持できる状態に制御されているなら、清貧の美徳が力を取り戻すことになる。資本の蓄積率は、消費性向の弱さに依存することになるだろう。したがって、やはりここでも、古典派の経済学者が清貧を美徳とした背景には、金利がつねにそのように制御されるという古典派の隠れた想定があったのである。

＊　この節の一部では、第4篇で導入する考え方を暗黙のうちに先取りしている。

第10章 限界消費性向と乗数

Chapter 10 The Marginal Propensity to Consume and the Multiplier

第8章では、消費性向に変化がない限り、雇用が増加するのは、並行して投資が増加している場合のみだと指摘した。ここでは、この線に沿った考え方をもう一段階進めてみよう。というのも、所与の状況では、所得と投資の間に――また、ある程度単純化すれば、総雇用と、投資で直接創出された雇用（本書で一次雇用と呼ぶ）の間にも――乗数と呼ぶ一定の比率を設定できるのである。この追加のステップは、本書の雇用理論に不可欠なパーツとなる。所与の消費性向の下で、総雇用・所得と投資率の間の正確な関係を説明できるからだ。乗数の概念を最初に経済理論に導入したのは、R・F・カーン氏の論文「国内投資と失業の関係」（『エコノミック・ジャーナル』一九三一年六月）だ。この論文の主張の土台にあったのは「様々な仮定上の状況で消費性向（とその他の一部の条件）を所与とし、金融当局などが投資の刺激・抑制策を講じると仮定すれば、雇用量の変化は、投資量の純変化の関数となる」という考え方である。この論文の狙いは、純投資の増加分と、それに伴う総雇用の増加分の間の実際の量的な関係を推定する一般原理を打ち立てることにあった。ただ、乗数について論じる前に限界消費性向という概念を導入しておいたほうがよいだろう。

1

本書で考察している実質所得の変動は、一定の資本設備に配置する雇用量（労働単位量）を変える結果として発生する。実質所得は、雇用される労働単位の数とともに増減するのである。一定の資本設備に配置される労働単位の数が増えると、限界収益が減少する（収穫逓減）という一般的な想定をすると、賃金単位で測った所得は、雇用量を上回るペースで増加し、雇用量のほうは、生産物で測った実質所得（もし測定が可能なら）を上回るペースで増加する。ただ、（資本設備がほぼ不変である短期の場合）生産物で測った実質所得と、賃金単位で測った所得は、同じ方向に上下する。となると、生産物で測定した実質所得は、正確な数値に置き換えられないケースがあるため、賃金単位で測った所得（Y_w）を、実質所得の変化を示す便宜的な指標とみなすのが、往々にして好都合だ。Y_w が一般に実質所得を上回るペースで増減するという事実を軽視できないケースもあるが、そうしたケースを除けば、両者はつねに同じ方向に動くため、ほぼ入れ替え可能とみなすことができる。

そうすると、「その社会の実質所得が増減すれば、消費も増減するが、そのペースは実質所得の増減ほどではない」という本書の通常の心理法則は——絶対的な正確性は伴わないが、自明で、形式的に完全な形で容易に述べられる但し書きをつければ——次のように言い換えられる。ΔC_w と ΔY_w は同じ符号を持つが、$\Delta Y_w > \Delta C_w$ である（C_w は賃金単位でみた消費）。これは第3章第2節に述べたことの繰り返しでしかない。ここで、$\frac{dC_w}{dY_w}$ を限界消費性向と定義しよう。

この量はかなり重要だ。次の生産の増加分が、消費と投資の間でどのように振り分けられなければならないかがわかるからだ。というのも、$\Delta Y_w = \Delta C_w + \Delta I_w$ なのである（ΔC_w と ΔI_w はそれぞれ消費と投資の増分）。したがって、$\Delta Y_w = k\Delta I_w$、ただし $1-\frac{1}{k}$ は限界消費性向、と表記できる。

この k を投資乗数と呼ぼう。総投資が増加した時、所得は投資の増加分の k 倍増加する。

2

カーン氏の乗数は、これとはすこし違っており、雇用乗数とでも呼べるようなものである。これを k' と書こう。この k' は、投資財産業の一次雇用が一定量増えた場合、総雇用がどの程度の比率で増えるかを示したものだ。つまり、投資が ΔI_w 増加して、投資財産業で一次雇用が ΔN_2 増加した場合、総雇用の増分 ΔN は、$\Delta N = k' \Delta N_2$ となる。

一般に、$k = k'$ と想定する理由はない。というのも、タイプの異なる産業の総供給関数の当該部分の形状が、次のような形状になっている——つまり、「これだけ需要が増えると、これだけ雇用が増える」という比率が、ある産業グループと別の産業グループで一致するという形状になっている——と想定する必然性はないからだ。* たとえば、限界消費性向が平均性向から大きく乖離している場合など、消費財の需要の変化率と投資財の需要の変化率が大きく異なっており、$\frac{\Delta Y_w}{\Delta N}$ と $\frac{\Delta I_w}{\Delta N_2}$ が等しくないと推定されるようなケースは、実際、容易に想像がつく。このような可能性——二つの産業グループの総供給関数の当該部分の形状が異なる可能性——を考慮に入れようと思えば、何の問題もなく、これから進める論証をより一般化した形に書き換えることができる。しかし、ここに包含されている考え方を明瞭にするには、$k = k'$ という単純化したケースを論じるほうが便利だろう。

その場合、もし社会の消費心理が、たとえば所得の増加分の九割を消費に回すというものであれば、**乗数 k は一〇となる。この場合、（たとえば）公共事業の増加で創出される総雇用は、他の分野で投資の削減がないと仮定すると、公共事業自体で創出される一次雇用の一〇倍となる。雇用が増加し、結果的に実質所得も増加したのに、その社会の消費に変化がないという場

＊ より正確に言うとこうなる。e_e を産業全体の雇用の弾力性、e'_e を投資財産業の雇用の弾力性とし、N と N_2 を産業全体の被雇用者、投資財産業の被雇用者とすると、

$$\Delta Y_w = \frac{Y_w}{e_e \cdot N}\Delta N$$

なおかつ　$$\Delta I_w = \frac{I_w}{e'_e \cdot N_2}\Delta N_2$$

したがって　$$\Delta N = \frac{e_e}{e'_e}\frac{I_w}{N_2}\frac{N}{Y_w}k \cdot \Delta N_2,$$

つまり　$$k' = \frac{I_w}{e'_e \cdot N_2} \cdot \frac{e_e N}{Y_w}k$$

だが、産業全体の総供給関数と投資財産業の総供給関数の形状に重要な違いがないと予想できる場合（つまり $\frac{I_w}{e'_e \cdot N_2} = \frac{Y_w}{e_e \cdot N}$ の場合）、$\frac{\Delta Y_w}{\Delta N} = \frac{\Delta I_w}{\Delta N_2}$ となり、したがって $k = k'$ となる。

＊＊ 本書の数量は一貫して賃金単位で測定している。

合に限って、雇用の増加分は、公共事業で創出された一次雇用に限定される。反対に、社会が増えた所得を全額消費に回そうとすれば、安定点が成立せず、物価が際限なく上昇することになる。通常の心理を想定すると、雇用の増加に消費の減少が伴うのは、消費性向が同時に変化した場合のみだ（たとえば、戦時中のプロパガンダで個人の消費が制限されれば、消費性向は変化するかもしれない）。この場合に限って、投資財産業の雇用増加は、消費財産業の雇用に好ましくない余波を及ぼす。

以上のことは、読者にとっては一般的な考え方からもう自明になっていることを公式にまとめたものにすぎない。賃金単位でみた投資が増えるためには、人々に賃金単位でみた貯蓄を増やす用意がなければならない。ふつう、人々は、賃金単位でみた総所得が増えない限り、貯蓄は増やさないだろう。したがって、人々が増えた所得の一部を消費に回そうと努力すれば、生産が刺激され、新たな所得の水準（と再分配）が実現し、増加した投資と釣り合う貯蓄の余力が生まれる。乗数は、雇用をどの程度増やせば、必要とされる追加の貯蓄を引き出すのに十分な実質所得の増加を実現できるかを教えてくれる。乗数は、人々の心理性向の関数である。*貯蓄が苦い薬で消費が甘いジャムなら、追加の薬の量に応じた追加のジャムが必要となる。人々の心理性向が本書で想定しているものと異ならない限り、投資財産業の雇用を増やせば、必然的に消費財産業が刺激され、投資自体が生み出した一次雇用の何倍かの総雇用が創出されるという法則がここに打ち立てられたことになる。

となると、限界消費性向が一に近い場合、投資がすこし変動すれば、雇用が激しく変動することになるが、同時に、比較的小幅な投資の拡大で完全雇用を実現できる。一方、限界消費性向がゼロに近い場合、投資が小幅に変動すると、それに応じて雇用も小幅に変動する。ただし、完全雇用を実現するには、投資の大幅な増加が必要になるかもしれない。前者の場合、非自発的失業は楽に治せる病気となる（進行を許せば、面倒なことになるが）。後者の場合、雇用の変動は少ないかもしれないが、雇用が低い水準で安定しまう可能性が高く、きわめて手荒な治療をしない限り対処不能になるはずだ。現実には、限界消費性向はゼロよりは一にかなり近いとみられるものの、ゼロと一の両極の間のどこかに位置しているとみられる。このため、ある意味では、前者と後者の難点ばかりを抱え込むことになる。雇用はかなり激しく変動するが、完全雇用の実現に必要な投資の増分は、あまりに巨額で、そう簡単には実現できない。残念ながら、現状では雇用の変動が激しく、病気の本質が見えにくくなっているが、病状は深刻で、

＊ もっとも、より一般化した場合は、投資財・消費財産業それぞれの物理的な生産条件の関数でもある。

病気の本質を理解しなければ治療ができない状態にある。

完全雇用が実現した局面で、投資をさらに増やそうとすれば、限界消費性向がどのような水準にあっても、名目物価が際限なく上昇する下地をつくることになる。つまり、本物のインフレ（真正インフレ）状態*に達するのである。しかし、その点に到達するまでは、物価の上昇に伴い、総実質所得が増加する。

3

ここまでは、投資が純増するケースを論じた。しかし、（たとえば）公共事業拡大の効果について、但し書きをつけずに先ほどの点を当てはめたいと考えるなら、別の分野の投資が減少して効果が相殺されることはないと想定する必要がある。もちろん、それに伴って社会の消費性向が変化しないという想定も必要だ。カーン氏は先の論文で、どのような相殺要因を重要な要素として考慮に入れる必要があるかを検討し、量的な推定値を出すことにおもに関心を寄せている。というのも、現実には、ある種類の投資がどれだけ増えたかという問題以外にも、最終結果に影響を及ぼす要因はいくつかあるのだ。たとえば、政府が公共事業で雇用を一〇万人増やし、仮に（先ほど定義した）乗数が四である場合でも、総雇用が四〇万人増えるとは言いきれない。この公共事業がほかの分野の投資に悪影響を及ぼすおそれがあるからだ。

（カーン氏の説に従うと）現代社会で軽視できないとくに重要な要因は、以下のものとなる可能性が高いとみられる（ただ、最初の二つは、第4篇に進むまで完全には理解できないだろう）。

① 政策資金の調達手段や、（雇用増加とそれに伴う物価上昇で必要となる）運転資金用の現金の増加は、金利の上昇を促す可能性があり、金融当局が対策を講じなければ、ほかの分野の投資が抑制されるおそれがある。また、同時に資本財のコスト上昇で、民間投資家の資本の限界効率が下がる。これを相殺するには、実際の金利低下が必要になる。

② 人々の間に心理的な混乱が広がることは少なくない。政府の計画が、「自信」への影響を通じて、流動性選好の拡大や資本の限界効率の低下につながる可能性がある。これ

* 第21章第5節を参照。

も対策を講じなければ、他の投資を抑制しかねない。

③　外国との貿易関係がある「開放経済」では、投資拡大の乗数効果の一部が外国の雇用にプラスに働く。増えた消費の一部が自国の対外収支を悪化させるからだ。したがって、世界の雇用ではなく自国の雇用への影響だけを考える場合、乗数全体を低めに設定する必要がある。一方、経済活動を拡大している外国の乗数効果が、自国に有利な余波を及ぼすなら、先ほどの漏出分の一部を取り戻せる可能性もある。

また、大幅な変化を考慮しているのであれば、限界点が緩やかにシフトするにつれて、限界消費性向が——したがって乗数が——緩やかに変化することも考慮に入れる必要がある。限界消費性向は、雇用のすべての水準で一定なわけではない。おそらく、雇用が増えるにつれて、ふつう逓減する傾向があるだろう。つまり、実質所得が増加すれば、社会が消費に回したいと考える割合はすこしずつ減っていく。

いま述べた一般法則の働き以外にも、限界消費性向を——したがって乗数を——変える働きをしうる複数の要素が存在する。そうした要素は、ふつう一般法則の効果を相殺するよりも、効果を強める可能性が高いと思われる。というのも、第一に、雇用の増加は、短期の収穫逓減の影響により、総所得のうち事業家の懐に入る所得の比率を高める傾向があるが、事業家個人の限界消費性向はおそらく、社会全体の平均よりも低いだろう。第二に、失業は、官民を問わず一部の分野で負の貯蓄を伴う可能性が高い。というのも、失業者は、自分や友人の貯蓄か、原資の一部が公債である公的な救済策に頼って生活する可能性があるからだ。となると、再雇用が実現すれば、こうした個々の負の貯蓄の働きがすこしずつ減ってゆき、結果的に、限界消費性向は、別の状況で社会の実質所得が同額増えた場合よりも急速に低下する。

いずれにしても、投資の純増分が多い時よりも少ない時のほうが、乗数は大きくなる可能性が高い。したがって、大幅な変化を視野に入れる場合は、当該範囲内の限界消費性向の平均に基づいた乗数の平均値を指標とする必要がある。

カーン氏は、一部の特殊な仮定上のケースで、こうした要因が量的にどのような結果をもたらす可能性が高いか検証している。ただ、言うまでもないが、あまり過度な一般化はできない。せいぜい言えるのは、たとえば、閉鎖経済で失業者の消費が他の消費者の消費からの移転で賄われる場合、典型的な現代社会では、消費の比率はおそらく、実質所得の増加分の八〇％を大きくは下回らない傾向がある——つまり、相殺分を考慮した乗数は五を大きくは下回らないだろう——といったことぐらいだ。しかし、対外貿易が、たとえば消費の二〇％を占め、失業者が、働いてきた時の通常の消費のたとえば最大五〇％を、公債やそれと同等なものから受け取っている場合、乗数は、ある特定の新規投資が創出する雇用の二〜三倍にまで低下するかもしれない。したがって、対外貿易が多く、失業対策の原資に占める借り入れの比率が高い国（たとえば、一九三一年のイギリス）の場合、そうした要素の重要性が相対的に低い国（たとえば一九三二年のアメリカ）に比べ、投資の変動に伴う雇用の変動は大幅に小さくなるだろう。*

とはいえ、国民所得からみれば少額と言える投資額の変動で、その何倍もの総雇用・所得の変動を引き起こせることは、乗数の一般原理を参考にしなければ説明できない。

4

これまでの議論では、消費財産業が事前に総投資の変化を予想でき、資本財産業と足並みを揃えることができる——消費財の価格には、収穫逓減の下で生産量の増加の結果として起きる変動以外の変動は起きない——と想定してきた。

しかし、一般的には、発端となる資本財産業の生産増加が、完全には予想されていなかったケースも考える必要がある。言うまでもないが、発端がそのような形だった場合、雇用に完全な効果が出るまでには時間がかかる。しかし、この言うまでもない事実が、度々混乱を生むことが、議論の結果わかってきた。つまり①タイムラグなしに、どの瞬間にも途切れることなく成り立っている論理的な乗数理論と、②タイムラグがあり、一定期間を経て初めて段階的に効果があらわれる資本財産業の拡大の帰結――の折り合いをどうつけるのか、という混乱だ。

両者の関係は、以下の点を指摘すれば明確になる。第一に、予想されていなかった――もしくは不完全な形でしか予想されていなかった――資本財産業の拡大は、総投資に直ちに同額の影響を及ぼすことはないが、総投資の段階的な増加を引き起こす。第二に、そうした資本財産業の拡大で、限界消費性向は一時的に正常値から乖離するかもしれないが、その後緩やかに正常値に戻る。

つまり、資本財産業が拡大すると、総投資は、一定期間を通じ、複数期にわたって何度も増加し、限界消費性向の値も、複数期にわたって何度も変わる。この間の限界消費性向の値は、資本財産業の拡大が予想されていた場合の値とも、その社会が新しい安定した総投資の水準に

＊ ただし、アメリカの推計値については第10章第5節を参照。

落ち着いた際に取る値とも異なる。しかし、どの期間を取ってみても、乗数理論は成立している。総需要の増分が、総投資の増分に、限界消費性向で決まる乗数を掛けた値になっているのである。

極端なケースを考えてみれば、この二組の事実が非常に明確になる。資本財産業の雇用拡大がまったく予想されておらず、最初の段階では、消費財の生産がまったく増加しなかったとしよう。この場合、資本財産業に新たに雇用された人々が、増えた所得の一部を消費に回そうとする結果、消費財の価格が上昇し、一時的な需給の均衡状態が成立する。均衡が成立する背景には、「値上げを受けて消費を先送りする」「値上げで利益が増えた影響で所得が貯蓄階級側に再分配される」「価格上昇で在庫が払底する」といった動きがある。消費の先送りで均衡が回復した場合は、限界消費性向つまり乗数自体が一時的に低下する。在庫が払底した場合は、総投資の増分がしばらくの間、資本財産業の投資の増分を下回る。つまり乗数をかけるものが、資本財産業の投資の全増分ほどは増えない。しかし、時が経つにつれて、消費財産業は新たな需要に対応し、先送りされていた消費が実現すれば、限界消費性向が一時的に正常値を上回り、以前正常値を下回っていた分を埋め合わせ、最終的には正常値に戻る。一方、在庫が以前の水準に回復すると、総投資の増分は一時的に資本財産業の増分を上回る（生産拡大に伴う経営資本の増加分にも、一時的に同じ効果をもたらす)。

変化が予想外であれば、雇用に完全な効果が出るまで時間がかかるという事実は、ある一定の文脈では重要だ。とくに(私が『通貨論』で展開したような論の進め方に沿って)景気循環を分析する際には、一定の役割を果たす。しかし、そうした事実は、この章で説明した乗数理論の意義にはまったく影響しない。資本財産業の拡大で雇用全体にどの程度の好影響が出るかを測る指標として、乗数理論が使えなくなることはない。また、消費財産業がすでにほぼフル稼働状態で、生産の拡大には、既存工場の利用拡大だけでなく、工場の拡張が必要だという状況を除けば、「消費財産業の雇用が資本財産業の雇用と足並みを揃えて改善し、乗数が正常値付近で推移するには、少なからぬ時間がかかる」と考える根拠はまったくない。

5

前述したように、限界消費性向が高ければ、乗数が大きくなり、投資の一定の変化に対する雇用の攪乱も大きくなる。そうなると、(所得に占める貯蓄の割合がとても少ない)貧しい社会のほうが、(所得に占める貯蓄の割合が高く、結果的に乗数も小さい) 豊かな社会より、激しい変動に見舞われるという逆説的な結論が導かれるように思えるかもしれない。

しかし、そうした結論は、限界消費性向の影響と平均消費性向の影響の違いを見過ごしていると言える。というのも、限界消費性向が高ければ、投資の一定の変化率に対して高い比率で効果を発揮できるが、もし平均消費性向も高ければ、絶対的な効果は小さくなる。これは、数字の例を使って次のように説明できるかもしれない。

消費性向が以下のような社会を想定しよう。社会の実質所得が、既存の資本設備に配置された五〇〇万人の雇用で実現できる生産高を下回る場合、所得の全額が消費に回される。追加で一〇万人を雇用した場合、所得の九九%が消費に回される。さらに追加で一〇万人を雇用した生産高の場合は九八%が、さらに一〇万人を雇用した場合は九七%が消費に回される…と想定する。そして一〇〇〇万人が雇用されれば、完全雇用だとしよう。そうすると、500万人＋n×10万人が雇用されている場合、限界部分での乗数は $\frac{100}{n}$ となり、国民所得の $\frac{n(n+1)}{2(50+n)}$ %が投資に回される。

したがって、五二〇万人が雇用されている場合、乗数は五〇ととても大きくなるが、投資は現在の所得の〇・〇六%ときわめて少ない。そのため、投資が大幅に、たとえば約六六%減っても、雇用は五一〇万人にしか減らない。減少率は約二％だ。一方、九〇〇万人が雇用されている場合、限界乗数は二・五と比較的小さいが、投資は現在の所得の九％と、かなりの比率を占める。この場合、投資が約六六％減れば、雇用は六九〇万人に減る。減少率は二三％だ〔全集版などによると、正しくは七三〇万人、一九％〕。投資がゼロに減少した極端な状態では、雇用は前者のケースで約四％、後者のケースでは四四％減少する。*

いまの例で、二つの社会のうち貧しい方は、不完全雇用が貧困の理由だが、貧困の理由がスキル・技術・設備不足の場合でも、多少修正すれば同じ論理を当てはめることができる。したがって、乗数は貧しい社会のほうが大きいが、（豊かな社会のほうが、当期生産に占める当期投資の比率がはるかに高いとすれば）投資の変動が雇用に及ぼす影響は、豊かな社会のほうがずっと大きくなる。**

また、次の点も明らかだ。公共事業で一定の人数を雇用する場合、（先の想定の下では）深刻な失業が発生している局面のほうが、その後完全雇用が近づいた局面よりも、総雇用への効

＊　ここでの投資は、生産に従事する被雇用者の数で測定している。このため、雇用の拡大につれて雇用一単位当たりの収益が逓減する場合、この尺度で投資量が二倍になった場合、物的な尺度（もしそのような尺度が利用できるなら）では二倍未満となる。

果がはるかに大きい。いまの例では、雇用が五二〇万人に落ち込んだ局面で、公共事業を通じて一〇万人を追加雇用すれば、総雇用は六四〇万人に増加する。しかし、雇用がすでに九〇〇万人に達している局面で、公共事業を通じて追加で一〇万人を雇用しても、総雇用は九二〇万人にしか増えない。したがって、失業が増えれば、貯蓄に回される所得が減ると想定できるなら、たとえ実用性が疑わしい公共事業であっても、深刻な失業時には何度でも効果を期待できる可能性がある。失業給付のコストを減らせるだけでも割に合うかもしれない。だが、完全雇用が近づいた局面では、そのような効果を期待しづらくなる可能性がある。また「完全雇用が近づけば、限界消費性向が着実に低下する」という本書の想定が正しいなら、投資のさらなる拡大で一定量の雇用増を図るのは次第に難しくなる。

景気循環の各段階における限界消費性向のグラフを、総所得・総投資の時系列統計から作成するのは（もし統計が手に入るなら）難しくはないはずだ。だが、現時点では統計があまり正確とは言えず（もしくは、この特殊な目的にかなうようには集計されていないため）、非常に大まかな概算値しか推計できない。私が知る限り、この目的にもっともかなうのは、クズネッツ氏のアメリカの統計だ（これは第8章第4節で掲載した）。ただ、この統計も信頼性にかなりの問題がある。国民所得の推計値と併せて、額面通りに受け取ると、投資乗数は私の予想よりも低く、かつ安定していることになる。単年度で見ると、かなり振れが大きいようにみえるが、二年ごとにまとめてみると、乗数は三未満で、おそらく二・五近辺でだいたい安定しているようだ。これは、限界消費性向が六〇～七〇%を上回らないことを意味する。好況時には十分ありうる数字だが、不況時にはまず信じがたいほど低い数字だと私には思える。だが、アメリカの企業会計が、不況時でも極端に保守的な財務方針をとっていると考えれば、説明がつく可能性はある。修理や取り替えの見送りで投資が大幅に減少しているにもかかわらず、そうした損耗に対して準備金が積まれているのであれば、準備金を計上しない場合に起きていた限界消費性向の上昇が妨げられるからだ。私はこの点が、アメリカの最近の不況を悪化させる大きな要因になったのではないかと考えている。一方、投資の減少が統計で実際よりもやや多めに集計されて

** より一般化すれば、投資量の変化率に対する総需要の変化率の比率は

$$= \frac{\frac{\Delta Y}{Y}}{\frac{\Delta I}{I}} = \frac{\Delta Y}{Y} \cdot \frac{Y-C}{\Delta Y-\Delta C} = \frac{1-\frac{C}{Y}}{1-\frac{dC}{dY}}$$

となる。富の増加に伴い、$\frac{dC}{dY}$が逓減するが、$\frac{C}{Y}$も逓減する。このため、消費の増減率が所得の増減率を下回るか上回るかに応じて、この分数も増減する。

いる可能性もある。統計上の投資は、一九二九年から一九三二年までに七五％以上減少したことになっている。純「資本形成」は九五％以上の減少だ。こうした統計値がすこし変われば、乗数は大きく違ってくる可能性がある。

6

非自発的失業が存在する場合、労働の限界負効用は、かならず限界生産物の効用を下回っている。それどころか、大幅に下回っている可能性もある。長期間失業している人にとって、ある程度の労働は、負効用ではなく、正の効用を持つ可能性があるからだ。もしそうなら、いかに「無駄な」公債支出*であっても、差し引きで社会を豊かにする可能性があることが、先ほどの論理からわかる。古典派経済学の原理という教育が邪魔になって、政治家がほかにましなことをできないのであれば、ピラミッド建設、地震、また戦争でさえも、富の拡大に寄与する可能性がある。

　興味深いことだが、不合理な結論を避けようとする常識的な判断が働くと、部分的に無駄のある公債支出ではなく、まったく「無駄な」形の公債支出が選ばれる傾向がある。前者は、完全には無駄ではないため、厳密な「ビジネス」の原理で判断されることが多いためだ。たとえば、現行金利を下回る金利で改良費用を融資するよりは、公債を原資とする失業給付のほうが受け入れられやすい。「金の採掘」と呼ばれている地面に穴を掘るという形は、世界の実質的な富の増加にはいっさいつながらないばかりか、労働の負効用も伴うが、これがあらゆる失業対策の中でもっとも受け入れられるのだ。

もし財務省が古い瓶に紙幣を詰めて廃坑の適度な深さに埋め、それを町のごみで地表まで埋め立て、実績のある自由放任の原理で、民間企業に紙幣を再び掘り起こさせれば（無論、掘り起こす権利は、紙幣が埋まっている土地の借地権を競売にかけて取得させる）、もう失業は起きないだろうし、その余波も手伝って、社会の実質所得と資本資産も、おそらく現状をはるかに上

＊「公債支出」という用語は、個人からの借り入れを原資とする公共投資だけでなく、そうした借り入れを原資とする他のすべての経常的な公共支出も含めた形にすると、往々にして便利だ。厳密に言えば、後者は負の貯蓄と考えるべきだが、この種の公的な対策は、民間貯蓄を左右するような心理的な動機の影響を受けない。したがって、「公債支出」は資本勘定に計上するものであれ、財政赤字を穴埋めするものであれ、すべての勘定に計上される公的な純借り入れを示す便利な用語となる。公債支出の一方は、投資の増加という形で作用し、もう一方は、消費性向の上昇という形で作用する。

回る水準になるだろう。たしかに、住宅などを建設するほうが理にかなっているが、政治的・現実的な問題でそれが実現できないなら、何もしないより、こちらの手段に頼ったほうがましではないだろうか。

いま挙げた便宜的な手段と現実世界の金鉱は、どこからどこまでそっくりだ。過去の経験を振り返れば、金が適度な深さにある場合は、世界の実質的な富は急増する。適度な深さに金がほとんどなければ、世界の富は伸び悩むか、減少する。金鉱が文明にとって最大の価値と重要性を持つのは、このためだ。戦争が、政治家の考える唯一筋の通った大型公債支出の形となってきたように、金の採掘は、銀行が健全な融資先として受け入れる地面に穴を掘る唯一の口実となってきた。どちらの活動も、ほかにましなものがない局面で、進歩に寄与してきた。細かいことを言えば、不況時には人件費と設備代で測った金の価格が上昇する傾向にあり、これがその後の景気回復を後押しする。金価格が上昇すれば、採算の取れる採掘地点の深さが下がり、採算の取れる金鉱石の最低品位が下がるからだ。

有益な富のストックを増やしながら雇用を増やすことができない場合、金の採掘は二つの理由で非常に現実的な投資の形になる（金の供給が増えれば、おそらく金利に影響が出るという点も指摘できるが）。第一に、金の採掘は、ギャンブル的な魅力により、実勢金利にはそれほど強く左右されずに実行される。第二に、金の採掘の成果――つまり金のストックの増加――は、ほかのケースと違い、限界効用逓減の影響を受けない。住宅の価値はその効用に左右されるため、家が一軒建設されるごとに、追加の住宅建設から得られる見込み家賃は逓減していく。このため、金利が並行して低下しない限り、同様の投資を追加で行う魅力が低下する。しかし、金の採掘で得られる成果には、そうしたデメリットがない。金で測った賃金単位が上昇した場合に限って、ブレーキがかかるが、これは雇用が大幅に改善しない限り、そして大幅に改善するまで――起こりそうにない。また、相対的に耐久性の低い富の場合とは違って、使用コストや補足コストの計上に伴う、その後の相殺効果もない。

古代エジプトは、ピラミッドの建設と貴金属の探査という二つの活動を行ったという点で、二重に幸運だった。あの伝説的な富の源泉は、まちがいなくここにある。この二つの活動の成果は、消費されるという形で人々のニーズを満たすものではなかったため、潤沢に存在しても色褪せることがなかった。中世は大聖堂を建設し、挽歌を歌った。二つのピラミッド、死者のための二つのミサは、一つのピラミッド、一つのミサの二倍の価値を持つ。だが、ロンドン～ヨーク間に二本の鉄道を敷いても価値は二倍にはならない。こうして、私たちは分別を持ちすぎ、みずからを律して慎重な財務運営をする資本家のような存在に近づきすぎてしまったため

――子孫の住む住宅を建設して子孫の「財政」負担を増やしてはいけないと配慮するようになったため――そうした容易な失業対策をとれなくなったのである。いつ行使するとも知れない恩恵にあずかる権利をため込むことで個人が「豊か」になれるという何にもまして打算的な行動原理を、国の政策に適用した当然の結果として、私たちは失業の苦しみを受け入れざるをえないのである。

ok 4

Inducement to Invest

第11章 資本の限界効率

Chapter 11 The Marginal Efficiency of Capital

1

人が投資財つまり資本資産を購入するとき、その人は一連の予想収益に対する権利を買っていることになる。その資産の耐用期間中に生産できるモノの販売でいくら儲けられるか、その予想販売額から生産経費を差し引いた予想収益である。この一連の年間受取額 Q_1, $Q_2 \cdots Q_n$ をその投資の見込み収益（*prospective yield*）と呼ぶのが便利だろう。

この投資の見込み収益に対して、その資本資産の供給価格（*supply price*）がある。これは市場価格（当該資産を実際に市場で購入できる価格）ではなく、メーカーが「この価格なら当該資産を新たに追加で一単位生産しよう」と考える過不足のない価格――時にその資産の取り替えコスト（*replacement cost*）と呼ばれるものだ。資本資産の見込み収益と供給価格（取り替えコスト）の関係――つまり、そのタイプの資本の追加の一単位の見込み収益と、その追加の一単位を生産するコストの関係――から、そのタイプの資本の限界効率（*marginal efficiency of capital*）を導き出せる。より正確に定義すれば、資本の限界効率は、その資本資産の耐用期間中に期待できる収益から得られる一連の年間受取額の現在価値を、その資産の供給価格とちょうど等しくする割引率に等しい。これで個々のタイプの資本資産の限界効率が導き出せる。こうした限界効率のうち最大のものを資本全般の限界効率とみなせるだろう。

ここで注意が必要なのは、資本の限界効率を資本資産の予想収益と現在の供給価格で定義したことだ。資本の限界効率は、新たに生産された資産に資金を投資した場合に、どの程度の収益率が予想されるかで変わってくる。耐用期間が終わった後に実績を振り返ってみて、初期コストに対して投資がどの程度の成果を上げたかという過去の結果は、関係がない。

どのような期間であっても、またどのようなタイプの資本であっても、あるタイプの資本に対する投資が増えると、そのタイプの資本の限界効率は、投資の増加に伴い低下する。これは一つには、そのタイプの資本の供給が増えると見込み収益が減るからであり、また一つには、そのタイプの資本を生産する施設に負荷がかかり、ふつう、供給価格が上がるからである。通常、短期の均衡状態を成立させる上では、後者の要素のほうが重要になるが、視野に入れる期間が長くなれば、その分、前者の要素の重要性が増す。したがって、各タイプの資本について「一定期間内にこの程度投資が増えれば、限界効率がここまで下がる」といった一覧表を作ることができる。その上で、各タイプの資本の一覧表をすべて集計すると、総投資率と、それに対応する——その投資率で成り立つ——資本全般の限界効率を示す一覧表を作成できる。この一覧表を「投資需要表」もしくは「資本の限界効率表」と呼ぼう。

さて、言うまでもないが、足元の現実の投資率は、限界効率が現在の金利水準を上回っている資本資産が完全になくなる点まで上昇する。言い換えれば、資本全般の限界効率が市場金利*と等しくなる投資需要表の点まで、投資率が押し上げられる。

同じことは、次のように言い換えることもできる。ある時点（r）の資産の見込み収益をQ_r、現在の金利で割り引いたr年後の一ポンドの現在価値をd_rとすれば、$\Sigma Q_r d_r$が投資の需要価格となる。投資は、$\Sigma Q_r d_r$が先ほど定義した投資の供給価格と等しくなる点まで続けられる。一方、$\Sigma Q_r d_r$が供給価格を下回れば、当該資産への投資は現時点では行われないことになる。

＊　ここで取り上げているのは、資産の様々な見込み収益が実現するまでの様々な期間に対応する金利・割引率の複合体なのだが、話を単純にするため、その点には触れていない。ただ、この点を踏まえて論証を修正することは難しくない。

そうなると、投資のインセンティブは、一部は投資需要表に、一部は金利に、左右されることになる。投資率を決める要因は実際には複雑で、第4篇の結論を踏まえなければ、全体像を把握することはできない。ただここでは、ある資産の見込み収益やその資産の限界効率がわかっても、そこから金利の水準やその資産の現在価値を導き出すことはできないという点を指摘しておきたい。金利は他の要因から突き止める必要があり、それができて初めて、見込み収益の「現在価値の算出」(*capitalising*)を通じてその資産の価値を評価できる。

2

先ほど定義した資本の限界効率は、通常の用語法とどのような関係にあるのだろうか。資本の限界生産力、限界収益、限界効率、限界効用といったお馴染みの用語は、どれも頻繁に使われている。ただ、経済学の文献を調べてみても、経済学者がこうした用語で通常何を意味しているのか、明確な説明を探し出すのは容易ではない。

曖昧な点は少なくとも三つあり、整理が必要だ。第一に「資本の物理的な量を一単位増やした時に、一定期間内に生産できるモノの量がどれだけ増えるのか」という点を問題にしているのか、「資本の価値を一単位増やした時に、生産できるモノの価値がどれだけ増えるのか」という点を問題にしているのか、という曖昧さがある。前者には、資本の物理的な単位をどう定義するのかという難問があるが、これは解決不能かつ不要な問題だと思える。もちろん「ある機械を追加で利用できれば、労働者一〇人が一定面積から収穫できる小麦が増える」とは言えるが、これを価値の概念を導入せずに、どうすれば明快な数値比率に変換できるのか、私にはわからない。にもかかわらず、この問題をめぐる議論では、明確な説明もなく、ある意味で資本の物理的な生産性がおもに論じられることが多いようだ。

第二に、資本の限界効率は、ある一定の絶対量なのか、それとも比率なのか、という問題がある。この用語が使われている文脈や、この用語がふつう、金利と同じ次元で扱われていることを踏まえると、比率でなければならないように思えるが、何と何の比率を想定しているのか、明確に示されることは少ない。

第三に、以下の区別が無視されていることが、混乱と誤解の大きな元になっている。つまり「追加の資本を投入していま得られる価値の増分」を問題にしているのか、それとも「追加の資本資産の耐用期間を通じて得られると予想される一連の増分」を問題にしているのか、という区別だ。言い換えれば、Q_1 なのか、それとも Q_1, Q_2…Q_r…という数列のすべての値なのか、という区別だ。ここには、経済理論における「予想」の位置づけという問題が丸ごと関わってくる。資本の限界効率に関する議論では、Q_1 以外の数列にまったく関心が払われていないことが多いようだ。だが、これはすべての Q が等しくなる静的な理論を除けば、論理的とは言えない。通常の分配理論では、資本がいま限界生産力（どのように定義にするにせよ）を発揮していると想定しているが、これは静態的な状態でしか成り立たない。現時点での資本の総収益は、資本の限界効率とは直接関係がない。生産の限界部分における現時点の資本の収益（つまり、生産物の供給価格に入ってくる資本の収益）は、限界使用コストであって、これも資本の限界効率と密接な関係はまったくない。

先ほど述べたように、この問題については明確な説明が驚くほど欠けている。ただし、本書の「資本の限界効率」の定義は、マーシャルが意図した内容にかなり近いと思える。マーシャル自身は、生産要素の「限界純効率」もしくは「資本の限界効用」という用語を使っている。以下は、マーシャルの『経済学原理』のもっとも関連する部分（第六版、五一九～五二〇ページ）の要約である。要点を伝えるため、一部の離れた文章を繋げてある。

ある工場で追加で一〇〇ポンド相当の機械を利用できるとする。そのほかの余計なコストはいっさいかからず、この機械を使うと、減価償却費を差し引いたベースで、その工場の純生産高が年間三ポンド増える。投資家が、高い報酬を得られると思えるすべての業種に資本を投下し、その結果、均衡状態が成立した後も、この機械を利用するのが割に合う——ぎりぎり割に合う——という状態であった場合、この事実から、年間金利は三％であることが推測できる。しかし、この種の説明では、価値を左右する大きな要因の働きの一部しか示せない。これを金利の理論にすれば、賃金の理論にした場合と同様、循環論法に陥る。（中略）金利が、最優良証券の年利で三％だったとしよう。この帽子メーカーが、一〇〇万ポンドの資本を調達したとする。これは、帽子メーカーが一〇〇万ポンド相当の資本全額を有効活用でき、純年利三％で資本を活用したほうが、資本を活用しないよりよいと考えていることを意味する。金利が年二〇％だったとしても、帽子メーカーが使いたいと思う機械があるかもしれない。金利が一〇％だったら、使う機械はさらに増えていただろう。六％だったらさらに増え、四％ならさらに増える。そして金利が三％の場合、使う機械は一段と増える。機械の量がこの水準に達した時、機械の限界効用は——つまり、利用する価値のあるぎりぎりの量の機械の効用は——三％と計測される。

ここからは、この論証の線に沿って実際の金利水準を決めようとすると循環論法に陥ることをマーシャルがしっかり認識していたことがわかる。* この一節を読むと、マーシャルは、先ほど指摘した点――資本の限界効率表がわかれば、新規投資がどこまで進むかは金利で決まるという見解――を受け入れているようにみえる。金利が三%であるなら、機械を購入して年間の純生産高がコストや減価償却費を控除したベースで三ポンド増えると期待できない限り、その機械に一〇〇ポンドを払う人はいないという意味だ。ただ、第14章で見るように、マーシャルは、他の個所ではやや慎重さを欠いている（もっとも、論証が心もとない方向に進むと、また引き返すのではあるが）。

アーヴィング・フィッシャー教授も、「資本の限界効率」という言葉は使っていないが、『利子論』（一九三〇年）で「費用超過収益率」という用語を定義している。これは本書の定義とまったく同じである。同教授は「費用超過収益率とは、あらゆるコストの現在価値と、あらゆる収益の現在価値を計算する際に用いると、両者が等しくなる率だ」と書いている。** フィッシャー教授によると、どのような分野への投資であっても、その規模は費用超過収益率と金利を比較して決められる。新規の投資を誘発するには「費用超過収益率が金利を上回らなければならない」[***]。「本書で示したこの新たな量（もしくは要因）は、利子理論の投資機会の側で中心的な役割を果たす」[****]。したがって、フィッシャー教授は、本書の「資本の限界効率」と同じ意味で、そしてまったく同じ目的で「費用超過収益率」という用語を使っていることになる。

3

資本の限界効率の意味と意義をめぐるもっとも重大な混乱は、資本の限界効率が資本のいまの収益だけでなく、見込み収益に左右されるという点を見過ごすことから起きる。これは、見込み生産コストの変化が予想されると、資本の限界効率に影響が出るという点を指摘すれば、一番わかりやすいだろう。見込み生産コストの変化は、労働コスト（賃金単位）の変化が予想さ

* だが、賃金の限界生産力の理論も同様に循環論法に陥るという指摘は、間違いではないだろうか。
** 同書一六八ページ。
*** 同書一五九ページ。
**** 同書一五五ページ。

れることが原因であっても、発明や新技術が予想されることが原因であっても構わない。今日生産された設備で生産するモノは、設備の耐用期間を通じて、明日以降生産される設備で生産されるモノと競合しなければならない。新たに生産された設備は、おそらく労働コストが低く、おそらく技術も改善しているだろう。そうなると、製品価格を下げることが可能になり、採算の取れる形で値下げができる限り、新設備の量も増えるはずだ。また、すべての生産物が以前より安く生産できるようになれば、新旧設備から得られる事業家の（名目）利益は減少する。そうなる可能性が高いと予想される場合（もしくは、ただ単に可能性として考えられるという場合でも）、今日生産された資本の限界効率は、その分だけ低下する。

予想される通貨価値の変化が現在の生産量に影響を及ぼすのは、この要因を通じてである。通貨価値が下がると予想されると、投資が刺激され、結果的に雇用全般も刺激される。これは、資本の限界効率表（つまり投資需要表）が上方にシフトするためだ。通貨価値が上がると予想されれば、投資と雇用が抑制される。資本の限界効率表が下方シフトするからだ。

これこそ、アーヴィング・フィッシャー教授が当初「通貨価値上昇と金利」と呼んでいた理論（名目金利と実質金利の違い。通貨価値の変動を調整すると、後者は前者に等しくなる）の背後に潜んでいる真理だ。教授の理論をそのままの形で理解するのは難しい。というのも、「通貨価値の変化が予想される」と想定しているのか、想定していないのかがはっきりしないのだ。この場合、以下のジレンマから抜け出せない。通貨価値の変化が予想されないのなら、現状には何の影響もない。予想されるなら、既存のモノの価格がすぐさま調整され、通貨を保有するメリットとモノを保有するメリットが再び均等になる。そうなると、通貨の保有者が、融資期間中に予想される貸付金の価値の変化を相殺することになる金利の上下で得をしたり損をしたりする時間的な余裕はなくなる。ピグー教授は、通貨価値の変化を予想できる人と予想できない人がいると便宜的に想定したが、それでも、このジレンマからうまく逃れられていないのだ。

あやまりは、通貨価値の変化が予想されれば、金利が直接影響を受けるという考え方にある。直接影響を受けるのは、所与の資本ストックの限界効率なのである。将来の通貨価値に関する予想が変われば、それに応じて、既存資産の価格がかならず自己調整する。こうした予想の変化が重要なのは、それが資本の限界効率への作用を通じて、新規の資産の生産意欲に影響を及ぼすからだ。物価が上昇するという予想が刺激効果を持つのは、それに伴って金利が上昇するからではなく、それに伴って所与の資本ストックの限界効率が上がるからである（金利の上昇で生産を刺激するというのは逆説めいた手法になるだろう。金利が上がれば、その分だけ刺激効果が相殺される）。仮に金利が資本の限界効率と足並みを揃えて上昇するのであれば、物価上昇の予想にはまったく刺激効果がない。というのも、生産が刺激されるかどうかは、所与の資本ストックの限界効率が、金利との比較で上昇するかどうかにかかっているのである。実際、フィッシャー教授の理論は、「実質金利」を「将来の通貨価値に関する予想の状態が変化しても、結果的に現在の生産には何の影響も出ない状態を実現するために必要な金利水準」と定義して書き直すのが一番よいかもしれない。*

以下の点を指摘しておく価値はある。将来金利が下がるという予想には、資本の限界効率表を下方にシフトさせる効果がある。これは、今日生産された設備で生産するモノは、耐用期間中の一部の時期に、相対的に少ない収益でも耐えられる設備で生産するモノと競合する必要があるからだ。こうした予想に大きな抑制効果があるわけではない。様々な期間の金利体系が将来どうなるかという予想が、今日の金利体系に一部反映されるためだ。とはいえ、ある程度の抑制効果はあるかもしれない。というのも、今日生産された設備が耐用期間の終わりにかけて生産するモノは、はるかに新しい設備で生産されるモノと競合しなければならない可能性があるからだ。今日生産された設備の耐久期間終了後の期間の金利が低いため、新しい設備は、相対的に少ない収益でも耐えられる。

所与の資本ストックの限界効率は、予想の変化に左右される。この点を理解することが重要だ。というのも、資本の限界効率がやや激しい変動に見舞われるのは、おもにこのためであり、これによって景気循環を説明できるからだ。後半の第22章では、資本の限界効率が金利との比較で変動するという観点から、好不況の継起を記述・分析できることを示していく。

4

投資量に影響を及ぼすリスクには、通常区別されていない二つのタイプがある。だが、この二つの区別は重要だ。第一のタイプは、事業家もしくは借り手のリスクである。自分が期待する見込み収益をどこまで実現できるのかという心理的な不安から生じるリスクだ。もし自己資金で投資しているなら、これが投資量に関わってくる唯一のリスクとなる。

しかし、物的・人的担保を余裕をもって設定して資金を融通する制度がある場合は、第二のタイプのリスクが関わってくる。これを貸し手のリスクと呼んでもよいだろう。このリスク

＊ ロバートソン氏の論文「産業変動と自然利子率」(『エコノミック・ジャーナル』一九三四年一二月)を参照。

は、モラルハザード（意図的な債務不履行や、その他、合法的な手段も含む債務不履行）が原因の場合もあるし、担保余力が不足する可能性（予想が外れたことによる意図せざる債務不履行）が原因の場合もある。これに第三のタイプのリスク要因を追加してもよいかもしれない。つまり、本位貨幣の価値が悪化し、貸付金の安全性がその分だけ実物資産よりも劣るというリスクだ。ただし、このリスクはすべて、もしくはほとんど、実物耐久資産の価格にすでに反映されているはずであり、したがって吸収されているはずである。

さて、第一のタイプのリスクは、ある意味では、本当の社会的コストと言える。もっとも、これは分散化や予測の精度向上で減らすことは可能だろう。ただ、第二のタイプは、純粋に投資のコストを増やす。借り手と貸し手が同一人物なら、そのようなことは起きない。また、この第二のタイプのリスクには、事業家のリスクの一部が部分的に重複して含まれており、純粋金利に事業家のリスクが二度上乗せされて、投資を促す最低限の見込み収益が決まるのである。というのも、リスクの高い事業であれば、予想収益と、借り入れて割に合うと思える金利の差を広げる必要がある。資金を出す貸し手も、まったく同じ理由で、純粋金利と貸出金利の差を大きくすることを要求するはずだ（借り手がとても有力な資産家で、きわめて多額の担保余力を確保できる場合は別だが）。事業が大成功を収めるという期待は、借り手の心理的なリスクを相殺するかもしれないが、貸し手の不安を和らげる要因とはならない。

リスクの一部が二重に考慮されるという、いま指摘した点は、私が知る限り、これまで重視されてこなかった。だが、一定の状況では、これが重要な要素となる可能性がある。一般に、好況期には借り手のリスクと貸し手のリスクの双方が、異常かつ無謀なほど低く見積もられることが多い。

5

資本の限界効率表が根本的に重要なのは、おもにこの要素を通じて、将来の予想が現在に影響を及ぼすからだ（その影響は、金利を通じた影響をはるかに上回る）。資本設備の現在の収益を中心に資本の限界効率を考えるというあやまちのために、今日と明日の理論的な繋がりが断ち切られているのである。それがあやまちでないのは、未来がまったく変化せず、現在への影響もない静的な状態の場合だけだろう。金利でさえも、実質的には*現在の現象と言える。資本の限界効率を金利と同じ次元に置いてしまうと、現在の均衡状態を分析する際に、将来が及ぼす影響を直接考慮する道が絶たれてしまう。

　現在の経済理論の根底には、静的な状態という想定があることが多く、そのために非現実性という大きな要素が持ち込まれている。だが、本書で定義した使用コストと資本の限界効率という概念を導入すれば、必要最低限の修正で、現実性を取り戻せる効果が期待できると思える。

　耐久設備が存在しているからこそ、経済の未来は現在と繋がる。だからこそ「将来の予想が耐久設備の需要価格を通じて現在に影響する」という点が、本書を貫く思考原理と違和感なく調和するのである。

＊「完全に」ではない。というのも、金利の水準には将来の不確実性が一部、反映されているからだ。また、異なる期間の金利同士の関係は予想に左右される。

第12章 長期予想の状態

Chapter 12
The State of Long-Term Expectation

1

前章では、投資の規模が金利と資本の限界効率表（いまの投資規模がこうなら資本の限界効率はこうなるという表）の関係に左右されること、そして、資本の限界効率は、資本資産の供給価格とその見込み収益の関係に左右されることをみた。本章では、資産の見込み収益を決める一部の要因をさらに詳しく検証しよう。

見込み収益の予想の土台にある要因は、①ある程度確実にわかっていると想定できる現在の事実と、②自信があるにせよないにせよ、予想するしかない未来の出来事——である。前者には、様々なタイプの資本資産や資本資産全般の既存のストック、また、効率良く生産するには資本の助けを相対的にかなりの程度まで借りなければならない商品に対するいまの消費者需要の多寡が挙げられるかもしれない。後者には、資本資産ストックのタイプ・量の今後の変化、消費者の嗜好の今後の変化、念頭にある投資期間中のその時々の有効需要の多寡、投資期間中に起きる可能性のある名目ベースの賃金単位の変化などが挙げられる。後者を対象とする心の中の予想の状態を長期予想の状態という言葉で一括りにできるかもしれない。これに対するのが「短期予想」だ。これは、生産者が既存の工場で今日生産開始を決定した商品が、完成時にいくらで売れるかを推定する根拠となる。これについては、第5章で検討した。

2

予想を立てる際に、非常に不確実な事柄*を重視するのは馬鹿げている。このため、曖昧な知識しかない、よく知らない事実よりも、決して決定的に重要とは言えないが、ある程度自信を持てる事実をかなりの程度まで参考にするのが合理的だ。このため、長期予想を立てる際は、現在の状況に関する事実が、ある意味で不当な重みを持って計算に入ってくる。私たちはふつう、現状を踏まえて、それを未来に投影する習慣がある。この習慣は、変化を予想する多少なりとも明確な根拠がない限り、修正されない。

したがって、決定の根拠となる長期予想の状態は、私たちが立てることのできるもっとも確率の高い予測だけでなく、そうした予想を立てる際の自信――つまり、最善を尽くして立てた予測が完全に外れる可能性をどの程度と見積もるか――にも左右される。大きな変化が起きると予想しても、具体的にどのような変化が起きるのか非常に不確実な場合は、自信が低下することになる。

一般に言う自信の状態は、実務家がつねに細心最大の注意を払って何よりも気にかける問題だが、経済学者はこの点を慎重に分析せず、一般論で済ませることが多い。とくに、自信の状態が資本の限界効率表に重要な影響を及ぼすという形で、経済問題に関わってくることは、これまで明確に示されてこなかった。資本の限界効率表と自信の状態が、別々の要素として投資率に影響するのではない。自信の状態が重要なのは、それが前者つまり投資需要表を決める大きな要因の一つとなるからだ。

ただ、自信の状態について演繹的に語れることは多くない。基本的には、市場とビジネス

＊「非常に不確実」(*very uncertain*)とは「非常に確率が低い」(*very improbable*)と同じ意味ではない。拙著『確率論』第6章「推論の重み」を参照。

心理を実際に観察して結論を下すしかない。このため、ここからの脱線は、本書の大部分と比べると、抽象度のレベルが変わってくる。

説明の便宜上、自信の状態に関する以下の議論では、金利の変化を想定しない。以下のすべての節では、投資対象の価値が、見込み収益の予想の変化のみによって変わる——見込み収益を現在価値に引き直す金利の変化にはまったく左右されない——と仮定する。もっとも、金利変化の影響は、自信の状態の変化の影響に、容易に重ね合わせることができる。

3

顕著な事実として指摘できるのは、見込み収益を予想する際の知識の基盤が、きわめて心もとないという点だ。私たちはふつう、数年先の投資収益を左右する要因について、非常にわずかな知識しか持ち合わせておらず、事実上何もわからないことも少なくない。率直に言って、鉄道、銅山、繊維工場、特許医薬品ののれん代、大西洋航路の定期便、ロンドンのシティにあるビルの今から一〇年後の収益を予想する知識の基盤は、事実上ほとんど存在しないし、まったく存在しない場合もあると認めざるをえない。それは五年先についても同じだろう。実際、そのような推計に真剣に取り組む人は、かなりの少数派であることが多く、そうした人々の行動が市場を動かすことはない。

昔は、事業に乗り出した人やその友人・仲間が企業を所有しており、投資が成り立つには、事業に命を賭ける、血気盛んで建設的な衝動を持つ個人の供給が十分に必要だった。実際のところ、見込み利益を正確に計算して投資をしていたわけではないのである。最終的にどのような実績を残せるかは、基本的には経営者の能力・性格が平均以上か以下かに左右されたが、投資はある意味では運試しだった。失敗する人もいれば、成功する人もいる。だが、事業が終わってみたところで、投資額の観点からみた平均的な実績が、実勢金利を上回っていたのか、同じだったのか、下回っていたのかは、誰にもわからないだろう。もっとも、実際の平均的な投資実績は、天然資源の探査や独占事業を除けば、進歩と繁栄を謳歌した時代でも、事業家の期待に届かなかった可能性が高い。事業家は腕前と運を競うゲームに参加するのであり、参加者の平均実績はゲームに参加した本人にもわからない。人間がそのような賭けにまったく魅力を感じないなら——工場・鉄道・鉱山・農場の建設に（利益以外の）満足感を覚えないなら——冷徹な計算だけでは、多くの投資は期待できないのかもしれない。

ただ、古いタイプの民間事業の場合、社会全体にせよ、個人にせよ、一度決めた投資を取り消すことは基本的に不可能だった。現在は、所有と経営の分離が普及し、整備された投資市場が発達したことで、とても重要な、新しい要素が組み込まれている。この要素の登場により、投資がスムーズになることもあれば、システムの不安定性が大きく高まる場合もある。証券市場がない場合、自分が行った投資の価値を頻繁に再評価するインセンティブは働かない。ところが、証券取引所では、多くの投資証券の価値が毎日、再評価される。この再評価によって、個人には（社会全体ではないが）自分の投資を修正する機会が頻繁に与えられる。これはまるで、農家が朝食後に晴雨計をチェックして「午前一〇時から一一時までは農業ビジネスから資本を引き揚げよう」と決断し、週の後半にビジネス再開の是非を検討できるようなものだ。しかし、証券取引所で行われる日々の再評価は、古い投資証券の個人間の移転をスムーズにすることが主な目的だが、それは不可避的に、現在の投資率に決定的な影響を及ぼす。似たような企業を安く買えるのであれば、高いコストをかけて新しい企業を設立する意味はないし、証券取引所に上場して直ちに利益を得られるなら、法外とも思える資金を新規事業に投じようというインセンティブが働くからだ。* したがって、ある種のタイプの投資は、プロの事業家の本音の予想ではなく、証券取引所で取引する人々の平均的な予想（これは株価にあらわれる）に左右されることになる。[**] では、こうした日々刻々と行われる、このきわめて重要な既存投資の再評価は、実際にはどのような形で進められているのだろうか。

4

私たちは、実際のところ慣習というものに頼って日常生活を送ることをふつう、暗黙の裡に受け入れている。もちろん、この慣習の働きはそれほど単純ではないのだが、その本質は「変化を予想する特別な理由がない限り、いまの状態が今後もずっと続く」という想定にある。これは私たちが、心の底から「いまの状態が今後もずっと続く」と信じているという意味ではな

* 私は『通貨論』(第2巻一九五ページ)で、ある企業の株価が非常に高く、好条件で追加の株式を発行して追加の資本を調達できる場合は、低金利で資金を借りられるのと同じ効果があると指摘した。本書では、いまの株価が高い場合は、それに対応するタイプの資本の限界効率が上昇し、結果的に金利低下と同じ効果を得られると指摘すべきだろう(投資は資本の限界効率と金利の比較に左右されるからだ)。

** もちろん、これは容易には市場で取引できないタイプの企業や、事業と緊密に連動する譲渡性証券がないタイプの企業には当てはまらない。この例外的なタイプの企業は、かつては広範に見られたが、いまの新規の投資総額の比率で見ると、こうした企業は重要性が急速に低下している。

い。そんなことがありえないのは、様々な経験から承知している。長年にわたる投資が、実際に当初の予想通りの実績を残すことはまずない。また、「無知の状態にある人は、どちらの方向にも同じ確率で誤るので、同等確率に基づく保険数理的な平均予想が成り立つ」と言って、私たちの行動を合理化することもできない。容易に示せることだが、「無知な状態だから数学的な確率は同等だ」と想定すれば、とんでもないことになるからだ。実際には、私たちはこう想定しているのである。いまの市場の評価は、たとえどのような形で辿り着いたものであっても、唯一正しい評価であり、その投資の収益に影響する事実について私たちがいま把握している知識と照らし合わせると、これ以外に正しい評価はない。評価が変わるのは、私たちの知識が変わった場合のみであり、知識の変化に応じて評価が変わる——。もっとも、冷静に考えれば、これ以外に正しい評価がないわけではない。私たちがいま把握している知識は、数学的な予想値を算出する十分な基盤とはならないからだ。実際のところ、市場の評価には、見込み収益とはまったく関係のない様々な要素が入り込んでいる。

にもかかわらず、こうした慣習が維持されると期待できる限り、いま説明した慣習的な計算方法で、私たちはかなりの継続性と安定性を確保できる。

というのも、整備された投資市場があり、なおかつ、そうした慣習が維持されると期待できるなら、投資家は「自分が抱えているリスクは、近い将来に情報が本当に変わるリスクだけだ」と合理的に自分を励ますことができる。そうした近い将来の変化であれば、投資家が自分でその可能性を判断してみることが可能だし、実際に非常に大きな変化が起きる可能性は低い、と考えるのだ。この慣習が続くと想定する限り、投資先の価値に影響を及ぼしうるのは、そうした短期の変化だけであり、一〇年後の投資先の価値がどうなるかわからないという理由だけで眠れぬ夜を過ごす必要はないのである。このため、もしこの慣習が崩れず、したがって「大きなことが起きる前に判断を修正して投資先を変える機会がある」とかなりの程度まで期待できるなら、個人投資家にとって、投資は短期的にそこそこに「安全」なものになる。短期間がいくら数珠繋ぎになっても、それは変わらない。こうして、社会的には「固定的」な投資であっても、個人にとっては「流動的」なものになるのである。

主要な投資市場が、このような手順を踏んで発展してきたことはまちがいない。しかし、慣習というものは、絶対的な観点でみれば、非常に恣意的なものであり、弱点があっても不思議ではない。そうした慣習の心もとなさが、「十分な投資を確保できない」という現代の問題の少なからぬ原因になっているのである。

この心もとなさを増幅する要因をいくつか簡単に挙げておいてもよいだろう。

① 経営には参加せず、当該事業の実状や今後の見通しについて特別な知識をまったく持たない個人投資家の株式保有比率が、その社会の総資本投資の中で次第に増加した結果、事業のオーナーや事業買収を検討する人が持っている投資評価の高度な知識という成分が、深刻なほど減少している。

② 既存の投資から得られる利益が日々変動しており、それが明らかに一時的で取るに足らない変動であっても、過剰きわまりない、荒唐無稽と言えるほどの影響を市場に及ぼす傾向がある。たとえば、アメリカのアイスメーカーの株は、誰もアイスを買わない冬よりも、季節要因で利益が増加する夏に値上がりする傾向があると言われている。イギリスの鉄道会社の市場評価も、祝日がくるたびに、数百万ポンド増加するのではないか。

③ 大勢の無知な個人の群衆心理によって確立された慣習に基づく評価は、見込み収益に

はあまり影響しない要因で市場の見方が急変した場合、激しく変動することが多い。そうした評価を堅持する、揺るぎない強い信念がないためだ。とくに異常時には、明確な変化を予想する確たる根拠が皆無でも、「いまの状態が今後もずっと続く」という前提の説得力が通常より低下し、市場が楽観心理と悲観心理の波にさらされる。これは理性的とは言えないが、合理的な計算の根拠となる強固な基盤が存在しない以上、ある意味で理にかなっていると言える。

④

しかし、とくに注目すべき一つの特徴がある。平均的な個人投資家よりも優れた判断力と知識を持ち合わせたプロの投資家同士が競争すれば、無知な個人投資家に残された気まぐれを矯正できると想定できたかもしれない。ところが、プロの投資家や投機筋のエネルギー・技量は、あいにく別のところに向けられている。こうした投資家は、現実には、投資期間全体の予想収益を長期的な視点で正確に予測することにはあまり関心がなく、慣習的な評価の土台の変化を、一般の投資家よりすこし早く予測することに関心を寄せるケースがほとんどなのである。「この投資証券を『長期保有』目的で購入した場合にどの程度の価値があるか」ではなく、「市場が群集心理の影響の下で、三カ月後や一年後にこの投資証券をどのように評価しているか」を気にしているのだ。

また、プロの投資家や投機筋がそのような行動に出るのは、考え方がひねくれているからではない。投資市場がこれまで述べてきたような形で整備されている以上、そうならざるをえないのである。というのも、見込み収益から見ると三〇の価値があるが、三カ月後の市場価値は二〇になると予想される投資証券に、二五を払うのは合理的ではないからだ。

したがって、プロの投資家は、ニュースであれ、雰囲気であれ、市場の群集心理が大きな影響を受けることが経験上わかっている、変化の兆しを察知することに関心を寄せざるをえない。これは、投資市場がいわゆる「流動性」を視野に入れて整備されている以上、避けられない帰結だ。通常のファイナンス原理で、流動性の崇拝――「流動性の高い」証券の保有に資源を集中することが、投資機関の実践する美徳なのだという教え――ほど、反社会的なものはない。これは社会全体のための投資に、流動性などというものが存在しないことを忘れている。高度な投資の社会的意義は、私たちの未来を覆う時間と無知という闇の力を打ち負かすことにあるべきだ。現実には、アメリカ人がいみじくも指摘するように、今日もっとも高度な投資は「フライング」をすること――大衆を出し抜いて、価値の落ちた悪貨を他人に押しつけることが、個人的な目的になっている。

今後何年も先の投資の見込み収益ではなく、数カ月先の慣習的な評価の土台を予想する――。この頭脳戦には、プロの投資家の胃袋を満たす個人投資家というカモさえ必要ない。プロの投資家同士で戦うこともできるのだ。また、評価を形成する慣習という土台がこの先ずっと崩れることはないと単純に信じる必要さえない。というのも、これは言ってみれば、カルタ取り、ババ抜き、椅子取りといったゲームなのである。お手つきをせず素早くカルタをとった人が勝ち、ゲームが終わる前に隣の人にババを回した人が勝ち、音楽が止まった時に椅子に座れた人が勝ち、というお遊びだ。こうしたゲームは、夢中になって楽しく遊べるが、ババが回っていることは誰もが知っているし、音楽が止まった時に椅子に座れない人がいることもわかっている。

すこし比喩を変えてみると、プロの投資は新聞の美人コンテストに喩えられるかもしれない。参加者は一〇〇人の写真から六人の美人を選ぶ。参加者全体の平均的な好みにもっとも近い女性を選んだ人が賞金を貰える。そうなると、各参加者は、自分が一番美人だと思う女性ではなく、他の参加者のもっとも目を引きそうな女性を選ぶことになる。すべての参加者が、この同じ視点で女性を選ぶのである。これは「自分が判断できる限り最高の美人と思える人を選ぶ」という問題でも、「平均的な人が本音で一番美人だと考える人を選ぶ」という問題でもない。「平均的な人が何が平均的な意見になると考えるかを知力を尽くして予想する」という第三の段階に達しているのである。おそらく、第四、第五の段階、もしくはそれ以上の段階で頭を働かしている人もいるだろう。

ちょっと待ってくれと思う読者もいるかもしれない。「誰もが興じているゲームに惑わされず、最善を尽くして立てた長期予想を基に投資を続ける高度な投資家は、長い目で見ると、他の投資家から莫大な利益を得られるに違いない」という反論だ。そうした反論にはこう答える。まず、たしかにそうした真面目な投資家はいるし、そうした投資家がゲームに興じる市場参加者に圧倒的な影響力を及ぼせるかどうかで、投資市場は大きく変わってくる。だが、同時に、現代の投資市場には、そうした投資家の影響力を脅かす複数の要因があることも、指摘しておかなければならない。いま現在、そうした真面目な長期予想を基に投資をするのは至難の業で、お世辞にも実践的とは言えない。これは断言できるが、そのような投資を試みる人は、今後の群衆行動を群集以上に察知しようとする人に比べて、はるかに苦しい日々を送らざるをえず、抱えるリスクも大きくなる。知的なレベルが同じなら、かえって悲惨なまちがいを犯しかねない。経験を振り返ると、社会に貢献する投資方針が、もっとも利益が上がるという明確な証拠はまったくない。時の力と見えない未来に打ち勝つには、フライングするよりも高い知力が必要になる。また、人生はそう長くはない。人間は性急に結果を求めるし、手っ取り早く儲けたいという欲望から逃れられない。平均的な人は、遠い将来の利益をかなりの高率で割り引く。ギャンブルの素質がない人からみれば、プロの投資家が繰り広げるゲームは、退屈きわまりなく、あまりにも苛酷だ。一方、ギャンブルの素質がある人は、そうした性癖に対して応分の対価を払わねばならない。また、市場の短期的な変動を無視しようという投資家は、いざという時のために相対的に多くの資金が必要になるし、たとえ資金を借り入れるにしても、あまりに巨額な運用は禁物だ。こうした理由もあって、知力と資力が一定なら、お遊びのほうが高いリターンを得られる。最後に、投資ファンドが委員会・理事会・銀行で運用されている場合、現実にもっとも批判にさらされるのは、公共の利益にもっとも貢献している長期投資なのである。*というのも、平均的な人からみれば、長期投資家は、行動原理という点で、変わり者であり、慣習に背いており、無謀だと映る。投資で実績を上げても、世間は無謀な投資だという印象を改めて強めるだろうし、短期的に実績が上がらなくても（そうなる可能性は非常に高い）、あまり同情されることはないだろう。世間の評判という意味では、慣習に背いて成功するより、慣習にしたがって失敗するほうがよいのだ。

⑤ ここまでは、おもに投機筋や投機的な投資家本人の自信の状態について論じてきたが、投資家が自分の見通しに自信を持てれば、市場金利で無制限に資金を調達できると暗黙の裡に想定していたようにみえたかもしれない。だが、もちろん実際にはそうではない。このため、自信の状態のもう一方の側面——金融機関が借り手に対して抱く自信、時に「信用状態」と呼ばれるもの——についても考慮する必要がある。株価の急落は、資本の限界効率に壊滅的な影響を及ぼしているが、これは投機筋の自信か、信用状態のいずれかの悪化が原因だったのかもしれない。ただ、どちらか一方が悪化すれば、株価急落の原因にはなるが、株価の回復には双方の復活が必要だ。信用状態が悪化するだけで株価は十分に急落するが、信用状態の改善は、株価回復の必要条件ではあるが、十分条件ではないのである。

6

以上の考察は、経済学者の視界の外にあってはならないが、正しい視点から見下ろす必要がある。市場の心理を予測する活動を投機、資産の耐用期間全体の見込み収益を予測する活動を事業と呼ぶことを許して頂けるなら、投機はつねに事業に勝つとは決して言いきれない。だがそれでも、投資市場の整備が進むにつれ、投機が勝つリスクが高まることは事実だ。世界最大の投資市場の一つであるニューヨークでは、(いま定義した意味での)投機が絶大な力を持っている。アメリカ人は、金融以外の分野でも「平均的な人は何が平均的な意見になると考えるか」という点に異常な関心を抱くことが多い。こうした国民的な弱点があるため、株式市場で当然の報いを受けるのである。話によると、アメリカ人が「(配当)所得のために」投資することはまれだ。多くのイギリス人は、いまも配当所得を得るために投資をしているが、アメリカ人

* 投資信託や保険会社は、投資ポートフォリオから得られる所得だけでなく、資本市場での評価額を計算に入れることが多い。これは通常、慎重な方針だとみなされているが、往々にして後者の短期的な変動に注意を向けすぎることにもつながりかねない。

は、キャピタルゲイン（値上がり益）を得られる期待がなければ、容易には投資をしない。言い換えれば、アメリカ人は、投資の見込み収益よりも、慣習的な評価の土台がよい方向に変わることに期待をかけている。つまり、先ほど定義した意味での投機家なのである。投機家は、事業という安定した流れに浮かぶ泡沫なら無害かもしれない。しかし、事業が投機の渦に巻き込まれる泡沫になれば、事態は深刻だ。一国の資本の発展が、賭博活動の副産物となれば、まともな仕事はできないだろう。将来の収益という観点でもっとも利益の上がるルートに新規投資を誘導すること――これがウォール街という制度の正しい社会的目的の姿だと考えれば、ウォール街の収めた一定の成果を自由放任型資本主義の輝かしい功績の一つとは呼べなくなる。ウォール街の最高の頭脳が、実際には別の目的に捧げられているという私の考えが正しいなら、これは思いがけないことではないだろう。

こうした傾向は、「流動性の高い」投資市場を巧みに整備した、まず当然の結果と言える。「公共の利益を考えれば、賭博場は近づきにくい金のかかる場所にすべきだ」という意見は、一般に受け入れられている。おそらく証券取引所にも同じことが言えるだろう。ウォール街に比べて、ロンドン証券取引所の罪が軽いのは、国民性の違いよりも、平均的なイギリス人にとって、ロンドン証取のあるスログモートン街が、平均的なアメリカ人からみたウォール街よりも、近づきがたく非常に金のかかる存在であるためかもしれない。ロンドン証取で取引をすれば、仲買人が抜く「鞘」や高い仲介手数料、また大蔵省に納める重い譲渡税という負担が伴う。このため、市場の流動性が低下し、ウォール街に特徴的な取引の多く*は実行できない（もっとも、二週間後に決済するというイギリスの制度は、流動性低下とは逆の効果をもたらすが）。投機が事業に勝るアメリカの状況を是正するには、すべての取引に重い譲渡税を課すことが、もっとも現実的な改革になるかもしれない。

現代の投資市場の惨状をみていると、投資証券の購入を、結婚のように、死亡など重大なケースを除いて一生解消できないようにすれば、いまの悪弊に対する有効な解決策になるのではないか。私は時々そんな結論に傾く。そうすれば、投資家は長期の見通しに目を向け、それ以外のものには目を向けなくなるだろう。だが、すこし考えればわかることだが、そのような便宜的な手段に訴えれば、ジレンマに突き当たる。投資市場の流動性のせいで、投資が妨げられることもあるが、流動性のおかげで新規投資がスムーズに進むことも多いのである。これは、各個人投資家が自分の投資は「流動的」だと思い込むことで（すべての投資家全体でみれば、そ

* ウォール街で活発な取引が行われているときは、売買の少なくとも半分は、その日のうちに反対売買することを意図した投機筋の取引だと言われている。こうしたケースは商品取引所でも多く見られる。

のようなことはありえないのだが）、不安が和らぎ、積極的にリスクを取ってみようと強く感じるからだ。もし個人による投資証券の購入を非流動的なものにすれば、貯蓄を保持する別の手段が個人にある限り、新規投資が深刻に妨げられるおそれがある。これがジレンマだ。通貨を保蔵する、融資するという富の利用法が個人に認められる限り、実物資産を購入するという別の選択肢は、そうした資産を容易に換金できる市場を整備しない限り、魅力に欠けるものになる（とくに、資本資産を管理しない人や資本資産に関する知識が乏しい人にとってはそうだ）。

　現代社会の経済生活を悩ます「自信の危機」を根治する唯一の手段は、個人に対し、自分の所得を消費するか、特定の資本資産の生産を発注するか、二者択一を迫ることだろう。後者には、あやふやな知識であれ、自分の手の届く範囲でもっとも儲かると思える投資を促す効果がある。将来に対して通常よりも強い不安に襲われた場合、個人は当惑して消費を増やし、新規投資を減らすかもしれない。ただ、不安に襲われた際に所得をいずれにも回さないという選択肢がある場合に発生する壊滅的・累積的・広範な余波は、回避できるだろう。

　無論、通貨を保蔵する社会的なリスクを強調する人々は、いま指摘したようなことを念頭に置いている。だが、通貨の保蔵にまったく変化がない場合でも――もしくは、少なくとも不安に比例した変化がない場合でも――同じ現象が起こりうるという可能性は見過ごされている。

7

投機による不安定性以外にも、人間共通の性格による不安定性が存在する。私たちの積極的な活動は、数学的な予想ではなく、無意識のうちに生じる楽天主義に負うところが大きいためだ。これは、道徳的な行為にも、快楽を求める行為にも、経済活動にも言えることである。何か前向きなことをしようとする決断──結果が完全に出るまでに何日も待たされるようなことをしようとする決断──は、おそらくたいていのケースで、活力（アニマルスピリッツ）があるからこそ下されるのであり、定量的な便益に定量的な確率を掛けて加重平均を算出した結果、下されるのではない。活力とは「行動しないよりは行動する」という自然に沸き起こる衝動だ。事業の設立趣意書がいかに誠実で、嘘偽りないものであっても、「事業活動は基本的に設立趣意書を基に展開される」というのは、単なる見せかけにすぎない。南極探検に比べれば、すこしは厳密な予想便益の計算に基づいているといった程度だ。したがって、活力が衰え、無意識のうちに生じる楽天主義が揺らげば、数学的な予想以外に頼るものがなくなり、事業は衰え、息絶える。もっとも、損失への恐怖も、かつて抱いていた利益への期待と同様、合理的な根拠はないのかもしれない。

未来への期待で成り立つ事業は、社会全体にプラスになると言って差し支えない。だが、個人が起業を決意するのは、合理的な計算を活力で補強し、支えられる場合のみ——その結果、健康な人が死の存在を忘れるように、「結果的に損をするかもしれない」という思いを振り払うことができた場合のみである（新分野の開拓者が、往々にしてそうした思いにとらわれるのは、経験がまちがいなく教えてくれる。私たちにも開拓者にも自明なことだ）。

残念ながら、これは不況や恐慌がエスカレートすることを意味するだけではない。経済繁栄は、政治的・社会的な雰囲気が、平均的な事業家にとって好ましい状態にあるかどうかに極度に左右されるという意味だ。労働党政権やニューディール政策に対する不安で事業活動が低迷するとしても、かならずしもその原因が、合理的な計算や政治的な意図を持った陰謀にあるわけではない。ただ単に、無意識のうちに生じる楽天主義の微妙なバランスが崩れるのである。投資の先行きは、人々の無意識の活動に大きく左右されるのであり、したがって、その予想に際しては、人々の神経が過敏になっていないか、ヒステリーを起こしていないか、さらには胃腸の具合、天気に対する反応にも目を向ける必要がある。

だからと言って、すべてが非合理な心理の波に左右されるという結論を下すべきではない。むしろ、長期予想の状態は安定していることが多く、そうでない場合も、他の要因がそれを埋め合わせる働きをする。ここで再確認したいのは、個人的な決断であれ、政治的な決断であれ、経済上の決断であれ、将来に影響を及ぼす人間の決定は、厳密な数学的な予想には左右されないということだ。そうした計算をする土台など存在しないのである。そして、車輪を動かす原動力となるのは、活動したいという私たちの生まれ持った衝動であり、私たちの理性にできるのは、選択肢のなかからできる限り最高の選択をすること――計算できる場合は計算するが、気まぐれや感情や偶然を頼りに動くことも少なくない――ということだ。

8

また、未来がわからないことから生じる影響を、実質的に幾分和らげてくれる重要な要素もいくつかある。個々の多くの投資は、複利効果や、時の経過に伴い旧式化することが予想されるという理由で、論理上、比較的近い将来のリターンが見込み収益を大きく左右する。非常に長期の投資でもっとも重要なタイプである建物の場合も、長期契約を通じて、リスクを投資家から入居者に移転したり、少なくとも両者の間でリスクを分担できることが多い。入居者は、建物を継続的に不安なく使えるメリットが、リスクを上回ると考えるのである。長期投資のもう一つの重要なタイプである公益事業の場合も、独占権に加え、契約で定める一定の利幅を上乗せした料金を設定する権利があるため、見込み収益の相当部分が実質的に保証される。最後に、公的な機関が参入、もしくはリスクを負担するタイプの投資が増えている。こうした投資は、社会的なメリットを見込めるという一般的な想定に素直に突き動かされたものであり、商業的な収益は大雑把にしか設定せず、数学的な予想利回りが少なくとも現在の金利と等しくなるかどうかも気にしない。ただし、投資の規模をどこまで増やせるかを決める上では、公的機関の借入金利が依然として決定的な要因になる可能性はある。

以上、金利の変化ではなく、長期予想の状態の短期的な変化が、いかに重要かを検証してきたが、まだ金利の議論に立ち返る意義はある。いずれにしても、通常の環境では、金利は投資率に、決定的とは言わないまでも多大な影響を及ぼすのである。ただ、適切な投資量を金利の管理でどこまで継続的に刺激できるかは、経験を踏まえてみないとわからない。

個人的には、金融政策で金利に影響を及ぼすだけで成果を出せるのか、現時点では少々疑問に思っている。国家は、長期的な視点と社会全体の利益という視点で、資本財の限界効率を計算できる立場にある。国が、投資を直接整備するという責任を今後一層果たすことを期待したい。というのも、市場では、本章で論じた原理で各種タイプの資本の限界効率が計算される。こうした市場の推定値は変動があまりに激しく、実現可能ないかなる金利の変化でも相殺できる可能性は低いとみられるからだ。

第13章 金利の一般理論

Chapter 13 The General Theory of the Rate of Interest

1

第11章では、投資率には、資本の限界効率と金利が一致するまで上下に動く力が働くが、資本の限界効率それ自体は、実勢金利とは別物だと指摘した。融資可能な資金の新規投資向けの需要条件を司《つかさど》るのが資本の限界効率表だと言ってもよいかもしれない。それに対し、現在の資金の供給条件を司るのが金利である。このため、本書の理論を完成させるには、金利の決定要因を把握する必要がある。

この問題にこれまでどのような答えが示されてきたかは、第14章とその補論で検証する。大雑把に言えば、これまでは「資本の限界効率表」と「心理的な貯蓄性向」の相互作用で金利が決まるとされてきた。しかし、金利が貯蓄の需給を均衡させる要因となる——「一定の金利水準で発生する新規投資という形の貯蓄需要」と「その社会の心理的な貯蓄性向の下でその金利水準から生じる貯蓄供給」を等しくする要因になる——という考え方は、この二つの要素を把握しただけでは金利水準など導き出せないことがわかると、たちまち崩壊する。

それでは、私たちはこの問題にどう答えればよいのだろうか。

2

個人の心理的な時間選好を完全に実行に移すには、二つの異なる決定が必要になる。第一は、本書で「消費性向」と呼んでいる時間選好の側面だ。第3篇で説明した様々な動機の影響の下で、各個人が自分の所得のうちいくらを消費に回すか、そしていくらを将来自由に消費に回せる分として一定の形で留保するかが決まる。

しかし、この決定を終えても、第二の決定が待ち構えている。現在の所得から留保した分であれ、以前貯蓄した分であれ、将来自由に消費に回せる分をどのような形で保有するかを決めなければならない。すぐに自由に使える、流動的な形（通貨やその等価物）として保有するのか。もしくは、すぐに使う権利を一定期間または無期限に手放すのか（特定のモノを自由に買える権利を先延ばしした場合、その権利をすぐに何かを買える権利に転換することが必要になった際には、将来の市場の状況にその転換条件を委ねることになる）。言い換えれば、その人の「流動性選好」はどの程度なのかという問題だ。個人の流動性選好は、様々な状況下で、どの程度の資産（通貨もしくは賃金単位で計測）を通貨の形として保有したいかを示す一覧表で決まる。

これからみていくように、従来の金利理論のあやまりは、この心理的時間選好の二つの構成要素のうち、第二の要素を無視して、第一の要素から金利水準を導き出そうとしたことにある。私たちは、この無視を改めるべく努力する必要がある。

金利が、貯蓄や「待つこと」自体に対する見返りではないことは、明らかなはずだ。というのも、貯蓄を現金で保蔵すれば、貯蓄額は変わらないが、金利は稼げない。これは、金利の定義をみればすぐさまはっきりすることだが、金利は、流動性を一定期間手放すことに対する報酬なのである。というのも金利とは、①一定額の通貨と、②その通貨を使える権利を債権*と交換に一定期間手放すことで得られる金額**──の逆数の比にすぎないのである。

したがって、金利とは、どんな場合も流動性を手放すことに対する報酬であり、通貨を保有している人が通貨に対する流動的な権利をどの程度手放したくないかを示す。金利は、投資の原資に対する需要と現在の消費を控える意思を均衡させる「価格」ではない。現金の形で富を保有したいという欲求と利用可能な現金の量を均衡させる「価格」なのである。ということは、金利が下がれば——つまり、現金を手放す報酬が下がれば——人々が保有したいと思う現金の総量が、利用可能な現金の供給量を上回ることになる。金利が上昇すれば、誰も保有したくない余剰の現金が発生する。もしこの説明が正しければ、通貨の量が流動性選好と対になって、各状況で実際の金利水準を決めることになる。流動性選好とは、金利の水準が与えられた場合に、人々が保有する通貨の量を決める潜在的な傾向、関数的な傾向だ。つまり r を金利、M を通貨量、L を流動性選好の関数とすると、$M=L(r)$ となる。通貨量は、ここで、このような形で、経済の図式に入ってくる。

しかし、ここで立ち戻って、なぜ流動性選好といったものが存在するのか考えてみよう。これについては、「いまのビジネスの取引に通貨を利用する」「富の保蔵手段として通貨を利用する」という昔ながらの区別を活用できる。二つの利用法のうち前者については、流動性という利便性を確保するため、ある程度まで金利を犠牲にする価値はたしかにある。だが、金利が絶対にマイナスにならないとすれば、なぜあえて金利を稼げる形ではなく、金利をほとんど、もしくはまったく稼げない形で、自分の富を保有したいなどと考えるのだろうか（無論、この段階では、銀行預金の債務不履行リスクは債券と同じと仮定する)。完全な説明は複雑で、第15章まで待たねばならないが、ある必要条件が成立しなければ、富の保有手段として通貨の流動性が選好されることはない。

その必要条件とは、将来の金利をめぐる不確実性が存在することだ。つまり、将来のある時点で様々な満期の金利体系がどうなっているかが不透明であることが条件となる。というのも、もし将来の実勢金利を確実に予測できるのであれば、異なる満期の債権〔*debt* 債券など〕の現在の金利から将来のすべての金利を推測できることになる。現在の金利は、将来の金利に関する知識に応じて調整されるだろう。たとえば、今年(=1)の一ポンドを r 年先送りした価値を $_1d_r$ とし、n 年の一ポンドをその時点から r 年先送りした価値が $_nd_r$ になるとわかっている

* 「通貨」と「債権」の線引きは、個々の問題を処理する上でもっとも便利なところで引いて構わない。それでこの定義に問題が生じることはない。たとえば、様々なモノを自由に買える権利を三カ月を超えて手放さないものを通貨と定義し、三カ月以上権利を取り戻せないものを債権と定義してもよい。「三カ月」は一カ月でも、三日でも、三時間でも何でも構わない。現金の法定通貨ではないものをすべて通貨から除外してもよい。実際上は、銀行の定期預金を通貨に含めるほうが便利なことが多いし、場合によっては(たとえば)財務省短期証券などを含めるのも便利だ。『通貨論』でもそうしたが、私はふつう銀行預金までを通貨と想定している。

** 債権の期間が明示されている状況で具体的な問題を論じる場合は別だが、一般的な議論では、異なる期間(つまり満期の異なる債権)の様々な実勢金利の複合体を「金利」と考えるのが便利だ。

とすれば、

$${}_n d_r = \frac{{}_1 d_{n+r}}{{}_1 d_n}$$

となり、今からn年後にどのようなレートで債権を現金に換えられるかは、現在の金利体系の二つの要素からすべてわかることになる。すべての期間の債権の現行金利がプラスであれば、富の保蔵手段としては、現金を保有するより、債権を購入したほうがつねに得なはずだ。

一方、将来の金利が不透明な場合、将来${}_n d_r$が$\frac{{}_1 d_{n+r}}{{}_1 d_n}$になる保証はない。このため、$n$年後の期限が到来する前に、流動性の高い現金が必要になるケースが考えられる場合、長期債を購入してその後現金化する際に損失を被るリスク——現金を保有していたほうが得だったというリスクが生じる。この場合は、いまの確率に応じて計算した保険数理的な利益（数学的な利益の予想値）で、予想が外れるリスクを十分に補えなければならない（そのような計算が可能かどうか疑わしいが）。

また、債権を取引する市場が整備されている場合、将来の金利をめぐる不確実性を原因とする流動性選好の根拠がさらに増える。というのも、そうした市場があれば、様々な人々が様々な見通しを立てることになり、市場価格にあらわれる圧倒的多数の意見に違和感を持つ人は、流動的な資産を保持することで利益を得られると考えるかもしれない。その人の予想が正しければ、$1d_r$ 同士の関係が誤っていたことがじきに判明し、そこから利益を得られる可能性があるからだ。*

これは、すでに資本の限界効率に関連して詳述した点と酷似している。前章では、資本の限界効率が「もっとも優れた」見解ではなく、群衆心理が決める市場の評価で定まることをみたが、それとまったく同じように、群衆心理で定まる将来の金利に関する予想も、流動性選好に影響を及ぼすのである。ただし、さらに付け加えれば、将来の金利が市場で想定されている水準を上回ると予想する個人には、流動性の高い現金を実際に保有する理由ができる。** 逆の予想をする個人には、短期資金を借り入れて、長期債を購入するインセンティブが働く。市場価格は、「弱気派」の売りと「強気派」の買いが均衡する点に定まる。

以上論じてきた流動性選好の三つの区分は、次の動機に基づくと定義できるかもしれない。

* これは私が『通貨論』で二つの見解、「強気・弱気」ポジションという名称で論じた点と同じものだ。

** 同様に、投資の見込み収益が市場予想を下回ると予想する個人には、流動性のある現金を保有する根拠があると思われるかもしれないが、そうではない。株式よりは現金か債権を保有する根拠はあるが、将来の金利が市場予想を上回ると予想しない限り、現金よりも債権の購入のほうが望ましい選択肢になるだろう。

①取引動機：個人・企業のいまの交換取引で現金が必要になる、②用心動機：総資産の一定比率を将来のための現金等価物として確保しておきたい、③投機的動機：市場よりも将来の展開を正しく把握することで利益を得たい——。資本の限界効率を論じた際と同様、高度に整備された債権取引市場のメリットとデメリットはジレンマを突きつける。というのも、整備された市場がなければ、用心動機による流動性選好が大幅に高まる。整備された市場がある場合は、投機的動機による流動性選好が大きく変動する可能性がある。

これは次の点を指摘すれば、わかりやすいかもしれない。取引動機と用心動機による流動性選好が、金利自体の変動にはあまり敏感でない現金量を吸い上げると想定した場合（金利が所得水準に及ぼす影響は無視する）、通貨の総量からこの現金量を引いた額が、投機的動機による流動性選好を満たすために利用できることになる。この場合、金利と債券価格の水準は、「この水準では将来の債券価格に『弱気』と感じるので現金を保有したい」という一部の個人の側の欲求と、投機的動機に利用できる現金の量がちょうど一致する水準に定まる。そうなると、通貨量が増えるたびに、債券価格が一部の「強気派」の予想を超えて上昇し、結果的に一部の「強気派」が債券を売って現金に換え、「弱気派」陣営に加わるはずだ。だが、投機的動機に基づく現金需要が（一時的な過渡期を除いて）ほぼゼロの場合、通貨量が増加すれば、金利はほぼ間をおかずに低下し、雇用と賃金単位が増え、追加の現金が創出される。この追加の現金が、取引動機と用心動機によって吸収される地点まで、金利の低下が続く。

一般に、通貨量と金利を関連づける流動性選好表は、通貨量が増えれば金利が低下するという滑らかな曲線を描くと考えられる。複数の異なる要因が重なって、そうした結果を導くのである。

第一に、金利が低下すると、他の条件が等しければ、取引動機に基づく流動性選好によって吸収される通貨が増える可能性が高い。というのも、もし金利が低下して国民所得が増えれば、取引用に手元に置いておくほうが便利な通貨の量が、所得の増加におおむね比例して、増えるからだ。また、多くの現金を手元に保有する利便性のコスト（喪失した利息で計測）も低下する。流動性選好を通貨ではなく賃金単位で測定しない限り（一定の文脈ではそのほうが便利だ）、金利の低下で雇用が増加し、賃金が上昇（賃金単位の通貨価値が増加）すれば、同じような結果になる。第二に、先ほどみたように、金利が低下するたびに、（将来の金利について市場と意見が異なるという理由で）一部の個人が保有したいと思う現金量が増える可能性がある。

だが、通貨量が大幅に増加しても、金利には比較的小さな影響しか出ない状況も考えられる。というのも、通貨量が大幅に増加すれば、将来に対する不確実性が大きく高まり、用心動機による流動性選好が強まる可能性があるからだ。一方、将来の金利に関する見方が人々の間で一致している場合は、現在の金利が小幅に変動しただけで、現金への大移動が起きる可能性もある。興味深いことに、経済システムの安定性と通貨量の変化に対する経済システムの感度は、不確定要素について意見の多様性が存在するかどうかに、大きく左右される。私たちが未来を把握できれば一番よいが、それが無理なら、通貨量の操作によって経済システムの活動をコントロールするには、意見の相違が重要になる。したがって、こうした操作手法は、誰もが同時に同じ意見を持つことが多いアメリカのほうが、意見の相違が比較的常態化しているイギリスよりも、リスクが高くなる。

3

さて、ここで初めて本書の因果関係に通貨が入ってきた。これで、通貨量の変化が経済システムにどのような形で入り込んでいくのかを初めて垣間見ることができる。ただ「通貨とは経済システムを刺激して活動させる飲料のようなものだ」と断言したい欲望に駆られたら、「コップを口に持っていく間にも、いくつかのしくじりがありうる」という諺を思い起こす必要がある。というのも、通貨量の増加は、他の条件が等しければ、金利の低下につながると予想できるかもしれないが、人々の流動性選好が通貨量よりも大幅に拡大している場合は、そうはならない。また金利の低下は、他の条件が等しければ、投資量の増加につながると予想できるかもしれないが、資本の限界効率表が金利よりも速いペースで下方にシフトしていれば、そうはならない。投資量の増加は、他の条件が等しければ、雇用の増加につながると予想できるかもしれないが、消費性向が低下していれば、そうはならないかもしれない。最後に、雇用が増加すれば、物価が上昇するが、どの程度上昇するかは、一部は物理的な供給関数の形状に、一部は賃金単位の名目ベースの上昇傾向に左右される。そして、生産が増加し、物価が上昇すれば、これが流動性選好に影響を及ぼし、一定の金利水準を維持するために必要な通貨量が、増加することになる。

4

投機的動機による流動性選好は、私が『通貨論』で「弱気の状態」と呼んだものに相当するが、両者は決して同じものではない。『通貨論』では「弱気」を、金利（もしくは債権価格）と通貨量の関数的な関係ではなく、資産と債権を合わせた価格と通貨量の関数的な関係と定義した。ただ、そのように処理すると、金利の変化による結果と、資本の限界効率表の変化による結果の区別がつかなくなる。本書の定義では、そうした問題を回避できたと考えている。

5

保蔵（*hoarding*）という概念は、流動性選好という概念の一次近似とみなせるかもしれない。実際、「保蔵」を「保蔵性向」という言葉に置き替えれば、実質的に同じ概念になる。ただ、現金保有の実際の増加という意味で「保蔵」という言葉を使えば、考え方として不完全だし、もしそれによって「保蔵する」と「保蔵しない」は単純な二者択一だと考えるなら、深刻な誤解の元になる。というのも、保蔵するかしないかの決断は、無条件に下されるわけではなく、流動性を手放すメリットを踏まえて下されるからだ。保蔵はメリットを天秤にかけて決まるのであり、したがって、天秤のもう一方に何があるかを把握する必要がある。また、「保蔵」が実際の現金保有を意味する限り、現実の保蔵量が一般の人々の決定で変化することはありえない。というのも、保蔵量は通貨量（もしくは一部の定義では、通貨量から、取引動機を満たすために必要な分を引いたもの）と等しいはずであり、通貨量は一般の人々が決めるものではないからだ。一般の人々の保蔵性向が実現できるのは、保蔵したいという総欲求が利用可能な現金量と等しくなる金利水準を定めることだけだ。金利と保蔵の関係は、見過ごされる傾向があった。これが一因となって、金利は消費しないことに対する報酬だとみなされることが多かったのかもしれない。実際には、金利は、保蔵しないことに対する報酬なのである。

第14章 古典派の金利理論

Chapter 14 The Classical Theory of the Rate of Interest

1

古典派の金利理論とはどのようなものか。私たちは皆、古典派の金利理論を学んで育ったし、最近までほぼ無条件でこの理論を受け入れてきた。しかし、この理論を正確に記述することや、いまの古典派の主要な論文から明確な説明を探し出すことは難しい。*

ただ、この伝統的な理論が、金利を投資需要と貯蓄意欲を互いに均衡させる要因とみていることは、かなり明白だ。投資は投資可能な資源の需要を示し、貯蓄はその供給を示す。金利は両者を一致させる投資可能な資源の「価格」である。商品の価格が需要と供給の一致する点

* 私が見つけられたものの要点については、本章の補論を参照。

にかならず定まるように、金利も市場の力で、その金利水準での投資量とその水準での貯蓄量が一致する点にかならず落ち着く――。

以上の点は、マーシャルの『経済学原理』にはあまりはっきりと書かれていないが、それでもマーシャルの理論はこうしたものだと思える。私自身、そのように教えられて育ったし、私も長年そのように教えてきた。たとえば、『経済学原理』の次の一節を挙げてみよう。「金利は、どのような市場でも資本の利用に払われる対価であり、その金利水準での当該市場の資本の総需要と、その金利で生じる総ストックが等しくなるような均衡水準に向かう傾向がある*」。また、カッセル教授の『利子の本質と必要性』でも、投資は「待つことに対する需要」、貯蓄は「待つことの供給」であり、金利は両者を一致させる働きをする「価格」だと示唆されている。ただ、ここでも、実際に引用できるような箇所を探し出すことはできなかった。カーヴァー教授の『富の分配』第6章では、金利が、待つことの限界負効用と資本の限界生産力を均衡させる要因だと明らかに想定している**。アルフレッド・フラックス卿(『経済学原理』九五ページ)は「我々の一般的な議論の論旨が正しいなら、貯蓄と、利益が上がる形で資本を利用する機会の間には、自動調整が起きることを認めざるをえない。(中略)純金利がゼロを上回っている限り(中略)貯蓄が、その潜在的な有用性を超えていることはない」と書いている。タウシッグ教授

（『原理』第2巻二九ページ）は、貯蓄の供給曲線と、「資本の複数回の投入に伴う生産性の逓減」を示す需要曲線を描いており、それに先立って（二〇ページ）「金利は、資本の限界生産力が、貯蓄の限界的な投入を過不足なくもたらす点で落ち着く」と論じている。*** ワルラスは『純粋経済学要論』の付録一③で「貯蓄と新規資本の交換」を論じた際、金利が取りうる水準ごとに、個人が貯蓄する額と、個人が新規資本資産に投資する額が存在し、双方の総額が一致する傾向にあること、そして金利が両者を一致させる変数であること、結果的に金利は、貯蓄（＝新規資本の供給）が、新規資本の需要と一致する点に定まる、と明言している。したがって、ワルラスは古典派の伝統に厳密にしたがっていることになる。

* この一節については、本章の補論の第1節でさらに検討する。

** カーヴァー教授の金利理論を理解するのは難しい。①「資本の限界生産力」が限界生産物の量を指すのか、限界生産物の価値を指すのか一貫していない、②資本の量の定義をまったく試みていない――ためだ。

*** こうした問題については、つい最近の議論（一九三二年八月の『エコノミカ』に掲載されたF・H・ナイト教授の「資本、時間、金利」）で、資本の性質について多くの興味深い深遠な見解が示されており、ボェーム・バヴェルク的な分析の無益さに対し、マーシャル的な伝統の健全さを確認しているが、金利の理論は完全に伝統的・古典的な形で示されている。ナイト教授によると、資本生産の分野における均衡とは「市場への貯蓄の流入と、貯蓄の投資への流入の時間的なペース、スピードがまったく同じになり、投資の純収益率が、貯蓄の利用に対する貯蓄者への対価の純収益率と同じになる金利水準」を意味する。

たしかに、こうした伝統的な理論で育った一般の人々（銀行関係者、官僚、政治家）や、また経験を積んだ経済学者も、以下のような考えを抱いている。個人が貯蓄行為を行えば、かならず自動的に金利を引き下げる行為をしたことになり、これが自動的に資本の生産を刺激する。貯蓄の増分に等しい資本の生産が過不足なく刺激される水準まで金利が下がる。さらに、これは自律的な調整プロセスであって、金融当局が特別な介入や事細かな配慮をする必要はない――。同様に、これは今日でさえ、さらに多くの人が信じていることだが、投資の行為が増えるたびに金利はかならず上昇する――貯蓄意欲の変化で相殺されない限り、金利はかならず上昇する、とされている。

さて、本書のこれまでの分析で明らかだが、こうした説明は間違っているはずだ。なぜ見解の相違が生じるのか、その理由を探るために、まずは一致点からみていくことにしよう。

貯蓄と投資が実際には一致しない可能性があるとする新古典派とは異なり、本来の古典派は、両者が一致するという見解を受け入れている。たとえば、マーシャルは、明言こそしていないものの、総貯蓄と総投資がかならず一致するとまちがいなく信じていた。むしろ、古典派の大半の学者は、この信念を推し進めすぎたほどだ。個人が貯蓄を増やすたびに、それに対応した投資行為が生じると考えたのである。また、この文脈に関する限り、私の資本の限界効率表（投資需要表）と、先に引用した一部の古典派の考えていた資本の需要曲線の間に、実質的な違いはない。消費性向とそこから導き出せる貯蓄性向については、古典派が貯蓄性向への金利の影響を重視したという点で、意見の相違がすこし出てくる。しかし、古典派にしても「所得の水準も貯蓄額に重要な影響を及ぼす」という点をおそらく否定したくはないだろうし、私も「一定の所得から貯蓄に回される額におそらく金利が影響する可能性がある」という点を否定しない（おそらく、古典派が想定しているような影響ではないだろうが）。こうした諸々の一致点は、古典派が受け入れ私が反論しない次の説に要約できる。つまり、所得の水準が与えられれば、各金利水準に対応する資本の需要を示す曲線と、各金利水準に対応する、一定の所得から貯蓄に回される額を示す曲線が交じわる点に、現行金利水準が定まるはずだと推定できる——。

しかし、ここで古典派の理論に明らかな誤謬が忍び込む。仮に古典派がこの説から「資本の需要曲線に加え、金利の変化が各所得水準の貯蓄意欲に及ぼす影響がわかれば、所得水準と金利の間に一義的な相関関係が成立するはずだ」と推論するだけなら、反論することは何もない。また、この説からは重要な真理を示す別の説を自然に引き出せるだろう。つまり「資本の需要曲線に加えて、金利の変化が各所得水準の貯蓄意欲に及ぼす影響と、金利の水準もわかれば、所得水準が、貯蓄量と投資量を均衡させる要因となるはずだ」という説である。しかし、実際の古典派理論は、所得水準の変化が及ぼす影響を無視しているばかりか、形式的なあやまりまで犯している。

というのも、これまでの引用から見て取れるように、古典派理論は、さらに論を進めて、(たとえば)資本の需要曲線のシフトが金利にどんな影響を及ぼすのかを、(貯蓄の出所となる)所与の所得量に関する古典派の前提を崩したり、修正したりすることなしに考察できる、と想定しているのである。古典派の金利理論では、「資本の需要曲線」と「金利の変化が一定の所得水準の貯蓄性向に及ぼす影響」が独立変数となっており、この理論によると、(たとえば)資本の需要曲線がシフトした場合、新しい資本の需要曲線と、所与の所得から貯蓄される額と金利を関連づける曲線が交わる点で、新たな金利水準が決まることになる。古典派の金利理論では、「資本の需要曲線がシフトすれば――もしくは一定の所得から貯蓄される額と金利を関連づける曲線がシフトすれば――もしくは双方の曲線がシフトすれば――二つの曲線が新たな位置で交わる点に、新たな金利水準が定まる」と想定しているようなのである。しかし、これはナンセンスだ。というのも、「所得が一定」という想定は、「この二つの曲線が互いに独立してシフトしうる」という想定と矛盾する。どちらか一方の曲線がシフトすれば、一般には所得が変化するのである。そうなると、所得が一定という想定に基づく図式全体が崩壊する。崩壊を防ぐには「賃金単位が自動的に変化して流動性選好に過不足なく影響を及ぼす結果、想定されるシフトを過不足なく相殺する金利水準が成立するため、結果的に生産高が以前と同じ水準にとどまる」といった複雑な想定が必要だ。だが、こうした想定の必要性について、先ほど引用した学者は何も示唆していない。こうした想定は、どう贔屓目にみても長期均衡の場合でしか妥当とは思われず、短期理論の基礎とはなりえない。しかも長期の場合でさえ、この想定が成り立つ根拠はまったくない。実際のところ、古典派の理論は、所得水準の変化の重要性や、所得水準が実は投資率の関数であるという可能性に気づいていないのである。

以上の点は、下のグラフで説明できるだろう。*

このグラフは、投資（もしくは貯蓄）量Iを縦軸に、金利rを横軸にとってある。$X_1X'_1$は

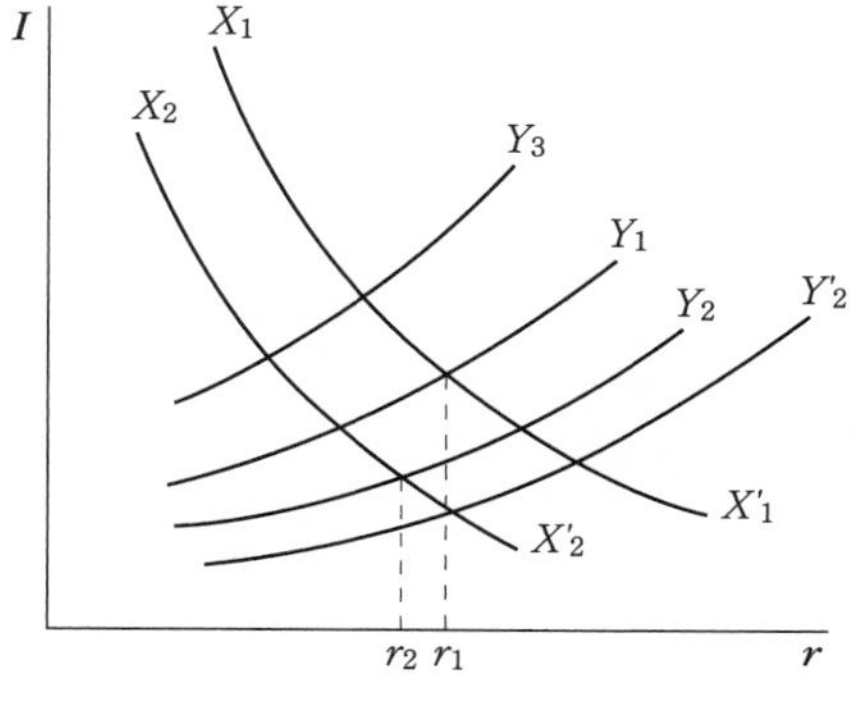

* このグラフはR・F・ハロッド氏が私に示唆してくれたものだ。D・H・ロバートソン氏も、このグラフに部分的に類似した図式を示しており、参照されたい（『エコノミック・ジャーナル』一九三四年一二月、六五二ページ）。

投資需要表の最初の位置、$X_2X'_2$ はこの曲線の二番目の位置だ。曲線 Y_1 は、所得 Y_1 から貯蓄に回される額を様々な金利水準と関連づけたもの、曲線 Y_2, Y_3 などはそれぞれ所得水準 Y_2, Y_3 などに対応する曲線だ。投資需要表 $X_1X'_1$ と金利 r_1 に対応する Y 曲線が、曲線 Y_1 だと想定しよう。さて、投資需要表が $X_1X'_1$ から $X_2X'_2$ にシフトした場合、一般に所得もシフトする。だが、この表には十分なデータ（与件）がなく、新しい値がどのようなものになるのかはわからない。となると、どれが適切な Y 曲線になるのかがわからないため、新しい投資需要表がどこで Y 曲線と交わるのかもわからない。だが、もし流動性選好の状態と通貨量の双方から金利が r_2 であることがわかれば、すべての形状が決まる。というのも、r_2 の真上で $X_2X'_2$ と交わる Y 曲線、すなわち曲線 Y_2 が適切な曲線となるからだ。つまり、X 曲線と Y 曲線だけでは、金利の水準はわからない。他の情報源から金利水準が判断できる場合に、所得の水準がわかるだけである。もし流動性選好の状態や通貨量に何も起きず、金利が変わらない場合、曲線 Y_1 と以前の投資需要表が交差した点の真下で新しい投資需要表と交わる曲線 Y'_2 が適切な Y 曲線となり、Y'_2 が新たな所得水準となる。

　したがって、古典派理論で用いられる関数――金利の変化に対する「投資の反応」と「一定所得から貯蓄に回される額の反応」――には、金利理論の材料が備わっていない。ただ（他の情報源から）金利水準がわかれば、所得の水準を把握するために利用できるかもしれない。もしくは、所得水準が一定（たとえば完全雇用に対応する水準）に保たれている場合なら、金利がどのような水準になるかを把握できる。

誤謬の元は、金利を保蔵しないことへの報酬ではなく、待つこと自体への報酬だと考えたことにある。リスクの程度が異なる融資や投資の収益率については、待つこと自体ではなく、リスクを冒す報酬だと非常に正しく認識されているが、金利についてもまったく同じことが言える。実際、そうした収益率といわゆる「純粋金利」を明確に線引きすることはできない。どれも、ある種の不確実性というリスクを冒すことへの報酬なのである。通貨が取引目的のみに利用され、価値の保蔵手段としてはまったく利用されない場合に限って、別の理論が適切になる*。

ただ、古典派に「何かが違う」という警鐘を鳴らしてもおかしくなかったお馴染みの論点が二つある。第一に、少なくともカッセル教授の『利子の本質と必要性』の刊行以降は、金利が上昇しても、一定の所得から貯蓄に回される額がかならずしも増えるとは限らないとの見方

＊ 第17章を参照。

が受け入れられている。一方、金利が上昇すれば、投資需要表が下方にシフトすることは誰も疑っていない。だが、金利の上昇でY曲線とX曲線の双方が下方にシフトした場合、所与のY曲線が所与のX曲線とどこかで交わる保証はまったくない。これは、Y曲線とX曲線だけでは金利の水準を決められないことを示唆する。

第二に、通貨の量が増えれば、少なくとも最初の短期間は、金利が低下する傾向があると通常想定されている。しかし、通貨量の変化が、なぜ投資需要表や、一定の所得水準での貯蓄意欲に影響を及ぼすのか、その理由はまったく説明されていない。そうなると、古典派は、価値の理論を論じる第一巻と、通貨の理論を論じる第二巻で、まったく別の金利理論を持っていることになる。古典派がこの矛盾を気にかけている様子はなく、私の知る限り、二つの理論を橋渡しする試みはみられない。これは、本来の古典派は、という話である。というのも、橋渡しをしようとして最悪の泥沼にはまってしまったのが、新古典派なのだ。新古典派は、投資需要表に対する供給源は二つあるに違いないと考えた。本来の貯蓄（古典派の論じる貯蓄）に加え、通貨量が増加するたびに利用可能になる額があると考えたのである（後者は「強制貯蓄」などと呼ばれる一般の人々に対するある種の課税と釣り合う）。ここから、「自然利子率」「中立金利*」「均衡金利」という概念が導き出された。つまり、「強制貯蓄」からの追加分を含まない古典派本来の貯蓄と投資を一致させる金利水準だ。そして新古典派は、出発点は正しかったと仮定しても、最終的には自明きわまりない解決策に辿り着いた。あらゆる状況で通貨の量を一定に保つことさえできれば、投資が本来の貯蓄を上回ると想定されるために起きる弊害がなくなり、こうした複雑な問題は生じない――。だが、ここまでくると泥沼である。「野鴨は水底めがけて飛び込んだ。行けるところまで深く。そして、底にある藻や海藻や、ゴミというゴミにしっかりと噛りついた。野鴨の後を追ってもう一度引き上げるには、よほど賢い犬が必要だろう」。

このように、伝統的な分析は、経済システムの独立変数を正しく特定できなかったため、欠陥を抱えることになった。貯蓄と投資は、経済システムの被決定要因であって、決定要因ではない。両者は、システムの決定要因――つまり消費性向、資本の限界効率表、金利――がもたらす双子の帰結なのである。たしかに、こうした決定要因自体も複雑で、それぞれがそれぞれの変化の見通しに影響されうる。しかし、それぞれの値を他の値から推測できないという意味で、独立変数であることに変わりはない。伝統的な分析は、貯蓄が所得に左右されることに気づいていたが、所得が投資に左右されること――投資が変化すれば、貯蓄の変化と投資の変

＊ いまの経済学者の言う「中立」金利は、ボェーム・バヴェルクの「自然」利子率とも、ヴィクセルの「自然」利子率とも異なる。

化を等しくする分だけかならず所得も変化するはずだという点――を見過ごしていた。

同様に、金利を「資本の限界効率」で決めようとする理論も、問題を抱えている。たしかに、均衡状態では、金利は資本の限界効率に等しくなる。両者の一致する点まで現在の投資規模を増やす（もしくは減らす）ことが利益につながるからだ。しかし、これを金利の理論にしたり、ここから金利の水準を導き出したりすれば、マーシャルがこの線に沿って金利の説明をしている途中で気づいたように、循環論法に陥る。* というのも、「資本の限界効率」は、現在の投資規模に部分的に左右されるが、現在の投資規模を計算するには、あらかじめ金利の水準がわかっていなければならない。重要な結論はこうだ。新規投資の創出は、資本の限界効率が金利と等しくなる点まで進められる。資本の限界効率表からわかるのは、金利の水準ではなく、金利の水準が与えられた場合に新規投資の創出がどこまで進むかということだ。

ここで論じている問題が、理論上もっとも根本的に重要な事柄であること、そして実践上重要きわまりない意味を持つことは、容易に理解して頂けるはずだ。経済学者が実践的なアドバイスをする際にかならずと言ってよいほど根拠としてきた経済原理は、事実上、他の条件が等しければ、消費の減少は金利低下に、投資の増加は金利上昇につながる傾向があると想定してきた。しかし、この二つの量で決まるのが金利ではなく、総雇用量だとすれば、経済体系のメカニズムに対する私たちの見方が根底から変わる。消費意欲の低下を「他の条件が等しければ、投資を増やす要因」と見るのではなく、「他の条件が等しければ、雇用を減らす要因」と見るのであれば、消費意欲の低下に対する見方が一変するはずだ。

＊ 本章の補論を参照。

第14章の補論　マーシャルの『経済学原理』、リカードの『経済学原理』などにおける金利について

Appendix on the Rate of Interest in Marshall's "Principles of Economics", Ricardo's "Principles of Political Economy", and elsewhere

1

マーシャル、エッジワース、ピグー教授の著作では、金利について長々と論じた箇所はなく、折に触れて断片的な記述があるだけである。マーシャルの金利観を知る重要な手掛かりとなるのは、先に引用した箇所（第11章第2節）を除くと、『経済学原理』（第六版）第6篇の五三四ページと五九三ページだけだ。その要点は以下の通りである。

「金利は、どのような市場でも資本の利用に支払われる対価であり、その金利水準での当該資本の総需要とその金利で生じる総ストック*が等しくなるような均衡水準に向かう傾向がある。いま考えている市場が小さなもの（たとえば、一つの町や、発展している国の一つの産業）なら、その市場で資本の需要が増加すれば、周辺の地区や産業からの供給が直ちに増えるだろう。

しかし、世界全体を――もしくは大国全体でもよいが――一つの資本市場と考えている場合は、資本の総供給が、金利の変化を通じて直ちに大きく変動するとは考えられない。というのも、資本全体の蓄積は労働と『待つこと』の産物であり、金利の上昇を通じて刺激される追加の労働**と追加の『待つこと』が、現在の総資本ストックを生み出した労働と『待つこと』との比較で、すぐに大規模なものになることはないからだ。したがって、資本全般の需要が急増した場合は、当面の間、供給の増加ではなく、金利の上昇***に見舞われることになる。そうなると、資本は、限界効用が最低の用途から部分的に引き揚げられることになる。金利が上昇しても、総資本ストックは、緩やかかつ段階的にしか増えないのである」（五三四ページ）。

「『金利』という用語は、古い資本投資には非常に限られた意味でしか使えない****という点は、何度でも繰り返して構わない。たとえば、七〇億ポンドの産業資本が、この国の様々な産業に純金利三％前後で投資されていると推定することはおそらくできるかもしれない。しかし、そのような言い方は、多くの目的には便利であり正当化できるが、正確とは言えない。正確にはこう言うべきだ。各産業の新規資本投資（つまり限界投資）に対する純金利が約三％だとすれば、各産業に投資された産業資本全体から生じる総純所得は、三三年分の収入（つまり金利三％）で資本還元する（現在価値に割り引く）と、約七〇億ポンドとなる――。というのも、土地の改良や建物の建設、鉄道・機械の製造にすでに投資された資本の価値は、将来の推定純所得（つまり準レント）の総割引価値だからだ。所得を稼ぎ出す力が低下すると予想される場合は、それに

* マーシャルが「通貨」ではなく「資本」という言葉を使い、「融資」ではなく「ストック」という言葉を使っていることに注目してほしい。しかし、金利は通貨の借り入れに対する対価であり、「資本の需要」はこの文脈では「資本財のストックを購入するための融資需要」という意味であるはずだ。だが、資本財ストックの需給を一致させるのは、資本財の価格であって金利ではない。金利が一致させるのは融資（つまり債権）の需給だ。

** ここでは所得が一定ではないと想定している。だが、なぜ金利の上昇が「追加の労働」につながるのかが明確ではない。金利が上がれば貯蓄を目的とする労働の魅力が高まるので、ある種の実質賃金の上昇とみなせ、生産要素が安い賃金でも働くという意味なのだろうか。D・H・ロバートソン氏も、同様の文脈でこうしたことを考えていると思う。たしかに、追加の労働が「すぐに大規模なものになることはない」だろう。投資量の実際の変動をこうした要因で説明しようというのは、どう考えても受け入れがたく、荒唐無稽でさえある。私なら、この一節の後半部分をこう書き直す。「資本の限界効率表の上方シフトによって、資本全般の需要が急増した場合は、金利の上昇で相殺されない限り、資本財の生産が増え、雇用と所得水準が増加する。そうなると、名目（通貨）価値で測った追加の待つことの量が、その時点の資本財の増分の価値と完全に等しくなり、結果的に、投資に必要な資金が過不足なく提供される」。

*** なぜ資本財の供給価格の上昇ではないのか。たとえば「資本全般の需要の急増」が金利の低下によるものだとしよう。私なら、この一節をこう書き直す。「したがって、資本全般の需要が急増しても、全体のストックが直ちに増加しない場合、投資規模を大きく変動させずに、資本の限界効率と金利の均衡を維持する分だけ、資本財の供給価格が上昇し、しばらくの間、需要が抑制されるはずだ。その間に（いつものように）資本財の生産にふさわしい生産要素が、新たな状況で限界効率のもっとも高い資本財の生産に利用されるだろう」。

**** 実際にはまったく使えない。金利という言葉を適切に使えるのは、新旧を問わず資本投資財を購入する目的で（もしくは他の何らかの目的で）借り入れた資金に対してのみである。

応じて、資本の価値が下がる。資本の価値は、減少した所得から減価償却費を差し引いた額を資本還元した値となる」（五九三ページ）。

ピグー教授は『厚生経済学』（第三版）の一六三ページでこう書いている。「『待つこと』というサービスの性格は、これまで大きく誤解されてきた。待つことは、時には資金の供給と、時には時間の供給と考えられ、そしてどちらの場合でも、分配分にはいっさい貢献しないとされてきた。どちらの説も正しくない。『待つこと』とは、要するに、いまできる消費を先延ばしにすること——つまり消滅していた可能性のある資源に生産用具という形を取らせること——を意味する。*（中略）したがって『待つこと』の単位は、一定量の資源**（たとえば、労働や機械）の一定期間の利用である。（中略）より一般的な言い方をすれば、待つことの単位は、年価値単位だと言ってもよいかもしれない。もしくは、正確性には劣るが、より単純なカッセル教授の用語、年ポンドと呼んでも差し支えない。（中略）ある年に蓄積された資本量は、その年に行われた『貯蓄』量とかならず等しくなるという一般的な見方には、注意を要するかもしれない。この見方は正しくない。これは、貯蓄を純貯蓄と解釈した場合でさえ——つまり、別の人の消費を増やすために貸し出された個人の貯蓄を差し引くとともに、サービスに利用されずに預金通貨として一時的に蓄積されている分を無視した場合でさえ——正しいとは言えない。というのも、資本となるはずの貯蓄は、実際には無駄な用途に回されて、その目的を遂げられないことが多いからだ」[***]。

ピグー教授が金利の決定要因について重要な言及をしたのは、『産業変動論』（第一版）の二五一～二五三ページだけだと思う。教授はここで、金利が実物資本の需給状況全般で決定され、中央銀行や他の銀行が金利を操作することはできないという見解に反論している。教授は、こうした見解に対し「銀行が事業家向けの与信を増やす場合、事業家の利益のために、第1部第13章[****]で説明したように、一般の人々から実物を強制的に徴収し、事業家が利用できる実物資本の流れを増やす。その結果、長期融資と短期融資の実質金利がともに下がる。したがって、

* ここでの言い回しは曖昧だ。消費を延期すれば、かならずそうした効果が得られると推測できるのか。それとも、資源が解放されるだけで、その後、投資に利用されるかどうかは状況次第ということなのか。

** 所得を受けとった人が、消費に回せるのに実際には消費に回さなかった通貨の量ではないとされていることを指摘しておく。つまり、待つことの報酬は金利ではなく、準レントとされている。この文章では解放された資源がかならず利用されると想定しているようだ。というのも、解放された資源が利用されないまま放置された場合、待つことの報酬とは一体何になるのか。

*** この文章では、仮に誤った投資は無視するが「サービスに利用されずに預金通貨として一時的に蓄積されている分」については考慮に入れるとした場合、純貯蓄が投資の増分と等しくなるかどうかが説明されていない。ただ、ピグー教授は『産業変動論』（二二一ページ）で、そうした蓄積が教授の言う「実質貯蓄」にまったく影響を及ぼさないと明言している。

銀行の金利は、長期融資の実質金利との機械的な結びつきに縛られていると言うのは正しいが、だからと言って、実質金利が銀行のまったく操作できない条件によって決まるわけではない」。

引用文に対するコメントは随時、脚注に記してある。マーシャルの説明にみえる難点は、貨幣経済に属する「金利」という概念を、通貨をまったく考慮していない論文に侵入させたことが根本的な原因だと思える。「金利」は、実はマーシャルの『経済学原理』に登場する必要がまったくない。それは、経済学の他の部門に属しているのである。ピグー教授は(『厚生経済学』で)、他の暗黙の想定にしたがって、待つことの単位は当期投資の単位と同じであり、待つことの報酬は準レントだと匂わせているが、当然のことながら、金利については事実上いっさい触れていない。だが、こうした学者は、非貨幣経済(そんなものがあるとして)について論じているわけではない。通貨の利用と銀行システムの存在を前提としていることは、かなり明らかなのである。また、ピグー教授の『産業変動論』(ここではおもに資本の限界効率の変動が論じられている)と『失業の理論』(ここではおもに、非自発的失業が存在しないとの想定の下、何が雇用量の変化を決めるのかを論じている)のほうが、金利の果たす役割が『厚生経済学』よりも大きいか言えば、とてもそんなことは言えない。

2

リカードの『経済学原理』（五一一ページ）から引用した以下の一節は、リカードの金利理論の本質を示している。

「通貨の金利は、イングランド銀行の貸出金利（五％であれ、三％であれ、二％であれ）では決まらない。金利は、資本の利用で得られる利益率で決まるのであり、通貨の量や価値とはまったく関係がない。銀行が一〇〇万貸し出そうと、一〇〇〇万、一億貸し出そうと、市場金利

**** この参照箇所（同書一二九～一三四ページ）では、銀行の新たな信用創造で事業家向けの実物資本の流れがどの程度増えるのかについて、ピグー教授の見解が示されている。教授は実質的には「信用創造を通じて事業家に供与された流動的な与信から、銀行が存在しなかった場合に他の手段で拠出されていた流動的な資本」を差し引こうとしている。この控除を行った後の論証が非常に不明瞭だ。まず金利生活者に一五〇〇の所得があり、このうち五〇〇を消費し、一〇〇〇を貯蓄する。信用創造の結果、金利生活者の所得は一三〇〇に減り、このうち五〇〇マイナスxを消費し、八〇〇プラスxを貯蓄する。ピグー教授の結論では、このxが信用創造で入手可能になった資本の純増分である。事業家の所得は、銀行から借り入れた金額（先ほどの控除後）だけ増えると想定しているのだろうか。それとも金利生活者の所得の減少分、つまり二〇〇だけ増加するのだろうか。いずれの場合も、すべてが貯蓄に回されると想定しているのだろうか。増加した投資は信用創造マイナス控除分なのだろうか。それともxに等しいのか。ここから論証が必要だというところで論証が終わっているように思える。

が恒久的に変わることはない。そのような形で発行された通貨の価値が変わるだけだ。同じ事業でも、ある場合には、別のケースの一〇倍、二〇倍の資金が必要になるかもしれない。そうなると、銀行に融資を申請するときは、借入金の利用で見込める利益率と、銀行の貸出金利を比較考慮することになる。貸出金利が市場金利より低ければ、銀行はいくらでも貸し出せるかもしれない。貸出金利が市場金利よりも高ければ、浪費家か道楽者以外に借り手はいないだろう」。

実に明快で、議論の出発点としては、リカード以降の経済学者の空論より、こちらのほうがよい。リカード後の経済学者は、本当はリカードの教えの核心から脱しきれていないのだが、そこに居心地の悪さを感じ、朦朧とした靄の中に逃げ場を求めた。無論、リカードについてはつねに言えることだが、上の文章は長期の説だと解釈できる。引用文の中ほどにある「恒久的」という言葉を重視すべきだ。この説が成立するにはどんな想定が必要となるのか、その点を考えてみるのも面白い。

ここでも、必要となる想定は、つねに完全雇用が成立しているという通常の古典派の想定だ。このため、生産物で測った労働の供給曲線が変化しないと想定すると、雇用の長期均衡水準は一つしか考えられない。この想定に例の「他の条件が等しければ」という条件――心理的な性向と予想は、通貨量の変動から生じる変化を除き、変化しないという条件——を加えると、「こうした仮定の下では、完全雇用と両立する金利水準は長期的には一つしかない」という意味で、リカードは正しい。リカード派は、長期の場合でさえ、雇用量はかならずしも完全雇用に落ち着くわけではなく、変わりうるという事実、それぞれの金融政策に対応する異なる長期の雇用水準が存在するという事実を見過ごしていた。現実には、金融当局が取りうる様々な金利政策に対応する様々な長期均衡水準がある。

仮にリカードが「金融当局の創出するどんな通貨量に対しても、自説は成り立つ」とだけ主張したかったのであれば、名目賃金が弾力的だと仮定する限り、リカードはやはり正しい。つまり、「金融当局が通貨量を一〇〇〇万に固定しても一億に固定しても、金利水準は恒久的には変化しない」と主張していたのであれば、リカードの結論は妥当だ。しかし、金融政策が、通貨量を増減させる際の条件を意味するのであれば——つまり、割引量の増減や公開市場操作を通じて金融当局の資産を増減させる際の金利水準を意味するのであれば（リカードは先の引用で明らかにそのようなことを意味している）、金融政策は無意味だとは言えないし、長期均衡水準と両立できる政策は一つしかないとも言えなくなる。もっとも、非自発的な失業に見舞われ、失業者の間で雇用をめぐる無益な競争で名目賃金が際限なく下がるという極端なケースであれば、たしかに長期的な位置は二つしか考えられない。完全雇用か、流動性選好が際限なく強まる金利水準に対応する雇用水準（これが完全雇用を下回る場合）の二つだ。名目賃金が弾力的だと仮定すれば、たしかに通貨量自体は長期的には無意味になる。しかし、金融当局が通貨量を変更する際の条件は、現実の決定要因として経済の図式に入ってくる。

もう一つ付け加えておこう。先の引用文の結論部分を見ると、リカードは、投資量に応じて資本の限界効率が変わりうるという点を見過ごしていたようだ。しかしこれも、リカードの内的一貫性が後継者に勝っていたことを示すもう一つの例と言える。というのも、その社会の雇用量と心理的な性向が一定であれば、たしかに資本の蓄積ペースはただ一つしか考えられず、結果的に資本の限界効率がとりうる値も一つとなる。リカードは、現実からかけ離れた仮定の世界をあたかも現実世界のように考え、一貫してそこに暮らすという、並みの精神にはできない最高の知的成果を成し遂げた。リカードの後継者のほとんどは、常識が邪魔をして、論理的一貫性が損なわれるのである。

3

独特な金利理論がフォン・ミーゼス教授によって提唱され、ハイエク教授や、思うにロビンズ教授にも、受け継がれている。金利の変化は、消費財と資本財の相対的な価格水準の変化と同一視できるという理論だ。* この結論にどのように達したのか、定かではないが、以下のような論証が進められているようだ。やや思い切った単純化をすれば、資本の限界効率は、新規の生産財の供給価格に対する新規の消費財の供給価格の比率として測定できる。** そして、これは金利と同一視できる。金利の低下は投資にプラスに働くという事実がある。ゆえに、生産財価格に対する消費財価格の比率が低下すれば、投資にはプラスだ――。

この論法を通じて、個人の貯蓄増加と総投資の増加が結びつく。なぜなら、個人が貯蓄を増やせば、消費財の価格が下がる、おそらく生産財の価格以上に下がる可能性が高いというの

＊『貨幣と信用の理論』三三九ページ以下参照。とくに三六三ページ。

＊＊　長期の均衡状態であれば、この説を正当化できる特殊な仮定を編み出すことができるかもしれない。だが、問題としている価格が不況時の実勢価格であれば、「事業家が予測を立てる際にその価格がずっと続くと想定する」という単純化した仮定を設ければ、確実にあやまりの元になる。また、事業家がそうした予測を立てれば、既存の生産財ストックの価格は消費財の価格と同じペースで低下するだろう。

は一致した意見であり、したがって、上述の論理から、これは金利が低下し投資を刺激することを意味する——。だが、言うまでもないが、特定の資本資産の限界効率が下がり、結果的に資本全般の限界効率も下がれば、この論証の想定とはまったく逆の効果が生じる。投資が刺激されるのは、資本の限界効率表が上方にシフトする場合か、金利が低下する場合のいずれかであるためだ。フォン・ミーゼス教授とその一派は、資本の限界効率と金利を混同したために、まったく逆の結論に辿りついた。この線に沿った混同のよい例が、アルヴィン・ハンセン教授の次の一節だ。*「支出が減少すれば、そうでなかった場合に比べて消費財の価格水準が下がるという影響が差し引きで発生するため、固定資本投資への刺激効果は最小限になる傾向がある、と指摘する経済学者がいるが、この見方はあやまりだ。原因は①消費財価格の変動と、②金利の変化——が資本形成に及ぼす影響を混同していることにある。支出減少と貯蓄増加の結果、消費財価格が生産財価格に比べて低下するというのは正しいが、これは、実際には金利の低下を意味するのであって、金利低下は、金利が高ければ採算が取れなかった分野で資本投資の拡大を促す」。

＊『経済再建』二三三ページ。

第15章

流動性選好を促す心理上・ビジネス上のインセンティブ

Chapter 15

The Psychological and Business Incentives to Liquidity

1

さて次は、第13章でとりあえず導入した流動性選好を促す動機について、さらに詳細な分析を進めなければならない。このテーマは、これまで「通貨需要」という項目の下で時々論じられてきたものと実質的には変わらない。また、これはいわゆる「通貨の所得速度（流通速度）」とも密接な関わりがある。というのも、通貨の所得速度は、一般の人々が所得のうちどの程度を現金で保有する決断を下すかを示しているだけであり、通貨の所得速度上昇は、流動性選好低下のあらわれかもしれないのである。だが、両者は同じものではない。個人は所得よりも、むしろ自分が蓄積した貯蓄のストックについて、流動性か非流動性かの選択をする。また、いずれにしても「通貨の所得速度」という言葉には、通貨需要全体が所得に比例する、もしくは所得と一定の関係にあるという誤解を生みかねない含意がある。これからみていくように、それが当てはまるのは、一般の人々が保有する現金の一部だけであり、そうした誤解が広がれば、金利の果たす役割が見過ごされることになる。

私は『通貨論』で通貨需要全体を「所得預金」「事業預金」「貯蓄預金」という項目の下で検証した。同書の第3章で行った分析をここで繰り返す必要はないだろう。だが、この三つの目的でそれぞれ保有されている通貨は、一つの資金プールを形成しており、保有者がそれぞれを厳格に三つに分ける必要はない。というのも、保有者の心の中でも厳密に区別する必要はなく、「基本的にはこちらの目的で保有しているが、あちらの目的にも流用できる」と考えても差し支えないのである。個人の総通貨需要は、複数の様々な動機が合成された結果であるが、こうすれば、各状況での個人の総通貨需要を一つの決断として考えることができる。そう考えても不都合は生じないし、むしろそのほうがよいかもしれない。

ただ、動機を分析する上では、やはり特定の項目に分類するほうが便利だ。第一のタイプの動機は、『通貨論』の所得預金と事業預金におおむね対応する。第二のタイプと第三のタイプは、『通貨論』の貯蓄預金に対応する。この分類については、第13章で簡単に導入しておいた。取引動機（これはさらに所得動機と事業動機に分類できる）、用心動機、投機的動機である。

① **所得動機**：現金を保有する理由の一つは、所得を受け取ってから支出するまでの期間をつなぐことにある。ある一定の現金総額を保有しようという決断を促すこの動機が、どこまで強まるかは、所得の額と、所得を受け取ってから支出するまでに通常どの程度の期間があるかに、おもに左右される。通貨の所得速度という概念を厳密に適用できるのは、この関連においてである。

② **事業動機**：同様に、事業コストが発生してから売上金を回収するまでの期間をつなぐためにも、現金が保有される。卸売業者が商品を仕入れてから換金するまでの期間をつなぐ際に保有する現金も、このタイプに入る。こうした現金需要がどこまで強まるかは、当期の生産高の価値（したがって当期の所得）と、生産物が流通する過程で何人の手を経るかに、おもに左右される。

③ **用心動機**：急な支出が必要となる偶発的な事態や、予想外の有利な購入機会に備えること、また金額が固定されている将来の債務の返済に向けて、価値が金額で固定されている資産を保有することも、現金を保有するさらなる理由となる。

この三つのタイプの動機がどの程度強まるかは、現金が必要になった際に、一時的な借り入れという形（とくに当座貸し越しやそれに相当するもの）で、安く確実に現金を取得できるかにも左右される。実際に現金が必要になった際に、すぐさま難なく現金を取得できるなら、空白期間をつなぐために現金を遊ばせておく必要はないからだ。また、こうした動機がどこまで強まるかは、「現金保有の相対コスト」とでも呼べるものにも左右される。有利な資産購入を見送らなければ現金を保持できない場合、このコストが増大し、一定額の現金を保有したいという動機が弱まる。現金を保有することで預金金利がついたり、銀行の手数料が免除される場合は、このコストが低下し、現金を保有する動機が強まる。ただ、この現金保有コストについては、コストの大幅な変化が問題とならない限り、小さな要素にとどまる可能性が高いのかもしれない。

④ 残るは**投機的動機**だ。これは、あまり理解されておらず、通貨量の変化の影響を波及させるという点でとくに重要になるため、他の動機よりも詳細な検証が必要になる。

取引動機と用心動機を満たすために必要となる通貨量は、通常の環境では、おもに経済システム全般の活動と名目所得の水準に左右される。ところが、通貨管理（通貨管理がない場合は、通貨量の偶発的な変化）が経済システムに影響を及ぼす際には、投機的動機が作用している。というのも、前者二つの動機を満たす通貨需要は、経済全般の活動と所得水準が実際に変化しない限り、一般には他のいかなる影響にも反応を示さない。だが、経験を振り返ると、投機的動機を満たす通貨需要の総額は、通常、金利の緩やかな変化に連続的な反応を示す。つまり、「投機的動機を満たす通貨需要の変化」と「金利の変化（これは様々な満期の債券・債権価格の変化から見て取れる）」の関係を描いたグラフは、連続的な曲線となる。

実際、そうでなければ「公開市場操作」は実践できない。先ほど、経験を振り返ると上記の連続的な関係がみられると指摘したが、事実、通常の環境では、金融システムは債券価格の気配値をすこし上げる（下げる）だけで、いつでも現金と交換に債券を購入（売却）できるのだ。債券・債権の買い入れ（売却）を通じて多額の現金を供給（吸収）したい場合は、その分だけ大幅な金利の低下（上昇）が必要になる。だが、（一九三三〜三四年のアメリカのように）公開市場操作が超短期証券の買い入れに限定されている場合、効果は当然、おもに超短期金利にしか及ばず、はるかに重要な長期金利にはほとんど影響を及ぼせない可能性がある。

ただし、投機的動機に対応する場合は、金利の変化を区別することが重要になる。つまり、流動性関数にまったく変化はないが、投機的動機に利用できる通貨の供給に変化があったために金利が動いたのか、それとも、予想の変化が流動性関数自体に影響を及ぼしたことが主因となって金利が動いたのか、という区別である。公開市場操作は、実際には両方のルートを通じて、金利に影響を及ぼしうる。というのも、公開市場操作は、通貨の量を変えるだけでなく、中央銀行や政府の将来の政策に関する予想を変える可能性もあるからだ。情報の変化で予想が修正された結果、流動性関数自体が変化する場合は、不連続な変化となることが多く、結果的に、金利の変化にもそれに対応した不連続性が生じる。実際、債券市場の取引活動が増える余地が生じるのは、情報の変化が個々人によって異なって解釈されたり、個々人の利害に異なる影響を及ぼす場合のみだ。情報の変化が個々人の判断とニーズにまったく同じ影響を及ぼすなら、(債券・債権価格に表示される)金利は、市場取引の必要はいっさいなしに、すぐさま新たな状況に調整される。

したがって、誰もが似たり寄ったりで、同じような状況に置かれているという「もっとも単純なケース」では、状況や予想が変化しても、通貨の移動はまったく起きえない。金利が変わるだけである。「状況や予想が変化すれば、それに対応して現金の保有量を変えたい」と個々人が以前の金利水準で感じていた欲望を相殺するのに必要なだけ、金利が変化するのである。「この金利水準になったら現金の保有高を変えよう」という考えを誰もが同じだけ修正するので、結果的に取引はいっさい発生しない。このケースでは、状況と予想の各組み合わせに応じて、金利が適切に対応し、誰かが通常の現金保有高を変えるという問題はいっさい起きない。

しかし、一般には、状況や予想が変われば、個々人の通貨保有にある程度の再配置が起きる。というのも、現実には、そうした変化が起きれば、異なる個人の考えに異なる影響が及ぶからだ。これは、一部は状況の違いや通貨の保有目的の違い、一部は新しい状況に対する知識や解釈の違いによる。したがって、新たな均衡金利水準の成立には、通貨保有の再分配が伴う。だが、本書でおもに注目すべきは、現金の再分配ではなく、金利の変化だ。前者は個人差に付随するものだが、本質的な現象は「もっとも単純なケース」で起きることなのである。また、一般的なケースでも、情報の変化に対する反応でもっとも顕著なのは、通常、金利のシフトだ。新聞でもよく報じられるように、債券価格は「取引活動にはまったく不釣り合いなほど」変動する。これは当然の話で、情報に対する反応は、個々人で異なることよりも、似たようなものになることのほうがはるかに多いのである。

2

個人が取引動機と用心動機を満たすために保有を決断する現金の量は、投機的動機を満たすために保有する現金の量とまったく無関係なわけではない。だが、一次近似としては、両者がおおむね互いに独立していると考えても差し支えない。したがって、分析をさらに進めるため、問題を次のように分解してみよう。

取引動機と用心動機を満たすために保有される現金量を M_1、投機的動機を満たすために保有される現金量を M_2 とする。この二つの現金区分に対応する二つの流動性関数が L_1 と L_2 である。L_1 はおもに所得水準に左右される。L_2 はおもに、現在の金利水準と予想の状態がどのような関係にあるかに左右される。したがって、

$$M = M_1 + M_2 = L_1(Y) + L_2(r)$$

L_1は所得Yに対応する流動性関数で、これがM_1を決定する。L_2は金利rの流動性関数で、これがM_2を決定する。そうなると、検討すべき問題は①Mの変化がYとrにどのように関係してくるか、②何がL_1の形状を決めるのか、③何がL_2の形状を決めるのか——の三点となる。

① Mの変化がYとrにどのように関係するかは、まずMの変化がどのように起きるかに左右される。Mが金貨で構成されており、Mが変化するのは、いま考察している経済システム内の金採掘活動のリターンが増えた場合のみだと仮定しよう。この場合、Mの変化は、最初はYの変化と直結する。新しい金は誰かの所得として生じるからだ。政府が今期の支出に対応するため、紙幣を刷った場合にも、まったく同じことが当てはまる。この場合も、新しい通貨は誰かの所得として生じる。しかし、この新たな所得水準は、M_1の要求額がMの増加分すべてを吸収する高さには維持されない。通貨の一部は証券などの資産購入に捌け口を求める。そうなると、rが低下し、M_2の

量を増やすとともに、Yの増加を刺激する。新規の通貨はM_2に吸収されるか、rの低下に伴うYの増加に対応するM_1に吸収される。となると、このケースを一歩進めると、次のケース——つまり最初は銀行システムの与信条件緩和という形でしか新しい通貨が発行されないケース——と同じになる。この場合、債権や債券を銀行に売って、新規の通貨を取得するインセンティブが誰かに働く。

したがって、最後のケースを典型的な例と考えて差し支えないだろう。Mの変化は、rの変化を通じて作用すると想定できる。rが変化すれば①M_2が変わり、②Yが変わってM_1も変わるため、新たな均衡状態が成立する。この新たな均衡状態で、現金の増加分がM_1とM_2にどのように分割されるかは、金利の低下に投資がどう反応するか、投資の増加に所得がどう反応するかに左右される。[*] Yは一部rに左右されるため、Mが一定額変化すれば、それに伴うM_1、M_2それぞれの変化額の合計が、Mの変化額と等しくなるようにrが過不足なく変化するはずだ。

② 通貨の所得速度が、YのMに対する比率なのか、YのM_1に対する比率なのかは、かならずしも明示されていないが、本書では後者の意味とすることを提唱したい。その場合、通貨の所得速度をVとすると、

$$L_1(Y) = \frac{Y}{V} = M_1 \qquad ③$$

となる。もちろん、Vが一定だと想定する根拠はまったくない。Vの値は、銀行・産業制度の性格、社会の習慣、様々な階級への所得分配、現金を遊ばせておく実効コストに左右される。ただ、短期を視野に入れる場合、こうした要因のいずれにも重大な変化がまったく起きないと想定して構わなければ、Vはほぼ一定とみなせるだろう。

最後に、M_2とrの関係という問題がある。第13章でみたように、M_2の保有につながるL_2というタイプの流動性選好は、金利の先行きをめぐる不確実性という点を指摘しなければ、明快な説明はできない。このため、一定額のM_2と一定の金利水準rとの間に、量的に確定的な関係はない。重要なのは、rの絶対水準ではなく、その時点で信頼されている確率計算を踏まえてかなり無難だと思われているrの水準から、rがどの程度乖離しているかである。とはいえ、予想がどのような状態にあっても、rの低下はM_2の増加を伴うと予想できる理由が二つある。第一に、一般の人々が想定す

＊ この新たな均衡状態の性格がどのように決まるのかという問題については、第5篇まで先送りしなければならない。

るrの無難な水準が一定だとすれば、rが低下するたびに、「無難な」水準との比較で市場金利が低下し、結果的に非流動性のリスクが高まる。第二に、非流動性から得られるその期の収益は、資本勘定の損失（キャピタル・ロス）のリスクを相殺するための一種の保険に回せるが、rが低下するたびに、以前の金利水準の二乗から新たな金利水準の二乗を引いた分だけ、相殺できる分が目減りする。たとえば、長期債の金利が四％の場合、長期金利が年間四％を超えるペースで上昇する（つまり年間で〇・一六％超上昇する）と確率計算で懸念されるのでなければ、流動性を放棄したほうがよい。しかし、金利がすでに二％まで低下している場合は、現行利回りでは、年間〇・〇四％分の金利上昇しか相殺できない。実際、これが主因となって、金利はあまり低い水準には低下しないと考えられる。過去の経験則が将来まったく当てはまらなくなるという理由が考えられない限り、（たとえば）二％の長期金利は、希望よりも恐怖心を生み出す。現行利回りで相殺できる恐怖心も、ごくわずかだ。

このため、金利が非常に心理的な現象であることは明らかだと言える。実際、第5篇で見るように、金利が完全雇用に対応する水準を下回っている場合、均衡は成立しない。そうした水準では、本物のインフレ（真正インフレ）状態が発生し、たえず増えていく現金量を M_1 が吸収することになる。だが、金利が完全雇用に対応する水準を上回っている場合、長期の市場金利は、いまの金融政策だけではなく、将来の金融政策に関する市場の予想にも左右されることになる。短期金利については、金融政策で容易にコントロールできる。政策が非常に近い将来に大きく変わることはないという見方を広げるのは難しいことではないし、被りうる損失も現行利回りに比べれば小さいからだ（現行利回りがゼロに近づいている場合は別だが）。しかし、長期金利は、過去の経験と将来の金融政策に関するいまの予想を踏まえて代表的な意見で「無難ではない」とされる水準に一度低下してしまうと、相対的にコントロールが難しくなるおそれがある。たとえば、国際金本位制に参加しているある国の金利が、他国よりも低ければ、当然、自信が欠如しているとみなされるだろう。ただ、国際金本位制の参加国で成立しているもっとも高い金利（リスクを調整した上でもっとも高い金利）に合わせて、国内金利を引き上げれば、国内の完全雇用と両立する金利水準を大幅に上回るおそれがある。

したがって、一般の人々から「実験的な性格を帯びている」「すぐに変わりそうだ」と思われる金融政策は、長期金利を大幅に引き下げるという目的を達成できないおそれがある。M_2 が一定水準を下回れば、それに反応して M_2 が際限なく増加する傾向が強まりかねないからだ。

一方、まったく同じ政策であっても、一般の人々から「妥当だ」「実践的だ」「公共の利益につながる」「強い信念に基づいている」「当局の体制が変わる可能性は低い」と思われれば、あっさり成功を収める可能性がある。

もしかすると、金利は非常に心理的な現象というより、慣習に大きく左右される現象と言ったほうが正確なのかもしれない。というのも、金利が取る実際の値は、将来の値についてどのような予想が広がるかに、おおむね左右されるのである。「この金利水準なら維持できるだろう」という強い確信があれば、どんな水準でも、実際に維持される。無論、変化する社会にあっては、金利は予想される正常値の周りを、様々な理由で変動することになる。とくに、M_1がMよりも速いペースで増えているときは、金利が上昇するし、その逆のことも言える。ただし、金利が数十年にわたって、慢性的に完全雇用の実現には高すぎる水準付近で変動するおそれもある。とくに、金利は自己調節的だという見方が広がっている場合——慣習によって確立された水準が、慣習よりもはるかに深く、客観的な根拠に根差していると思われている場合——は、そうだろう。そうした場合、世論や当局の心の中には「雇用が最適な水準に達しないのは、金利が不適切なレンジにあるからではないか」という考えがいっさい浮かばないのである。

なぜ有効需要を高水準に保ち、完全雇用を実現するのが難しいのか、読者にはもうおわかりのはずだ。問題は、慣習によって確立されるかなり安定した長期金利と、気まぐれで非常に不安定な資本の限界効率が、組み合わされることで生じる。

もっと前向きに考察すれば、一つの期待から十分慰みが得られるはずだ。慣習が確実な知識に根差していないからこそ、金融当局がある程度首尾一貫した目標を粘り強く掲げれば、かならずしも強い抵抗は起きないという期待だ。世論は多少の金利低下には、あっという間に慣れる。慣習に基づく将来の予想も、それに応じて修正されるかもしれない。そうなれば、将来の動きに向けた下地がある程度まで整う。これについては、金本位制離脱後のイギリスの長期金利低下が興味深い実例となる。金利の大幅な変動は、不連続に何度も値を飛ばす形で実現した。一般の人々の流動性関数が、相次ぐ金利低下に慣れ、情報や政策が提供する新たなインセンティブに反応する準備が整ったことが背景だ。

3

これまで述べてきたことは、次の説にまとめられるだろう。予想がどのような状態にあっても、一般の人々の心の中には、取引動機や用心動機で必要になる以上の現金を保有したいという一定の潜在的な傾向がある。それがどこまで顕在化して、実際の現金保有という形をとるかは、金融当局がどんな条件で積極的に現金を創出するかに左右される。流動性関数 L_2 に集約されているのは、この潜在的傾向だ。

このため、他の条件が等しければ、金融当局が創出する通貨量に対応して、一定の金利水準が定まる――より厳密に言えば、満期の異なる債権について一定の金利体系が定まる。もっとも、これは個別に見れば、経済システムの他のどんな要素にも言えることだ。したがって、この点をとくに取り上げて分析する実用性や意義があるのは、通貨量の変化と金利の変化の間に、ある程度特殊な直接的、もしくは意図的なつながりがある場合だけだということになる。本書でそうした特殊な関係を想定するのは、大まかに言って、銀行システム・金融当局が、資産や消耗品ではなく、通貨と債権の取引業者（ディーラー）だという事実があるからだ。

金融当局に、すべての満期の債権を特定の条件で売買する用意があるなら――また、様々なリスクを持つ債権を取引する用意があればなおさらのこと――金利体系と通貨量の関係は、直接的なものになるだろう。この場合、金利体系は、単に銀行システムが債権の売買に応じる条件を示したものになるだろうし、通貨量も個々人が手元に置く額――関連する諸々の状況を踏まえた上で、市場金利で示される条件で債権を買って現金を手放すよりも、流動性の高い現金を保有したほうがよいと考える個人が手元に置く額——となるだろう。中央銀行が、短期手形に一つの割引歩合を提示するのではなく、あらゆる満期の優良債券を特定の価格で売買するという複合的な提示をすれば、おそらく通貨管理の技術で実現できるもっとも重要な実務上の改善となる。

しかし、現状では、銀行システムの定める債権価格が市場でどこまで「有効」か——つまり、どこまで実際の市場価格を決める要因となっているか——は、銀行システムによってまちまちだ。売りと買いで価格の有効度が違う場合もある。というのも、銀行システムは、ある一定の価格で債権を購入するかもしれないが、かならずしも購入価格の近辺——ディーラーの利鞘を上乗せしただけの価格——で売却するとは限らない（もっとも、公開市場操作の助けを借りて、売り買い双方の価格を有効にしてはならない理由はない）。また、金融当局の側に、ふつうあらゆる期間の債権を等しく取引しようという意思がないことに起因する、さらに重要な制約もある。金融当局は実務上、往々にして短期債に専念し、長期債の価格は放置する傾向にある。長期債価格は、遅れた、不完全な形で短期債価格の影響を受けるのである（これについても、金融当局がそうしなければならない理由はない）。こうした制約があると、金利と通貨量の関係の直接性が、その分低下する。イギリスでは、裁量的にコンロールする分野が広がっているようだ。ただ、この理論を個別のケースに当てはめる場合は、金融当局が実際に使っている手法の特質をかならず考慮する必要がある。金融当局が短期債の取引しかしていないのであれば、短期債の実際の価格と予想価格が、中・長期債にどのような影響を及ぼすかを考えなければならない。

このように、金融当局が満期やリスクの異なる債権の金利体系を確立する力には、一定の限界がある。これは以下のようにまとめることができる。

① 特定のタイプの債権を積極的に取引しないという金融当局自体の慣行に起因する制約がある。

② すでに論じた理由で、金利が一定の水準に低下すると、流動性選好がほぼ際限なく強まる可能性――つまり、ほぼ誰もが超低利回りの債権を保有するよりは、現金の保有を選択する可能性――がある。この場合、金融当局は事実上、金利をコントロールできなくなる。ただ、こうした極端なケースは、将来、実務上重要になる可能性はあるが、これまでのところ実例は聞いたことがない。大半の金融当局は、長期債を大胆に取引することに消極的で、検証の機会があまりないというのが実情だ。また、仮にそ

うした状況が生じれば、公共当局自体が、銀行システムを通じて、名ばかりの金利で無制限に資金を借りられることになる。

③ 流動性関数が売り一色もしくは買い一色で平らになってしまい、金利の安定性が完全に崩壊したもっとも際立った事例は、きわめて異常な状況下で発生している。大戦後のロシアと中欧は、通貨危機（通貨からの逃避）に見舞われ、どのような条件を提示しても、誰も現金や債権を保有しようとしなかった。金利は高く、上昇していたが、通貨価値が今後一段と低下するとの見方が広がり、資本（とくに流動財のストック）の限界効率に追いつけない状況だった。一方、一九三二年のある時期のアメリカでは、逆のタイプの危機——金融危機（換金の危機）が発生している。どんな妥当な条件を提示しても、ほぼ誰もが通貨を手放さなくなったのである。

④ 最後に、実効金利をある一定水準以下に引き下げるのが難しいという第11章第4節で指摘した問題がある。これは低金利時代には重大な問題になるかもしれない。借り手と最終的な貸し手を結びつけるための仲介コストや、貸し手が純粋金利への上乗せを要求するリスク相当分（とくにモラルリスク）のコストである。純粋金利が下がっても、そうした経費やリスクのコストが足並みを揃えて低下するわけではない。したがって、

典型的な借り手が支払う金利は、純粋金利よりも低下ペースが遅くなる可能性があり、いまの銀行・金融システムの手法では、一定水準以下には下がらないおそれがある。これは、モラルリスクが高く推計された場合は、とくに大きな問題となる。というのも、このリスクが貸し手の心の中にある借り手の誠実さに対する疑念に基づいている場合、不正を働く意図がない借り手の心の中には、上乗せコストを相殺できるものは何もないのである。また、経費の比率が高い短期の貸し付け（銀行融資など）の場合も、この点が大きな問題になる。貸し手からみた純粋金利が、たとえゼロだったとしても、顧客に一・五〜二％の手数料を請求する必要が生じるかもしれない。

4

以下は、第21章のテーマとして扱ったほうがふさわしく、すこし先取りする形にはなるが、この段階でこれまで述べてきた点と貨幣数量説との関係について、簡単に触れておくのも面白いかもしれない。

静的な社会——もしくは他の何らかの理由で将来の金利水準に誰も不確実性を感じない社会——では流動性関数 L_2 つまり（こう呼んでよければ）保蔵性向は、均衡状態ではつねにゼロになる。したがって、この均衡状態では、$M_2=0$、$M=M_1$ となる。M がすこしでも変化すれば、M_1 の変化が、ここで想定した M の変化と等しくなる水準に所得が達するまで金利が変化する。さて、V を本書で定義した通貨の所得速度、Y を総所得とすると、$M_1V=Y$ となる。もし、当期生産の量（O）と価格（P）が実際に測定可能なら、$Y=OP$ となる。となると、$MV=OP$ となり、伝統的な形の貨幣数量説とほぼ同じ形となる。*

現実世界を考える場合、生産高の変化の関数である物価の変化と、賃金単位の変化の関数である物価の変化を区別していないことが、貨幣数量説の重大な欠陥となる。** この見過ごしは、おそらく「保蔵性向が存在せず、常に完全雇用が成立している」という想定で説明できる。というのも、その場合、O は一定で、M_2 がゼロとなる。したがって、もし V も一定だとみなせ

* V が $\frac{Y}{M_1}$ ではなく $\frac{Y}{M}$ に等しいと定義していれば、無論、貨幣数量説はあらゆる状況で成り立つ自明の理となるが、これは無意味だ。

** この点は第21章でさらに論じる。

るなら、賃金単位と物価水準は、通貨量に正比例することになる。

第16章 資本の性質をめぐる雑感

Chapter 16

Sundry Observations on the Nature of Capital

1

個人の貯蓄行為とは、言ってみれば、今日は夕飯を取らないという決断だ。これは、かならずしも今日から一週間後や一年後に夕飯を取る、ブーツを買う、特定の日に特定のモノを消費するという決断を伴うわけではない。このため、今日の夕飯を用意するというビジネスが圧迫され、将来の消費行為に備えるというビジネスも刺激されない。いまの消費需要が将来の消費需要に置き替えられたわけではなく、消費需要が純減したのである。また、将来の消費に対する予想は、いま経験している現在の消費動向にとても大きく左右されるため、後者の減少が前者を圧迫する可能性が高い。このため、貯蓄行為は「消費財価格を押し下げるだけで、現存する資本の限界効率には影響を及ぼさない」とは言えず、実際には往々にして後者を圧迫しかねない。この場合、現在の消費需要だけでなく、現在の投資需要も減るおそれがある。

もし貯蓄が、現在の消費を控えるだけでなく、同時に将来の消費に向けて具体的な注文を出すことを意味するのであれば、たしかに影響は違ってくるのかもしれない。というのも、この場合は、将来の投資収益に対する予想が上向き、いまの消費に備えるという用途から解放された資源が、将来の消費に備えるという用途に振り向けられる可能性があるからだ。ただし、この場合でさえ、解放された資源と同じ量の資源が、振り向けられるとは限らない。消費を先送りしたい期間によっては、生産手段があまりにも不都合な「迂回」(回り道)を強いられ、効率が現行金利を大幅に下回るおそれがある。そうなると、将来の消費に向けた注文が雇用に及ぼす好影響は、いますぐではなく後日発生することになり、貯蓄が直ちに及ぼす影響は、雇用にとってはやはり不利なものになる。ただいずれにしても、現実には、貯蓄するという個人の決定は、将来の消費に向けた具体的な発注を伴うわけではなく、ただ単に現在の注文をキャンセルするだけである。このため、消費への期待が雇用の唯一の存在理由であることを考えれば、「他の条件が等しければ、消費性向の低下には雇用を圧迫する作用がある」という結論に、何ら逆説めいたところはないはずだ。

つまり、貯蓄行為が、現在の消費を何か特定の追加的な消費に置き替えることを意味するのではなく、「富」自体への欲求――不特定な時期に不特定なモノを消費できるという潜在力への欲求――を意味しているから、問題が起きるのである。もし何か特定の追加的な消費への置き換えを意味するのであれば、貯蓄額に等しい消費が現在行われていた場合に必要となる経済活動が、その準備のために直ちに必要となる。「個人の貯蓄行為は、個人の消費行為とまったく同等に有効需要に寄与する」という、ほぼ誰もが抱いている馬鹿げた考えは、ある誤解に育まれたものだ。この誤解は、そこから引き出せる先ほどの結論に比べれば、はるかにもっともらしく聞こえる。――「富を保有したいという欲求の高まりは、投資財を保有したいという欲求の高まりとほぼ同義であり、投資財の需要を高めるという形で、投資財の生産を刺激するはずだ。したがって、現在の消費が減る分だけ、個人の貯蓄によって現在の投資が促される」という誤解である。

この誤解を人々の心のなかから払拭するのは至難の業だ。元を辿れば「富の所有者が資本資産自体を求めている」と考えるから、こうした誤解が生じるのである。富の所有者が本当に求めているのは、資本資産の見込み収益だ。さて、この見込み収益は、将来の供給条件を踏まえた将来の有効需要の予想に全面的に左右される。したがって、もし貯蓄行為が見込み収益の改善にいっさい寄与しないのであれば、貯蓄はいっさい投資を刺激しない。また、富を保有したいという個人預金者の目的を達成するために、かならずしも新しい資本資産が生産される必要はない。そうした形で個人預金者の欲求を満たさなくても、すでにみたように、ある個人の貯蓄行為は双方的であり、誰かが貯蓄すれば、それだけで、別の個人が、新旧を問わず、何らかの形の富を預金者に移転することを強いられる。貯蓄するたびに、貯蓄する人への「強制的な」富の移転が必然的に起きるのである（貯蓄する人自身も、他の人の貯蓄で同じ目に遭うかもしれないが）。こうした富の移転は、新たな富の創造を必要としない。むしろ、すでにみたように、新たな富の創造を積極的に阻害するおそれがある。新たな富が創造されるのは、新たな富の見込み収益が、現行金利水準によって決まる一定の基準に達するかどうかに、全面的に左右される。誰かが富の増加を願ったからといって、限界的な新規投資の見込み収益が増加するわけではない。というのも、限界的な新規投資の見込み収益は、特定の時期に特定の品目に対する需要が発生するという予想にかかっているのである。

また、「富の所有者が望むのは一定の見込み収益ではなく、実現可能な範囲内で最高の見込み収益であり、富を保有するという願いが強まれば、新規投資財の生産者が甘んじて受け入れる見込み収益は下がる」と反論しても、この結論は避けられない。というのも、この反論は、実物資産の保有に変わる選択肢、つまり通貨と債権の保有という選択肢がつねに存在しているという事実を見過ごしている。そうした選択肢がつねに存在していれば、新規投資財の生産者が甘んじて受け入れる見込み収益が、現行金利水準によって決まる一定の基準を下回ることはない。すでにみたように、現行の金利水準は、富を保有したいという欲望の強さではなく、「富を流動的な形で保有したい」という欲望と「非流動的な形で所有したい」という欲望のそれぞれの強さと、それぞれ富の相対的な供給量が相まって決まる。読者がまだ困惑しているなら、次の点を自問自答してみてほしい。通貨量が一定の場合、なぜ新たな貯蓄行為が発生すると、その時点の金利水準で流動的に保有したいと思われる金額が減少するのか。

なぜ、どうしてという理由をさらに突き詰めて検証していくと、一段と深い困惑に陥るかもしれないが、その点は次の章で検討しよう。

2

資本は、「生産力のあるもの」と言うより、「耐用期間中に初期コストを上回る収益が得られるもの」と言ったほうが、はるかに適切だ。ある資産が、耐用期間中に、合計で当初の供給価格を上回る価値のあるサービスを生み出すと見込める唯一の理由は、それが希少だからである。希少性を保てるのは、通貨につく金利との競争があるからだ。資本の希少性が低下すれば——少なくとも物理的な意味で生産性が落ちなくても——超過収益が縮小することになる。

このため、私は「すべては労働によって生産される」という古典派以前の説に共感する。——かつては「職人芸」、今は「技術」と呼ばれるものの助けを借り、希少性や豊富性に応じて無料もしくは地代（レント）で調達できる天然資源の助けを借り、資産という形をとる過去の労働の成果（これも希少性や豊富性に応じて価格が決まる）の助けを借りて、すべては労働によって生産される——。労働が唯一の生産要素として、所与の技術・天然資源・資本設備・有効需要という環境の中で機能する、とみなすほうがよい（無論、労働には、事業家や補佐役の個人的なサービスも含む）。こうした理由もあって、通貨と時間という単位を別にすれば、労働という単位を我々の経済システムに必要となる唯一の物理的単位とみなすことができたのである。

たしかに、一部の長々しい迂回生産のプロセスは物理的に効率がよい。しかし、それは一部の短期のプロセスにも言えることだ。長々しいプロセスは、期間が長いから物理的に効率がよいわけではない。一部の、おそらく大半の、長々しいプロセスは、物理的に非常に非効率だろう。時間の経過とともに、劣化や無駄といったものが生じるからだ。* 労働力が一定なら、迂回生産に投入して有効活用できる労働量には、一定の限界がある。他の事情を無視すれば、機械を製造する際に雇用された労働量と、機械を利用する際に雇用される労働量の間には、適切な比率があるはずだ。迂回を重ねることで、たとえ物理的な効率が依然として上昇している場合でも、最終的な価値の量が、雇用されている労働量との比較で、いつまでも増え続けることはないだろう。消費を先延ばししたいという欲求があまりにも強く、完全雇用の実現には、資本の限界効率がマイナスになるほどの多大な投資が必要になるという状況になった場合に限って、長々しいという理由だけでそのプロセスが有利になる。その場合、先延ばしによって、非効率を上回るメリットを得られるほど長々しいプロセスであるなら、物理的に非効率なプロセスを活用すべきだ。現実では、短期のプロセスの希少性が保たれ、物理的な効率性が早期納品のデメリットを上回るという状態を実現すべきである。このように、正しい理論は裏返しが可能で、金利がプラスでもマイナスでも、それに対応する資本の限界効率を扱えるものでなければならない。それができるのは、いま概要を示した希少性の理論だけだと思える。

また、様々なサービスや利便性が希少で、結果的に投入労働量との比較で高価になる背景

* マーシャルのボェーム・バヴェルクに関する注釈（『原理』五八三ページ）を参照。

には、いろいろな理由がある。たとえば、悪臭のするプロセスには高い報酬が必要になる。そうでなければ、仕事を引き受ける人がいないからだ。危険なプロセスも同じである。といっても、本書で悪臭のするプロセスや危険なプロセス自体の生産理論を考案するわけではない。手短に言えば、すべての労働が同じように快適な付帯環境で行われるわけではない。（臭い、危険だ、待たされるといった）あまり快適ではない付帯環境で生産されるモノは、希少性を保ち、高い価格をつけなければ、均衡状態が成立しない。しかし、もし「待たされる」というのが快適な付帯環境になれば――その可能性は十分にあるし、すでに多くの個人はそうなっている――先ほど述べたように、希少性を十分に保つ必要があるのは、短期のプロセスとなる。

最適量の迂回度がわかれば、当然、必要な総量に達するまで、できる限り効率性の高い迂回生産のプロセスを選ぶことになる。しかし、最適量それ自体は、消費者の需要のうち先送りが望まれる分を適切な日に用意するものでなければならない。つまり、最適な状態では、消費者の需要が生じる（有効になる）と予想される日に納品できる体制を整えた上で、なおかつもっとも効率的に生産する必要がある。たとえ納品日を変えれば、物理的な生産が増えるとしても、見当違いの日の納品を目指して生産するのは、無意味だ――たとえて言えば「食事の量が増えるなら、消費者が夕食の時間を早めたり先送りしたりする」という場合を除けば、無意味だ。

消費者が「何時ならどんな夕食を用意できるか」を事細かに聞いて、八時の夕食を選ぶと予想できるなら、その時間にできる限り最高の夕食を用意するのがコックの仕事だ。「時間は関係ないから、とにかく最高の料理を作れ」と言われた場合に、コックにとって七時半がもっとも都合がよいとか、八時、いや八時半がもっとも都合がよいということは関係がない。社会のある局面では、夕食時間をいつもより遅らせたほうが、物理的によい夕食が取れるかもしれないが、別の局面では、早く夕食を取ったほうがおいしい夕食を食べられるという可能性も、同様に考えられる。先ほど指摘したように、私たちの理論は、両方の偶発性に適用できなければならない。

金利がゼロの場合、どんな商品でも、平均的な投入時期と消費時期の間に、労働コストが最小となる最適な期間が存在するだろう。生産プロセスがこれよりも短ければ、技術的な面で効率が落ち、これよりも長ければ、貯蔵コストや劣化という意味でやはり効率が落ちる、という期間だ。しかし、金利がゼロを上回る場合は、新たなコスト要素が入ってくる。このコストは、生産プロセスの長さに応じて増えるため、結果的に最適な期間が短くなり、コストの増分(金利負担と、生産手法の短縮に伴う効率低下の双方によるコストの増分)を十分補える水準に予想販売価格が上昇するまで、将来の納品に向けていま投入する量を減らす必要が出てくる。一方、金利がゼロを下回る場合は（技術的にそれが可能だと仮定して）、反対のことが起きる。消費者の需要が見込まれ、きょう今回の投入を始める場合は、言ってみれば、後日投入を始めるという選択肢と、勝敗を競わなければならない。結果的に、今期の投入が割に合うのは、いま生産するのではなく後日生産する場合のコスト低下分――技術面の効率改善や予想される価格の変化を理由とするコストの低下分――で、マイナス金利から得られる利息の目減り分を補えない場合のみだ。大多数の商品の場合、消費が見込まれる時期よりもあまり早く投入を始めると、技術的にきわめて非効率になるだろう。したがって、金利がゼロの場合でさえ、事前に準備を開始して採算が取れると見込める消費者需要の割合には明らかな上限がある。金利が上昇すると、それに足並みを揃える形で、いま生産して割に合うと見込める消費者需要の割合が低下していく。

3

ここまで、資本というものは、耐用期間と等しい期間を通じて、限界効率を、心理上・制度上の条件で決まる金利と、少なくとも等しくする程度まで、長期にわたって希少性を保つ必要があることをみてきた。そうなると、見事に資本が整備され、限界効率がゼロになった次のような社会では、何が起きるのだろうか。これ以上追加の投資をすれば、限界効率はマイナスになる。しかし、通貨制度はあって、通貨は「長持ち」し、保管コストや安全管理のコストは無視できるため、金利が現実にマイナスになることはない。完全雇用状態では貯蓄する傾向がある、という社会である。

そうした状態で、完全雇用を出発点とすると、現存する資本ストックをすべて活用する規模で雇用の創出を続ける事業家は、必然的に損を出すことになる。そうなると、資本のストックと雇用水準は縮小せざるをえず、結果的に社会は貧しくなり、総貯蓄がゼロになる。一部の個人・集団の正の貯蓄が、他の個人・集団の負の貯蓄で相殺されるのである。したがって、いま想定したような社会が、自由放任主義を採用しているとすれば、均衡地点は、雇用水準が低く、生活水準が悲惨で貯蓄がゼロという地点になる。おそらく、この均衡地点の付近で循環的な変動が起きる可能性のほうが高いだろう。将来に対する不確実性がまだ存在するなら、資本の限界効率は時にはゼロを上回り、これが「好況」につながる。その後の「不況」では、資本のストックが一時的に減少し、限界効率が長期的にゼロとなるストックの水準を下回る可能性もある。将来を正しく展望できると仮定すれば、限界効率がちょうどゼロとなる地点で均衡する資本ストックは、利用可能な労働力を完全に雇用した水準に対応する資本ストックよりも、当然、少ないはずだ。というのも、均衡する資本ストックは、貯蓄がゼロとなる失業率に対応する資本設備となるからだ。

これに代わる唯一の均衡点は、以下の状況で成立するだろう。資本ストックが潤沢で限界効率がゼロになると同時に、完全雇用下であっても、金利という形の特別報酬が得られない状況で、将来に備えたいという一般の人々の欲望をすべて完全に、十二分に満たす大量の富が存在している場合だ。だが、資本ストックが限界効率ゼロとなる水準に達した地点で、完全雇用下の貯蓄性向がちょうど満たされるというのは、ありそうもない偶然だろう。したがって、こちらの好ましい方のシナリオが救いの手を差し伸べてくれるとすれば、金利がゼロになる地点ではなく、それ以前の、金利が緩やかに低下していく局面のどこかの点で実現する可能性が高い。

ここまでは、通貨を保有するコストが無視できるという制度上の要因で、金利がマイナスにならないと仮定してきた。しかし実際には、現実の金利低下の下限を、ゼロを大幅に上回る水準に設定する制度上・心理上の要因が存在する。すでに検証したように、とくに借り手と貸し手を引き合わせるコストや、将来の金利水準をめぐる不確実性が、下限を設定する要因となり、おそらく現状では、長期的な下限が二〜二・五％に達している可能性もある。もしこれが正しければ、自由放任主義の下で金利はこれ以上下がらないという状況で、富のストックが増えるという不都合なシナリオが、近く現実のものとなるおそれがある。また、金利を現実に引き下げられる下限がゼロを大幅に上回っているのであれば、金利が下限に到達する前に、富の蓄積に対するすべての欲望が十二分に満たされる可能性は低下する。

実際、多大な富の蓄積が、自由放任を主軸とする環境で、適度な雇用水準の実現をいかに妨げるか――その時点の生産技術で達成できる生活水準の実現をいかに阻害するか――大戦後のイギリスやアメリカの経験が実例となる。富の蓄積がきわめて多大になった結果、限界効率の低下ペースが、その時点の制度上・心理上の要因の影響を受ける金利の低下ペースを上回ったのである。

したがって、技術が同じで資本ストックが違う二つの同等な社会がある場合、資本ストックの少ない社会のほうが、しばらくは、資本ストックの多い社会より高い生活水準を享受できる可能性がある。もっとも、貧しい社会が豊かな社会に追いつけば（おそらく最終的にはそうなるだろう）、どちらの社会も同じように、「触るものすべてが黄金になり、食べ物まで黄金になってしまった」というミダス王の運命を辿ることになる。無論、この不穏な結論は、消費性向と投資率が社会の利益のために意図的に操作されず、基本的に自由放任主義の影響のなすがままに放置される、と仮定した場合の結論である。

どのような理由であれ、金利が資本の限界効率と同じペースで低下できず、資本の限界効率と等しい金利水準で完全雇用下の社会が貯蓄を選択する分に蓄積率が見合わなくなりそうな場合は、富を保有したいという欲求を、たとえ経済的な成果をいっさい生まない資産に振り向けるだけでも、経済面の幸福度が高まる。大富豪が生前の住処として豪華な邸宅を建て、死後の住処としてピラミッドを建設することに満足を覚えたり、もしくは罪を償うため、大聖堂を建立し、修道院や海外布教に寄付したりすれば、豊富な資本が豊富な生産を妨げる日を先送りできるかもしれない。貯蓄から資金を捻出して「地面に穴を掘る」という形でも、雇用が増えるばかりか、有益なモノやサービスという本物の国民分配分も増える。しかし、有効需要が何に左右されるのか、その点を私たちがひとたび理解したのであれば、分別のある社会が、そのような必然的とは言えない無駄の多い緩和措置に頼り続けるだけで満足するのは、理性的とは言えない。

4

一連の対策を講じて、金利を完全雇用時の投資率と両立する水準に定めたと仮定しよう。さらに、資本設備が現行世代の生活水準に過度な負担をかけないペースで飽和点に近づくよう、国が介入してバランスを取ったと仮定する。

この場合、現代的な技術資源があり、人口が急増していない、適切に管理された社会なら、均衡時の資本の限界効率を一世代以内に、ほぼゼロに近づけることが可能なはずだと推測できる。そうなれば、準静態的な社会の条件が整うはずだ。技術・嗜好・人口・制度が変わらない限り、変化や進歩が起きず、資本から生産されるモノは、そのモノに体現されている労働などに釣り合った価格で販売されるだろう。資本コストが微々たる比率でしか入ってこない消費財の価格決定原理とまったく同じ原理で、価格が決まることになる。

資本財を豊富にして資本の限界効率をゼロにすることは比較的容易だという私の想定が正しいなら、これが、資本主義の弊害の多くを段階的に取り除くもっとも賢明な方法になるのではないか。というのも、蓄積された富の収益率がすこしずつ消滅していけば、社会がどれほど大きく変わるのか、すこし考えればわかるはずだ。稼いだ所得を後で使うため、蓄積しておくのは相変わらず自由だろうが、蓄積したものが増えることはない。そうした人は、ただ単に、詩人ポープの父親のような状況になる。ポープの父親は、事業から引退後、ギニー金貨を入れた箱をトウィッケナムにある別荘に運び入れ、生活費が必要になるたびにそこから支払った。

だが、そうした社会では、金利生活者はいなくなるだろうが、見解が割れる可能性のある見込み収益を推計する企業とスキルは、まだ存在する余地があるだろう。というのも、ここまでの話はおもに、リスクなどをまったく想定しない純粋金利に関するものであって、リスクに応じたリターンを含む資産の粗利回りに関するものではないからだ。このため、純粋金利がマイナスで推移しない限り、見込み収益が不確実な個別の資産に、巧みに投資をすれば、まだプラスの利回りが得られるだろう。また、リスクの引き受けに消極的な姿勢がある程度まで存在するなら、そうした資産全体から一定期間に得られる純利回りもプラスになるだろう。しかし、そうした状況では、不確実な投資から利回りを得たいという欲求が強まり、全体の純利回りが**マイナス**になる可能性も考えられなくはない。

第17章 金利と通貨の本質的な特性

Chapter 17 The Essential Properties of Interest and Money

そうなると、通貨につく金利は、雇用水準の限界を決める上で独特な役割を果たすように思える。資本資産を新たに生産する場合に、資本の限界効率がクリアしなければならない基準は、通貨につく金利で決まるからだ。なぜそうなるのか、一見すると非常に不可解だ。「通貨を他の資産と分かつ特性はどこにあるのか」「金利がつくのは通貨だけなのか」「非貨幣経済では何が起きるのか」という疑問が自然に沸き起こる。こうした問題に答えを出すまで、本書の理論の意義を完全に理解することはできない。

改めて指摘しておいてもよいが、通貨の金利とは、たとえば今から一年後に一定額を渡す先渡し契約をした場合に、先渡し契約をした一定額から、その額の「スポット」（現物）価格とでも呼べるようなものを差し引いた額の比率でしかない。そうなると、どんな資本資産にも、通貨につく金利に相当するものがあるように思える。というのも、（たとえば）今から一年後に引き渡される小麦には、今日の「現物」渡しの小麦一〇〇クォーターと同じ交換価値を持つ一定量が存在する。この一定量が一〇五クォーターだとすれば、小麦の金利は年五％に、九五クォーターなら小麦の金利は年間マイナス五％となる。このようにあらゆる耐久商品には、それ自体の金利がつく。小麦の金利、銅の金利、住宅の金利、製鉄所の金利でさえ、存在する。

　小麦など、市場で取引される商品の「先物」契約と「スポット」契約の価格差は、小麦の金利と一定の関係があるが、先物契約は、先渡しの金額表示で取引されており、現物渡しの小麦量で表示されているわけではないので、通貨の金利も考慮に入ってくる。正確な関係は以下の通りだ。

　小麦のスポット価格が一〇〇クォーター当たり一〇〇ポンド、一年後に引き渡される「先物」契約の価格が一〇〇クォーター当たり一〇七ポンドだとしよう。通貨の金利は五％だとする。この場合、小麦の金利は何％になるだろう。現物の一〇〇ポンドで、先渡しの一〇五ポンドを買える。先渡しの一〇五ポンドで買える先渡しの小麦は、$\frac{105}{107} \cdot 100$（$=98$）クォーターだ。また、現物の一〇〇ポンドでは、現物の小麦一〇〇クォーターが買える。したがって、現物の小麦一〇〇クォーターで買える先渡しの小麦は九八クォーターとなり、小麦の金利は年間マイナス二％となる。*

そうなると、異なる商品で金利が同じになる理由はないことになる。つまり、小麦の金利が銅の金利と同じになる理由はない。というのも、市場で取引される「スポット物」と「先物」の関係が、商品によって異なるのは、周知の事実なのだ。これからみていくように、これが謎を解く手がかりとなる。というのも、すべてを司るのは「自己金利」（こう呼んでもよいかもしれない）のうち、最高の金利かもしれないのである（資本資産を新規に生産する際、資本の限界効率が達しなければならないのは、こうした金利の中で最高の金利だからだ）。そして、通貨につく金利が、最高の金利となることが多いと考えられる理由があるかもしれないのである（これからみていくように、通貨の場合、他の資産と違って、自己金利を下げる力が働かないからだ）。

以下の点を付け加えてもよいかもしれない。いつの時点を取っても、各商品の金利が異なっているのとまったく同じで、二つの異なる通貨（たとえば、ポンドとドル）でも金利が違うことは、為替ディーラーならよく知っている。というのも、ここでもポンド表示の外貨の「スポ

＊　この関係はスラッファ氏が最初に指摘した（『エコノミック・ジャーナル』一九三二年三月、五〇ページ）。

ット」価格と「先物」価格の差は、各外貨によって異なるのがふつうなのである。

さて、資本の限界効率を測定する際に、こうした商品を基準にすれば、いずれも通貨と同じ利便性が得られる。どんな商品を選んでもよい。たとえば小麦にしよう。どんな資本資産でもよいので、その見込み収益の小麦価値を計算する。この一連の小麦の年間受取量の現在価値を小麦で測った現在の供給価格と等しくする割引率が、その資産の小麦で測った限界効率だ。選択肢として利用できる二つの基準の相対価値が変化しないと予想できるなら、資本の限界効率は、どちらの基準で測っても同じになる。限界効率を導き出す分数の分子と分母が同じ比率で変化するためだ。しかし、一方の基準で測定した他方の基準の価値が変化すると予想される場合、資本の限界効率は、測定基準に応じて、その変化率だけ変わることになる。もっとも単純なケースで説明しよう。一方の基準である小麦が、通貨で測定して年間 a% の一定したペースで上昇すると仮定する。この場合、通貨で測定したある資産の資本の限界効率（x%）は、小麦表示で $x-a$% となる。すべての資本資産の限界効率が同じ量だけ修正されるため、何を基準に選んでも、各資本資産の限界効率の大小の順位は変わらない。

もし、厳密な意味で代表的な基準とみなせる複合商品があれば、その複合商品で表示する金利と資本の限界効率が、ある意味で、唯一の本家本元の金利、本家本元の資本の限界効率となると言えるかもしれない。ただし、言うまでもないが、この場合、唯一の価値基準を打ち立てる場合と同じ問題が立ちはだかることになる。

したがって、これまでのところ、通貨につく金利は、他の金利にはない独自性を持っているとは言えず、他の金利とまったく同じ土俵に立っている。本書ではこれまで、通貨につく金利を実際上、何よりも重視してきたが、ここで「通貨につく金利の独自性はどこにあるのか」という疑問が沸き起きる。なぜ生産量と雇用量は、小麦の金利や住宅の金利よりも、通貨の金利と密接に結びついているのだろうか。

2

様々な商品の一定期間（たとえば一年間）の金利がどのようなものになるのか、資産のタイプ別に考えてみよう。それぞれの商品を順に基準として取り上げていくので、ここでは各商品のリターン（見返り）がその商品自体で測定されると考える必要がある。

資産のタイプによって程度が異なる属性が三つある。以下に示そう。

① 一部の資産は、一部の生産プロセスを助けたり、消費者にサービスを提供したりするという形で収益（産出物）qを生む。

② 通貨を除く大半の資産は、収益を生み出すために利用されているかどうかにかかわらず、時間が経過するだけで（相対価格の変動とは別に）劣化したり、一定のコストが必要になる。つまり、保有コスト（キャリーコスト）がかかるのである。その資産で測ったこの保有コストをcとしよう。qを計算する際に差し引くコストと、cに含めるコストをどこで正確に線引きするかは、目下の目的には関係がない。以下で関係してくるは、$q-c$だけだからだ。

③ 最後に、ある資産を一定期間内に処分できれば、潜在的な利便性や安全性が得られる可能性がある。たとえ各資産自体の当初の価値が同じであっても、一定期間内に処分できるかどうかは、資産のタイプによって異なる。言ってみれば、この処分できる能力は、期末の産出高という形では示せない。それでも、人々はこの能力に対していくらかを支払う用意がある。この処分できる能力によって得られる潜在的な利便性や安全性に対して支払う量（その商品自体で測定。その資産の収益や保有コストは計算に入れ

ない）を流動性プレミアムlと呼ぼう。

となると、ある資産を一定期間保有することで見込める総リターンは、収益から保有コストを引いて流動性プレミアムを足したもの、つまり$q-c+l$となる。どの商品についても、この$q-c+l$がその商品の自己金利となる。q, c, lは基準となるその商品自体で測定する。

道具として使う資本（機械など）や消費用の資本（住宅など）は、使用中の場合、通常、収益が保有コストを上回るが、流動性プレミアムはおそらく無視できるほど少ないのが特徴だ。流動財のストック、使っていない余剰の道具用・消費用の資本ストックの場合は、それ自体で測定した保有コストが発生し、それを埋め合わせる収益がない。流動性プレミアムも、ストックがある程度の量を超えた途端に、通常、無視できるほど小さくなる（ただし、特別な状況では流動性プレミアムが高くなる可能性はある）。通貨については、収益がゼロ、保有コストは無視できるほど小さいが、流動性プレミアムは相当高い。たしかに、商品によってそれぞれの流動性プレミアムは異なりうるし、通貨にも安全な保管などにかかる一定の保有コストが発生する場合がある。しかし、通貨と他のすべての（もしくは大半の）資産を分ける本質的な違いは、通貨では流動性プレミアムが保有コストを大幅に上回るのに対し、他の資産では保有コストが流動性プレミアムを大幅に上回るという点にある。説明のため、住宅の収益を q_1、保有コストと流動性プレミアムは無視できると想定しよう。小麦については、保有コストが c_2、収益と流動性プレミアムは無視できると想定する。通貨は、流動性プレミアムが l_3 で、収益と保有コストを無視できると想定する。となると、q_1 は住宅の金利、$-c_2$ は小麦の金利、l_3 は通貨の金利となる。

様々なタイプの資産の予想リターンが均衡状態でどのような関係になるかを決めるには、その年の相対価格の予想変化率も把握しなければならない。通貨を測定基準として（これはあくまでこの目的のための計算通貨であり、小麦を測定基準にしてもまったく構わない）、住宅と小麦の予想上昇率（もしくは下落率）をそれぞれ a_1、a_2 としよう。q_1、$-c_2$、l_3 は、住宅、小麦、通貨のそれぞれの自己金利であり、それぞれを価値の基準としている。つまり、q_1 は住宅で測定した住宅の金利、$-c_2$ は小麦で測定した小麦の金利、l_3 は通貨で測定した通貨の金利である。通貨を価値の基準とした場合の同じ量を示す a_1+q_1、a_2-c_2、l_3 をそれぞれ、通貨表示の住宅の金利、通貨表示の小麦の金利、通貨表示の通貨の金利と呼ぶと便利だろう。この表記法なら、a_1+q_1、a_2-c_2、l_3 のうちどれが最大となるかに応じて、富の保有者の需要が、住宅、小麦、通貨のいずれかに振り向けられることが一目でわかる。したがって、均衡状態では、通貨表示の住宅の需要価格と小麦の需要価格は、いずれを選んでもとくに有利とはならない。つまり、a_1+q_1、a_2-c_2、l_3 は等しくなる。価値の基準に何を選択しても、この結果は変わらない。ある基準から別の基準に変更すれば、すべての項が等しく変わるからだ。つまり、変更前の基準で測定した新しい基準の予想上昇率（もしくは下落率）と等しい量だけ、項が変化する。

さて、正常な供給価格が需要価格を下回っている資産は、新規の生産が行われる。こうした資産は（正常な供給価格を基に算出した）限界効率が金利を上回っている（限界効率も金利も、何であれ同じ価値基準で表示する）。そうした資産は、最初は限界効率が少なくとも金利と同じだが、資産のストックが増えていくにつれて、限界効率は（すでに本書で示した十分明らかな理由によって）低下する傾向にある。したがって、金利が並行して低下しない限り、いずれ生産が割に合わなくなる地点が来る。限界効率が金利に届く資産が存在しなくなった時点で、資本資産の追加生産はストップする。

ここで、一部の資産（たとえば通貨）の金利が固定されている（もしくは、生産が増えても他の商品の金利ほど急激には下がらない）と想定してみよう（論証のこの段階ではあくまで仮定の話である）。この場合、どのような調整が起きるのか。a_1+q_1、a_2-c_2、l_3 は必然的に等しいが、l_3 は仮定により、固定されているか、q_1、$-c_2$ より緩やかに低下する。となると、a_1 と a_2 が上昇していなければならない。つまり、通貨を除くすべての商品の通貨表示のいまの価格が、将来の予想価格に比べて低下する傾向が出てくる。ということは、もし q_1 と $-c_2$ が低下を続けるなら――「将来のある時点の生産コストが上昇して、現在のコストを上回り、いま生産されたストックを価格上昇が見込まれる日まで保有するコストが相殺できる」と予想されない限り、いずれの商品を生産しても採算が取れなくなる地点が来る。

　これで明らかになったように、「生産ペースの限界を決めるのは通貨の金利だ」ということこれまでの言い方は、厳密には正確ではない。資産全般のストックが増える過程でもっとも緩やかに低下する資産の金利が、最終的には他の個別資産の生産の採算割れを引き起こす――ただし、いま述べた現在の生産コストと予想生産コストが特別な関係になる偶発的な場合は別だ、と論じるのが正しい。生産が増えるにつれ、自己金利が低下し、一つまた一つと、採算の取れる生産基準を下回る資産が増えていく。最後に残った一つもしくは複数の自己金利が、すべての資産の限界効率を上回る水準にとどまるのである。

　言うまでもないが、「『通貨』とは価値の基準を意味する」というのであれば、かならずしも通貨の金利が問題を引き起こすわけではない。（一部の人が提唱しているように）価値の基準を金やポンドから小麦や住宅に変える法令を定めたところで、問題は解決できない。どんな資産であれ、生産が増えても自己金利がなかなか下がらない資産が存在する限り、同じ問題が起きるのは、もう明らかだろう。たとえば、不換紙幣制度に移行した国では、金がこの役割を演じ続けるのかもしれない。

3

したがって、本書で通貨の金利に独特な重要性を認めた際、暗黙のうちにこう想定していたことになる。私たちが慣れ親しんでいる通貨には特殊な性格があり、通貨自体を基準として測定した通貨の自己金利は、資産全般のストックが増えても、他の資産の自己金利（各資産で測定）ほどには下がらない――。この想定は正しいのだろうか。私たちが知っている通貨の一般的な特徴である以下の特性を踏まえると、この想定は正しいと思える。確立された価値基準である通貨に以下の特性があるなら、「唯一重要な金利は通貨の金利だ」と総括してよい。

①　この結論につながる第一の特徴は、金融当局は別にして、民間企業に関する限り、通

貨は長期的にも短期的にも、生産の弾力性がゼロ、もしくはいずれにしても非常に小さいという事実だ。生産の弾力性*とは、この場合、通貨一単位の生産に振り向けて割に合う労働量が増加した時に、労働量がどう反応するか、その感度を意味する。つまり、通貨は容易には生産できない。賃金単位で測った通貨の価格が上昇したからといって、事業家が自由に労働力を通貨の製造に振り向けて通貨量を増やすことはできない。不換紙幣の場合は、この条件が厳格に守られている。だが、金本位制通貨の場合もおおむねそうだ。実際、金の採掘が主要産業となっている国を除けば、金の生産に関わる労働量を最大限増やしても、増やせる比率はごくわずかだ。

さて、生産の弾力性がある資産については、自己金利の低下を想定してきたが、その根拠は、生産ペースが上がれば、その資産のストックが増加するという想定にあった。だが通貨の場合、供給は固定されている（賃金単位低下の影響や金融当局による意図的な供給拡大は、しばらく考えない）。したがって、労働によって容易には生産できないという通貨の特徴からは、自己金利が相対的に下がりにくいと考える明白な根拠が直ちに得られる。通貨が作物のように栽培できたり、自動車のように製造できたりするなら、不況は回避もしくは緩和できるだろう。というのも、他の資産の通貨表示価格に低下傾向が出てきたら、通貨の製造に振り向ける労働量を増やせばよいのだ。金の生産国については、これが当てはまる。ただ、世界全体で見ると、そのような形で振り向けられる最大量は、事実上無視できるほど小さい。

② しかし、言うまでもないが、いま述べた条件は通貨だけではなく、純粋なレント（地代）を生む要素――生産が完全に非弾力的な要素――すべてに当てはまる。したがって、通貨と他のレント要素を区別する第二の条件が必要になる。

通貨の第二の相違点は、代替の弾力性がゼロか、ゼロに近いことにある。つまり、通貨の交換価値が上がっても、他の要素が通貨に取って代わる傾向がまったくないということだ（ただし、通貨という生産品が、製作や工芸に用いられるケースは別だが、おそらくその規模は取るに足らないものだろう）。背景には、通貨の効用が、ひとえにその交換価値から引き出されるという通貨の特性がある。したがって、通貨の効用と交換価値は足並みを揃えて上下し、レント要素の場合とは違って、他の要素で代替しようという動機や傾向がまったく存在しない。

＊ 第20章参照。

このように、通貨は、労働価格で測った価値が上昇しても、通貨の製造に振り向ける労働を増やすことができないばかりか、需要が増えた場合は、購買力を吸い込む底なし沼となる。他のレント要素とは違って、需要がある値になると溢れ出し、他のモノの需要に流れ込むことがないためだ。

唯一の例外は、通貨価値の上昇に伴い、「今後も上昇を維持できるのか」という不確実性が生じる場合である。この場合は a_1 と a_2 が上昇して、通貨表示の商品の金利が上昇することになるため、他の資産の生産が刺激される。

③

第三に、こうした条件が、次の事実によって覆されることがないかを検討する必要がある。通貨の量は、労働力を通貨の生産に振り向ける形で増やすことはできないが、実際の供給が厳格に固定されているという想定は不正確だろう、という事実である。とくに、賃金単位が下がれば、現金が他の流動性動機を満たすための用途から解放される。またこれに加え、通貨表示の価値が下がれば、社会全体の富に占める通貨ストックの比率が高まる。

こうした影響で通貨の金利が適度に低下するのではないかとの見方に対し、純粋に理論的な見地から反論することはできない。しかし、私たちが慣れ親しんでいるタイプの経済では、通貨の金利は往々にして適度な低下に抵抗する可能性が非常に高いと考えられる理由が複数あり、そうした理由を組み合わせれば説得力が増す。

ⓐ まず何よりも、賃金単位の低下が他の資産の通貨表示の限界効率にどのような影響を及ぼすかを考慮しなければならない。というのも、本書で関心があるのは、限界効率と通貨の金利の差なのである。もし賃金単位の低下を受けて、今後再び賃金単位が上昇するという予想が広がれば、結果は全面的に好ましいものになる。逆に、賃金単位が今後さらに低下するとの見方が広がれば、資本の限界効率に対する影響が、金利低下の影響を相殺してしまうおそれがある。*

ⓑ 通貨表示の賃金が往々にして粘着的だという事実――名目賃金は実質賃金より安定しているという事実――があるため、通貨表示の賃金単位はなかなか下がらない傾向がある。また、たとえそうでない場合も、状況は改善するのではなく悪化する。という

＊ この問題は第19章でさらに詳しく検証する。

のも、もし名目賃金が容易に低下するなら、一段の低下が予想される傾向が往々にして生じ、資本の限界効率に悪影響を及ぼしかねないからだ。また、賃金が他の商品（たとえば小麦）で測定して固定されている場合、粘着性を維持できる可能性は低い。というのも、通貨建てで定めた賃金が粘着的になる傾向があるのは、通貨の他の特徴――とくに通貨を流動的にする特徴――があるからだ。[*]

ⓒ　第三に、いまの文脈でもっとも根本的な要因を取り上げることになるが、通貨には流動性選好を満たすという特徴がある。というのも、そうした特徴があるからこそ、通貨の量が他の形態の富との比較で大幅に増加した場合でさえ、金利はとくに一定水準以下では、通貨量の増加に反応しなくなるケースが多いのである。[**]つまり、ある点を超えると、流動性から生じる通貨の収益は、通貨量が増加しても、なかなか下がらない。他の資産の場合、同等の増加量でも、通貨の収益とは比較にならないほど、収益が減少する。

これについては、保有コストが低い（もしくは無視できる）という通貨の特徴が重要な役割を果たしている。というのも、もし通貨の保有コストが高ければ、「今後の通貨価値がどうなるか」という予想の影響が打ち消されてしまうのだ。流動性というメリットに（現実のメリットであれ、想定上のメリットであれ）、「時の経過に伴う保有コストの急増」という形の対抗する相殺要因がないからこそ、一般の人々は比較的小さな刺激でも、自分の通貨のストックを増やそうとする。通貨以外の商品の場合、多少のストックであれば、その商品の利用者は一定の利便性を得られるかもしれない。しかし、たとえストックの増加に、「安定した価値のある富の蓄え」という魅力がある場合でも、貯蔵・劣化という形の保有コストがそうした魅力を相殺することになる。したがって、ストックの増加がある一定の点を超えると、必然的に損失が発生する。

だが、すでにみたように、通貨の場合はそうではない。一般の人からみて通貨が際立って「流動的」な存在に映る様々な理由があるためだ。そのため、法定通貨に定期的に一定額の印紙を貼らなければ通貨の質が低下するといった手段かそれに類する手段で、通貨の保有コストを人工的に創出する景気対策を検討する改革派は、間違っていないし、こうした提案の持つ実践

* もし賃金（と契約）が小麦で定められていたら、小麦は通貨の流動性プレミアムの一部を獲得するかもしれない。この問題は第4節で改めて論じる。

** 第13章第2節を参照。

的な価値は検討に値する。

つまり、通貨の金利の重要性は、以下の特徴の組み合わせから生じる。①他の形態の富との比較で通貨量の比率が変化しても（通貨表示で測定）、流動性動機の働きによって、通貨の金利にはあまり影響が出ない可能性がある。通貨は、②生産の弾力性と③代替の弾力性の双方が――ゼロ（もしくは無視できる水準）である（可能性がある）。第一の条件は、需要が圧倒的に通貨に向けられる可能性を意味する。第二の条件は、この場合、通貨の生産拡大に労働力を利用できないことを意味する。第三の条件は、何かほかの要素が十分に割安であっても、通貨と同等の働きはできず、どの時点を取ってみても状況の改善は望めないことを意味する。資本の限界効率が変化する場合を除けば、救いは（流動性選好が一定である限り）通貨量の増加か、（形式的には同じことであるが）通貨価値の上昇で一定量の通貨で提供できるサービスが増えることにしか見出せない。

こうして、通貨の金利上昇は、生産が弾力的なあらゆるモノの生産を阻害し、通貨の生産を刺激することもできない（通貨の生産は、仮定により完全に非弾力的である）。通貨の金利は、他のあらゆる商品の金利のペースを決めることで、そうした商品の生産への投資を抑制し、通貨の生産への投資も刺激できない（通貨は仮定により生産できない）。また、流動性の高い現金は債権との関係では需要の弾力性があるため、この需要を左右する条件が多少変化しても、通貨の金利は大きく変動しない可能性がある一方、通貨は生産が非弾力的なため、（当局の行動以外の）自然な力で供給サイドに影響を及ぼして、通貨の金利を下げることも現実的ではない。通常の商品の場合は、流動在庫の需要が非弾力的であるため、需要サイドがわずかに変化するだけで、その商品の金利は直ちに上下するし、供給の弾力性があるため、先渡しに対する現物のプレミアムが高くなる事態を避けられる傾向もある。このため、他の商品はあるがままに放置しておけば、「自然の力」つまり市場でふつうに働く力で、自己金利が低下し、完全雇用（利用）状態に至って商品全体の供給が非弾力的となる。通貨の場合は、そうした供給の非弾力性が通常の特性だと仮定している。このため、通貨が存在しなければ――また、通貨が持つと考えられる特性があるいかなる商品も存在しなければ（無論、この点も想定しておく必要がある）――商品の金利は、完全雇用が実現した場合にのみ、均衡状態に達する。

つまり、失業が起きるのは、人々が「月を求める」（ないものねだりをする）からだ。欲望の対象（つまり通貨）が生産できないものであり、なおかつ容易には需要を抑制できないものである場合、人々が雇用されることはない。人々に「月なんて生チーズみたいなものだ」と説得し、生チーズ工場（つまり中央銀行）を公的管理の下に置く以外に、解決策はない。

興味深い点を指摘すれば、これまで金（ゴールド）を価値の基準とすることがとくに望ましいと考えられてきた特性――つまり供給の非弾力性――は、まさにトラブルの元となる特性であることがわかる。

結論をもっとも一般化した形で述べるとこうなる（消費性向は所与とする）。利用可能なすべての資産の自己表示の自己金利のうち最高のものが、すべての資産の限界効率（自己表示の自己金利が最高の資産で測定）のうち最高のものと等しくなった時、投資率をそれ以上増やすことができなくなる。

完全雇用の状態では、この条件がかならず満たされる。しかし、生産と代替の弾力性がゼ*ロの資産（もしくは相対的に小さい資産）が存在し、その金利が、生産拡大局面で諸々の資本資産の限界効率（弾力性がゼロもしくは相対的に小さい資産で測定）よりも緩やかに低下するなら、完全雇用に到達する前にこの条件が満たされるおそれがある。

4

ここまで、ある商品が価値の基準となっても、それだけで、その商品の金利が最重要の金利となるわけではないことを示してきた。だが、私たちが知っている通貨の特性——通貨の金利を最重要の金利に仕立て上げる通貨の特性——と、通貨が通常、債権や賃金を決める際の基準となっているという現実の間には、どこまで深い結びつきがあるのだろうか。この点を考えてみるのも面白い。この問題は、二つの側面から検討する必要がある。

第一に、契約が通貨建てで締結されているという事実、また通貨建ての賃金（名目賃金）が通常やや安定しているという事実が、通貨に非常に高い流動性プレミアムをつける上で大きな役割を果たしていることはまちがいない。将来、返済を迫られる可能性のある債務の表示基準や、将来の生活費が比較的安定すると予想される表示基準と、同じ表示基準で資産を保有する利便性は明らかだ。また、生産の弾力性が高い商品が価値基準となっている場合、将来の通貨建ての生産コストが比較的安定して推移すると強い自信をもって予想することはできないかも

＊ 弾力性ゼロは、かならずしも必要とされる条件ではなく、必要以上に厳しい条件と言える。

しれない。さらに、私たちの知る通貨の保有コストが低いという点も、通貨の金利を最重要の金利とする上で、高い流動性プレミアムに劣らず、非常に大きな役割を果たしている。というのも、重要なのは流動性プレミアムと保有コストの差なのである。そして、金・銀・紙幣などの資産を除く大半の資産の場合、その保有コストは、契約や賃金が決められる基準に通常つく流動性プレミアムと、少なくとも同程度の高さになる。このため、たとえ（たとえば）ポンドにいまついている流動性プレミアムを（たとえば）小麦に移転したとしても、小麦の金利は依然としてゼロを超えない可能性が高い。したがって、契約や賃金が通貨建てで決められているという事実は、通貨の金利の重要性を大きく高める要因とはなっているが、おそらくそうした事情だけでは、通貨の金利にみられる特性は生じない、という見方は揺らがない。

第二の検討事項は、もうすこし微妙な点だ。生産物の通貨建ての価値が、他のいかなる商品で測った価値よりも安定すると通常予想されるのは、無論、賃金が通貨建てで決められていることが理由ではなく、賃金が通貨表示でみて相対的に粘着性が高いことが理由だ。となると、賃金が、通貨以外の何らかの商品で測定した場合、通貨建てで測定した場合よりも粘着性が高まる（安定性が高まる）と予想されるケースがあるとすれば、どのような状況が成立しているのだろうか。こうした予想が成り立つには、その当該商品のコストが、生産を増やしても減らしても、短期でみても長期でみても、賃金単位で測定して相対的に安定していると予想されることが必要となるだけでなく、原価でのいまの需要を超える余剰分をコストなしで在庫として保有できなければならない。つまり、流動性プレミアムが保有コストを上回っていなければならない（というのも、もしそうでなければ、価格の上昇による利益を期待できないので、在庫の保有コストから必然的に損失が発生することになるからだ）。こうした条件を満たす商品が見つかれば、たしかに通貨のライバルと目される可能性がある。したがって、通貨で測定したよりも生産物の価値が安定すると予想される商品が存在すると考えるのは、論理的に不可能ではない。だが、そうした商品が本当に存在するとは思えない。

このため、「この商品で測定すれば賃金がもっとも粘着的になる」と予想される商品は、生産の弾力性が最低ではない商品であるはずはないし、保有コストから流動性プレミアムを差し引いた量が最低ではない商品であるはずもないと結論できる。つまり、通貨表示の賃金が相対的に粘着的だと予想できるのは、流動性プレミアムから保有コストを引いた量がもっとも多い資産が通貨である必然の結果だと言える。

このように、様々な特性が相まって、通貨の金利の重要性を高めているのであり、そうした様々な特性が相互作用を累積的に重ねているのだと言える。通貨は、生産と代替の弾力性が低く、保有コストも低いため、通貨表示の賃金が比較的安定するという予想が往々にして広がる。こうした予想が通貨の流動性プレミアムを高めるため、通貨の金利と他の資産の限界効率の間に、きわめて高い相関関係を確立できない。もしそうした相関関係が成立しうるなら、通貨の金利が持つ毒針を抜き取れるかもしれない。

ピグー教授（をはじめとする学者）は、実質賃金が名目賃金より安定度が高いと推定できる根拠があるという想定に慣れ切っている。だが、この想定が妥当になりうるのは、雇用が安定すると推定できる根拠がある場合のみだ。また、賃金財は保有コストが高いという問題もある。実際、賃金財で賃金を定めることで実質賃金を安定させようという動きが出れば、名目物価が激しく変動するという結果を招くだけかもしれない。というのも、消費性向と投資のインセンティブがすこし変動するたびに、名目物価がすぐさまゼロから無限大の間で激しく変動することになるからだ。名目賃金が実質賃金よりも安定していることが、安定性の内在する経済システムの条件となる。

つまり、実質賃金のほうが安定しているという見方は、事実と経験に照らし合わせて間違っているだけではない。もし、念頭に置いている経済システムが安定している——つまり、消費性向と投資のインセンティブが多少変動しても、物価に激しい影響はない——と想定しているなら、論理的にも誤っていることになる。

5

いま述べたことの補足として、すでに指摘した点を強調しておく価値はあるかもしれない。つまり、「流動性」と「保有コスト」はどちらも程度の問題あり、「通貨」の特性は、ひとえに前者が後者に比べて高いという点にある。

たとえば、流動性プレミアムがつねに保有コストを上回っている資産がまったく存在しない経済を考えてみよう。これはいわゆる「非貨幣」経済について、私ができる最高の定義だ。そこには、言ってみれば、特定の消耗品と特定の資本設備しか存在しない。資本設備は、どのような消耗品をどのような期間で生産できるか（もしくは生産を補助できるか）によって、多かれ少なかれ差別化されている。こうした消耗品や資本設備はいずれも、現金とは違い、ストックとして保存した場合、劣化やコストの発生に見舞われる。たとえ流動性プレミアムがついていたとしても、劣化やコストの値は、流動性プレミアムを上回る。

こうした経済では、資本設備は以下の点で差別化される。ⓐどのような種類の消耗品の生産を補助できるか、ⓑ生産物の価値の安定性はどうか（パンの価値は、流行に左右される新製品の価値より長期的に安定しているといった意味で）、ⓒ資本財に内在する富をどこまで迅速に「流動化」できるか。ここでの流動化とは、自分が望めば、生産したモノの収入をまったく別の形態に再び内在化できるという意味になる。

そうなると、富の保有者は、富を保有する媒体を考える際、いま述べたような意味での様々な資本設備の「流動性」の欠如と、可能な限り保険数理的に推計した、リスクを踏まえた上での資本設備の見込み収益とを比較考慮することになる。この場合の流動性プレミアムは、リスクプレミアムに似た側面があるが、リスクプレミアムとは違う側面——なしうる限り最高の確率計算と、そうした確率計算に対する自信の差に相当する違い——があることがわかるだろう。*これまでの論証で見込み収益の計算を取り上げた際、どのように見込み収益を計算するか、詳細には立ち入らなかった。また、論証を複雑にするのを避けるため、流動性の程度の違いとリスクそのものの程度の違いを区別していなかった。しかし、言うまでもなく、自己金利を計算する際には、両者を考慮する必要がある。

これは明白なことだが、「流動性」には絶対的な基準などない。様々な程度の流動性があるだけだ。異なる形態の富を保有する相対的なメリットを推計する際には、その富の利用による収益と保有コストに加え、流動性プレミアムがどの程度あるかを考慮する必要がある。何が「流動性」を高める要因になると考えられるかには、曖昧な面があり、その時代時代や社会の慣習・制度で変わってくる。だが、富の所有者の心の中には明確な優先順位があり、どんな場合もそれに基づいて流動性に関するみずからの感情を表明する。本書で経済システムの動きを分析する際に必要となるのは、この優先順位だけである。

ある歴史的環境では、富の保有者の心の中で、土地の保有に高い流動性プレミアムがついていたかもしれない。土地は、生産と代替の弾力性が非常に低い可能性があるという点で、**通貨と似ているため、土地を保有したいという欲望が、金利を過度に高い水準に維持する上で、いまの通貨と同じ役割を果たしていた時期が歴史上あったことも考えられる。通貨の債権につく金利と厳密に比較できる、土地自体で測定した土地の先渡し価格が存在しないため、この影

＊　第12章の二二九ページの脚注＊を参照。

＊＊　「流動性」という属性は、決してこの二つの特徴と無関係ではない。というのも、容易に供給を増やる資産や、相対価格の変化で欲求が容易に他に振り向けられる資産が、富の所有者の心の中で「流動性」という属性を持つ可能性は低いからだ。通貨自体も、将来の供給が急激な変動に見舞われると予想されれば、「流動性」という属性を急速に失う。

響を定量的に辿ることは難しい。ただ、通貨の債権につく金利と時に非常に似通った働きをするものが、不動産担保融資につく高金利という形でみられる。* 土地を担保とした融資金利が高いというのは、多くの農業経済にはお馴染みの特徴で、融資金利がその土地を耕作することで得られる想定純利回りを上回るケースも少なくない。高利禁止法は、こうした種類の不動産担保権を取り締まることをおもに念頭に置いている。そして、それは正しい措置だと言える。というのも、現代的な意味での長期債が存在しなかった以前の社会制度では、不動産融資金利の高さを競う競争が、新規に生産される資本資産への足元の投資を阻害するという形で、富の拡大を妨げる影響を及ぼしていた可能性——現代の長期債の高金利と同じ影響を及ぼしていた可能性——が十分にあるからだ。

なぜ何千年にもわたって、個人がこつこつと貯蓄してきたのに、世界は蓄積された資本資産の中でこれほどまでに貧しいのか。これは人類の軽率な性向や、また戦争による破壊でさえも説明がつかない。昔は土地の所有につけられていた、そしていまは通貨につけられている流動性プレミアムの高さで説明できるというのが私の見解だ。この点で私は、マーシャルがいつになく独断的な調子で『経済学原理』(五八一ページ)に記した古い見解と意見を異にする。

誰もが気づいていることだが、富の蓄積が阻害され、金利がこのような水準に維持されているのは、大多数の人間が、満足を先送りするよりも、いま満足することを選好するから——言い換えれば「待つこと」を嫌がるからだ。

6

私は『通貨論』で「自然利子率」という特殊な金利水準と称するものを定義した。同書の用語を用いれば、（同書で定義した）貯蓄率と投資率を等しく保つ金利水準だ。当時の私の考えでは、これはヴィクセルの「自然利子率」を発展させ、意味を明確にしたものだった。ヴィクセルによると、この自然利子率は、ある物価水準（明確には定義されていないが）の安定を維持するよ

＊　不動産担保融資とその金利は確かに通貨建てで設定される。だが、抵当権の設定者には、債務の免除と引き換えに土地そのものを引き渡すという選択肢がある——そして債務を返済できない場合は土地を引き渡さなければならない——という事実があり、こうした不動産担保融資制度は、土地の現物渡しに対する先渡し契約に近いものになることがある。土地が小作人に売却され、小作人がその土地に抵当権を設定するというケースがあったが、実際のところ、これはその種の取引に非常に近いものだった。

うな金利である。

　だが当時の私は、この定義では、どのような社会にも、仮定上の各雇用水準に対応する異なる自然利子率が存在するという事実を見過ごしていた。同様に、すべての金利水準には、その水準が「自然」な水準となる雇用水準――つまり、その金利水準とその雇用水準で経済システムが均衡状態になるような水準――が存在する。したがって、ただ一つの自然利子率について論じたことや、雇用水準に関わらず、先ほどの定義で金利水準の唯一の値が得られると示唆したのはまちがいだった。当時の私は、一定の状況では、経済システムが完全雇用未満で均衡する可能性があることを理解していなかった。

「自然」利子率という概念は、以前の私にはとても期待の持てる考え方だと思えたが、今となっては、分析上、あまり役に立つとも有意義とも思えない。これはただ単に、現状を維持する金利であり、一般論として私たちは現状そのものにとくに強い関心はないのである。

　もし、ただ一つに定まる重要な金利というものがあるとすれば、それは「中立」金利とでも名づけられるもので、*経済システムの他のパラメーターを所与とした場合に完全雇用と両立する、先ほどの意味での自然利子率となるはずだ。もっとも、この金利水準は、おそらく最適金利と呼んだほうがよいかもしれない。

中立金利をさらに厳密に定義し、生産高と雇用が「雇用全体の弾力性はゼロ」[**]となるような均衡状態で成立する金利とすることも可能だ。

やはりここでも、いま述べたことが、「古典派の金利理論を説得力のあるものにするには、どのような暗黙の想定が必要か」という質問に対する答えになる。古典派の理論は、以下のいずれかの想定をしている。実際の金利水準が、いま定義した中立金利の水準につねに等しくなると想定しているか、実際の金利水準は、雇用をある一定の水準に保つ金利水準につねに等しいと想定しているかのどちらかだ。この伝統的な理論をこのように解釈すれば、その実践上の結論に反論すべき点は、まず何もない。古典派の理論では、金融当局か自然の力を通じて、市場金利が先ほどのどちらかの条件を満たすと想定している。この想定の下で、社会の生産資源がどのように利用され、どのような報酬を得ているのかという法則を研究しているのだ。そうした制約を設けるなら、生産量を左右するのは、いまの設備と技術の下で不変と想定される雇用水準だけとなり、私たちは無事、リカード的世界に安住できるのである。

＊　この定義は、最近の論者が提起した中立貨幣の様々な定義のいずれにも対応しない。もっとも、おそらくそうした論者が考えていた目的とは多少の関係があるかもしれない。

＊＊　第20章を参照。

第18章 雇用の一般理論　再論

Chapter 18
The General Theory of Employment Re-Stated

1

さて、これで今まで論じてきたことを一つにまとめることができる。まず、経済システムのどの要素を通常、所与とするか、何をシステムの独立変数と従属変数とするかを明確にしておくと便利かもしれない。

所与のものとして扱うのは、利用可能な労働力の既存のスキルと量、利用可能な設備の既存の質と量、既存の技術、競争の程度、消費者の嗜好と習慣、様々な激しさの労働と監督・組織運営の負効用、そして国民所得の分配を決める力（ただし、以下で変数に指定するものを除く）を含む社会構造だ。こうした要素が一定だと想定しているわけではない。ただ単に、この場この文脈では、こうした要素が変化した場合の影響や帰結を考察せず、考慮に入れないということとだ。

独立変数は、まず何よりも、消費性向、資本の限界効率表、金利である。もっとも、こうした要素はすでにみたようにさらに分解が可能だ。

従属変数は、雇用量と国民所得（もしくは国民分配分。賃金単位で測定）である。

所与のものとした要素は、独立変数に影響を及ぼすが、それだけで独立変数が決まるわけではない。たとえば、資本の限界効率表は、所与の要素の一つであるいまの設備量の影響を一部受けるが、所与の要素からは推測できない長期予想の状態にも一部左右される。半面、一部の要素は、所与の要素で完全に決まるため、そうした派生要素自体を所与のものとして扱うことが可能だ。たとえば、所与の要素からは、任意の雇用水準に対応する国民所得の水準（賃金単位で測定）を推測できる。このため、本書で所与とした経済枠組みの内部では、国民所得は雇用量（いま生産に捧げられている努力の量）に左右される――つまり、両者の間に一義的な相関関係がある。* また、所与の要素からは、様々なタイプの生産物について、供給の物理的な条件を示す総供給関数の形状を推測できる。つまり、賃金単位で測定した任意の有効需要水準に対応する生産に捧げられる雇用量を推測できる。最後に、所与の要素からは労働（努力）の供給関数を導き出せる。したがって、特筆すべき点として、労働力全体の雇用関数** が非弾力的になる地点を把握できる。

とはいえ、資本の限界効率表は、一部は所与の要素に左右されるが、一部は様々な種類の資本資産の見込み収益に左右される。金利も、一部は流動性選好の状態（つまり流動性関数）に左右され、一部は賃金単位で測定した通貨量に左右される。このため、本書で究極の独立変数としたものは、以下の要素で構成されているとみなせる場合がある。①三つの根本的な心理要素、つまり心理的な消費性向、流動性に対する心理的姿勢、資本設備の将来の収益に関する心理的な予想、②労使交渉で決まる賃金単位、③中央銀行の行動で決まる通貨量――。したがって、もしいま挙げた要素を所与とできるなら、独立変数で国民所得（国民分配分）と雇用量が決まる。しかし、ここでも、いま挙げた要素はさらに分解が可能であり、言ってみれば、これ以上分解できない原子のような独立した要素ではない。

経済システムの決定要因を所与の要素と独立変数の二つに分けるという区別は、無論、どんな絶対的な見地からみても、きわめて恣意的なものである。一方の要素は、変化がきわめて

＊　この段階では、異なる製品の雇用関数が、該当する雇用の範囲内で異なる曲率を持つ場合に生じる複雑な問題は無視する。第20章参照。

＊＊　第20章で定義する。

緩慢、もしくは変化してもさしたる重要性はなく、私たちが希求するものには相対的に無視できる短期的な影響しか及ぼさないとみられる。もう一方の要素は、その変化が私たちの希求するものに現実的に大きな影響を及ぼす——そうした区別は、全面的に経験に基づいて行わざるをえない。目下の目的は、ある所与の経済システムの任意の時点の国民所得と（ほぼそれと同じことだが）雇用量を決定する要因を見出すことにある。経済学のようにきわめて複雑で、完全に正確な一般化が期待できない学問では、決定要因とは、主たる決定要因——その変化が、私たちの希求するものを主として決定する要因——を意味する。本書の最終課題は、私たちが実際に生活しているような経済システムで、中央当局が意図的に制御・管理できる変数を選び出すことにあるのかもしれない。

2

では、本書のこれまでの論証をまとめてみることにしよう。本書で導入した順序とは、逆の順序で各要素を取り上げていく。

新規の投資率をある一定水準まで押し上げるインセンティブが働く。新規の投資率がこの水準まで上昇すると、各タイプの資本資産の供給価格は、否応なく一定の価格に達する。この価格水準では、各タイプの資産の見込み収益の働きも相まって、資本全般の限界効率と金利がほぼ等しくなる。言い換えれば、新規の投資率は、資本財産業の物理的な供給条件、見込み収益に関する自信の状態、流動性に対する心理的な態度、通貨量（賃金単位で計測することが望ましい）が相まって決まるのである。

しかし、投資率の上昇（低下）には、消費率の上昇（低下）が伴う。というのも、一般の人々の行動特性では、ふつう、所得と消費の差を積極的に拡大（縮小）するのは、所得が増えている（減っている）場合のみだからだ。つまり、消費率の変化は、一般に所得率の変化と同じ方向になる（量は所得量ほどは増えないが）。消費の増分とそれに伴う貯蓄の増分の関係は、限界消費性向で表すことができる。このような形で決まる、投資の増分とそれに対応する総所得の増分（ともに賃金単位で測定）の比率は、投資乗数で表すことができる。

最後に、雇用乗数が投資乗数と（一次近似として）等しいと想定すれば、最初に記した要因によって決まった投資率の上昇分（もしくは低下分）に乗数を当てはめることで、雇用の増分を推定できる。

ただし、雇用の増加（減少）は、流動性選好表の上方（下方）シフトを伴いやすい。雇用の増加が往々にして通貨需要の増加に結びつく経路は三つある。というのも、雇用が増加すると、たとえ賃金単位と物価（賃金単位で測定）に変化がない場合でも、生産物の価値（生産額）が増加するが、それに加え、雇用が改善すると、賃金単位自体も上昇する傾向があるし、生産が増加すれば、短期的にコストが上昇するため、物価（賃金単位で測定）が上昇するのである。

したがって、均衡状態は、こうした余波の影響を受けるし、余波はほかにもある。また、ここで取り上げた要素はどれを取っても、大きな前触れもなく、時に大幅に変化する傾向を否定できない。したがって、実際の事態の推移は、複雑きわまりない。それでも、こうした要素を取り出して特定しておくのは、有益かつ便利だと思える。以上の図式に沿って現実の問題を検証すれば、問題が扱いやすくなるはずだ。現場の直感に頼る際も（そのほうが、一般原理で扱えるよりもさらに込み入った複雑な事象を考慮できる）、検証する題材の扱いにくさが減るだろう。

3

以上が、本書の一般理論の要約だ。だが、経済システムの現実の現象は、消費性向、資本の限界効率表、金利に備わる特殊な性格にも色づけられる。そうした性格は、まちがいなく経験から一般化できるが、論理的な必然性はない。

とくに、私たちが生活する経済システムの著しい特徴として、生産と雇用の深刻な変動には見舞われるが、システム自体は極度に不安定なわけではないという点が挙げられる。実際、経済システムは、かなり長期にわたって、標準以下の活動を慢性的に維持することが可能で、回復か完全崩壊かのいずれか一方向に著しく傾く傾向はないようだ。また、完全雇用や、完全雇用に近い状態でさえ、稀にしか実現しない短期の現象であることが経験から見て取れる。変動は勢いよく始まるかもしれないが、かなり極端な状態に至る前に失速するようにみえる。絶望的でも満足のゆく状態でもない中間的な状態が、通常、私たちの辿る運命だ。変動が極端に至る前に失速して、最終的には反転する傾向があるという事実の上に、規則的な相を持つ景気循環の理論が成り立っているのである。同じことは物価にも言える。物価は攪乱を引き起こすきっかけには反応するが、そこそこの安定を当面維持できる水準に落ち着くようにみえる。

さて、こうした経験上の事実は、論理的必然性にしたがっているわけではないので、現代社会の環境と心理的な性向に、そうした結果を生み出す特性があると考えざるをえない。となると、仮定の話として、どのような心理性向が安定したシステムにつながるのかを考えてみるのがよいだろう。その上で、現代人の性格に関する一般的な知識を基に、私たちの生活する世界にそうした性向が備わっていると考える妥当性があるのかを検討するのである。

これまでの分析を踏まえれば、観察される結果を説明できる安定性の条件は、以下の通りだ。

① 限界消費性向が次のような状態にある。ある社会の資本設備に配置される雇用が増えた（減った）結果として、その社会の生産が増えた（減った）ときに、両者を関連づける乗数は一より大きいが、それほど大きくはない。

② 資本の限界効率表が次のような形になっている。資本の見込み収益や金利が変化しても、新規投資は極端には変化しない。つまり、見込み収益や金利が小幅に変化しても、投資率が非常に大きく変化することはない。

③ 雇用が変化すれば、名目賃金も同じ方向に変化する傾向があるが、極端に変化することはない。つまり、雇用が小幅に変化しても、名目賃金が非常に大きく変化することはない。これは、雇用安定の条件というより、物価安定の条件である。

④ 第四の条件を付け加えてもよいだろう。これは、経済システムの安定の条件というよりは、一方向に変動してもいずれ反転する傾向が成立するための条件だ。投資率が以前の水準を上回り（下回り）、その状態が、年単位でみてそれほど長くはない期間続いた場合、資本の限界効率表に望ましくない（望ましい）影響を及ぼし始める。

① 安定の第一の条件、つまり乗数は一より大きいが、それほど大きくはないという条件は、人間共通の心理的な性格として、かなりの妥当性があると思える。実質所得が増えれば、いまのニーズを満たすという重圧が減り、すでに確立された生活水準を維持して余りある余剰分が増える。実質所得が減れば、その反対のことが起きる。したがって、少なくとも社会の平均でみれば、雇用が増えれば、いまの消費は増えるが、実質所得の全増加分ほどは増えない――雇用が減れば、いまの消費は減るが、実質所得の全減少分ほどは減らない――というのが自然な成り行きだ。また、平均的な個人に言えることは、政府にも当てはまる可能性が高い。とくに、失業が段階的に増えると、国が借り入れた資金で救済を迫られることがふつうになっている時代はそうだ。

ただ、この心理法則が演繹的に妥当と思われるかどうかは別にして、こうした法則が成立していなければ、現実とかけ離れた状況になることは確かだ。というのも、その場合、投資がすこしでも増えれば、有効需要が次から次に増えるという動きが始まり、完全雇用状態に達するはずだ。投資が減れば、有効需要が次から次に減るという動きが始まり、誰一人として雇用されない状態に達するだろう。だが、経験を振り返ると、現実世界は概してその中間の状態にある。実際に不安定性が幅を利かせる一定の範囲が存在する可能性は否定できない。ただ、その場合も、おそらくそれは狭い範囲であり、その範囲の外側では、本書で指摘した心理法則が、上下どちらの方向にもまちがいなく働くはずだ。また、乗数が一を上回るものの、通常の環境では極端に大きくならないことも明らかだ。というのも、もし乗数が極端に大きければ、投資率が一定程度変化すれば、消費率が大幅に変化するだろう（完全雇用かゼロ雇用のみが限度になる）。

② 第一の条件は「投資率が小幅に変化しても、消費財の需要が無制限に大きく変化することはない」というものだが、第二の条件は「資本資産の見込み収益や金利が小幅に変化しても、投資率が無制限に大きく変化することはない」というものである。そうなる可能性が高いのは、既存の設備の生産量を大幅に増やせば、コストが増えるから

だ。実際、資本資産を生産する資源に非常に大きな余剰がある状態からスタートすれば、ある一定の範囲内ではかなりの不安定性が生じるかもしれない。しかし、余剰資源がおおむね利用されている状態に至れば、途端にそうした状況が成立しなくなる。また、事業心理の大幅な変動や画期的な発明で資本資産の見込み収益が急速に変化し、その結果として不安定性が生じた場合も、この第二の条件が歯止めをかける要因となる（おそらく下方向よりも、上方向の動きに歯止めをかけることが多いだろうが）。

③

第三の条件は、経験から見て取れる人間共通の性格と一致する。というのも、すでに指摘したように、名目賃金をめぐる争いは、本質的には相対的に高い賃金を維持するための争いだが、この争いは、雇用が増えれば、個々のいずれのケースでも、激しさを増す可能性が高い。これは一つには、労働者の交渉力が高まるためであり、一つには、労働者の賃金の限界効用が下がるとともに、労働者の金銭的な余裕が増えることで、労働者がリスクを冒しやすくなるためだ。ただ、それでも、こうした動機が働くのは一定の範囲内である。労働者は、雇用が改善したからといって、それを大幅に上回る名目賃金の引き上げは求めないだろうし、失業するくらいなら非常に大幅な賃下げも受け入れるだろう。

ただ、ここでも、この結論が演繹的に妥当かどうかは別にして、経験を振り返れば、そのような心理法則が実際に成り立っていることがわかる。というのも、もし失業者同士の競争が、つねに大幅な名目賃金の引き下げにつながるとすれば、物価水準が著しく不安定になるはずだ。また、安定した均衡状態は、完全雇用と一致する水準だけになるかもしれない。賃金単位でみた通貨が潤沢になり、完全雇用水準の回復につながるほどの影響を金利に及ぼす地点まで、賃金単位が際限なく下落せざるを得なくなる可能性があるためだ。それ以外の点では、安定点が存在しない可能性がある。*

④

第四の条件は、安定性の条件というよりは、景気が後退と回復を繰り返すための条件だが、これは、ただ単に、資本資産は年代が様々で、時とともに摩耗し、かならずしも非常に長い期間は持たないという想定に基づいている。このため、投資率が一定の最低水準を下回った場合、資本の限界効率が上がり、この最低水準を超える投資の回復をもたらすのは、（他の要素に大きな変動がない限り）単に時間の問題となる。無論、同様に、投資が以前の水準を上回れば、資本の限界効率が下がり、景気後退をもたらすのは、これを相殺する他の要素の変化がない限り、単に時間の問題となる。

このため、本書で示した他の安定性の条件の範囲内で起きる程度の景気回復・景気後退でさえ、ある程度長い期間持続し、他の要素の変化という横槍が入らなければ、反対方向への反転の動きが起こり、いずれは、以前と同じ力で再び反転することになる可能性が高い。

したがって、この四つの条件を合わせれば、私たちが現実に経験している際立った特徴を十分に説明できる。つまり、雇用と物価がいずれか一方向に極端きわまりない変動をすることはなく、中間的な状態——完全雇用はかなり下回るが、生命を危険にさらさない最低限の雇用水準はかなり上回るという中間的な状態——の付近で、振幅が生じるという特徴である。

しかし、このような「自然」な傾向で決まる中間的な状態——つまり、そうした傾向を是正する明確な意図を持った対策がとられない限り、払拭できない可能性の高い傾向で決まる中間的な状態——は、やはり必然の法則で確立されたものだと結論してはならない。ここで挙げた条件が幅を利かせているというのは、いまの世界、これまでの世界で観察されてきた事実であり、変えることのできない必然的な原理ではないのである。

＊ 賃金単位の変化が及ぼす影響は第19章で詳しく考察する。

ok 5

ey-Wages and Prices

第19章 名目賃金の変化

Chapter 19

Changes in Money-Wages

1

名目賃金（貨幣賃金）の変化が及ぼす影響については、もっと早い段階で論じることができればよかった。というのも、古典派理論では、名目賃金が流動的だという想定に基づいて、経済システムの自己調節的性格なるものを論じることが慣例になっており、名目賃金が硬直的な場合、調整がうまくいかない原因はこの硬直性にあるとされてきたのである。

だが、本書独自の理論を展開するまで、この問題を完全な形で論じることはできなかった。というのも、名目賃金の変化がもたらす帰結は、複雑なのである。名目賃金の引き下げには、ある一定の環境では、古典派理論の想定するとおり、かなりの生産刺激効果がある。本書と古典派理論の違いは、おもに分析の違いだ。このため、私独自の手法を読者に理解して頂くまで、明確な説明をすることができなかった。

私が理解する限り、一般に受け入れられている説明は、非常にシンプルなものだ。これから論じるような、回りまわった余波を論拠とするものではなく、ただ単にこう主張しているだけである。名目賃金の引き下げは、他の条件が一定なら、完成品の価格下落につながり、需要を刺激する。したがって、労働者の受け入れた名目賃金の引き下げが、（所与の設備の）生産増加に伴う労働の限界効率逓減でちょうど相殺される地点まで、生産と雇用が増加する――。

いちばん粗雑な学説の場合、これは名目賃金を引き下げても需要には影響がないと想定していることに等しい。一部の経済学者は、次のように論じて、需要が影響を受ける根拠はまったくないと主張するかもしれない。総需要は通貨量に通貨の所得速度を掛けたものに左右されるのであって、名目賃金の引き下げが、通貨量や通貨の所得速度を減らす明確な根拠はまったくない――。また、賃金が下がるのだから、利益は必然的に増加すると主張する学者さえいるかもしれない。ただ、もうすこし一般的な見方は、次のようなものだと思う。名目賃金の引き下げは、一部の労働者の購買力低下という形で、総需要にある程度の影響を及ぼすかもしれないが、名目所得が変わっていない他の要素の実質需要は、価格下落で刺激される。また、名目賃金の変化に対する労働需要の弾力性が一未満でない限り、雇用量が増加し、労働者自体の総需要は増える可能性が非常に高い。このため、おそらく現実にはありえない異常きわまりないケースを除けば、この新たな均衡状態では、名目賃金の引き下げがなかった場合に比べて雇用が増えることになる――。

私が根本的に意見を異にするのは、こうしたタイプの分析である。いや、むしろ、いまのような見解の背後にあると思われる分析、と言うべきかもしれない。というのも、いま挙げた見解は、多くの経済学者の話し方、書き方をまずまず表していると思うが、その根底にある分析が詳述されることはめったにないのである。

とはいえ、いまのような考え方は、おそらく次のように導き出されたとみられる。どのような産業でも、この価格ならこれだけ売れるという製品の需要表がある。また、様々なコスト原理に基づいて、これだけ売れれば値段がこうなるという一連の供給表もある。この二つの表を合わせると、さらに別の表を作成できる。他のコストが一定であれば（生産高の変化に伴うコストの変化を除く）、「この賃金ならこの雇用量になる」という当該産業の労働需要表（労働需要曲線）である。この曲線の形状は、どの点を取っても労働需要の弾力性を示している。その上で、この考え方が大きな修正もなく産業全体に移し替えられる。類推によって、この賃金水準ならこの雇用量になるという産業全体の労働需要表が存在すると想定しているのである。この論証は、名目賃金で考えても実質賃金で考えても、大した違いは生じないとされている。名目賃金で考えるなら、無論、通貨価値の変化分を調整する必要はあるが、物価が名目賃金の変化に厳密に比例して変化することは当然ないので、全体の論調は変わらない――。

もし、これがそうした論証の根本原理であるなら（そうでないなら、どのような根本原理なのか私にはわからない）、論理的に明らかに誤っている。というのも、ある特定の産業の需要表を作成するには、他の産業の需要・供給表の性質と総有効需要の量を一定と想定しなければならない。したがって、この論証を産業全体に移し替えるのであれば、総有効需要が一定という想定も、一緒に移し替えなければならない。だが、そう想定すれば、この論証は「論点逸脱の虚偽」（論証す**べき論点から外れた的外れの推論** *ignoratio elenchi*）となる。というのも、名目賃金の引き下げは、総有効需要が以前と変わらなければ雇用の増加につながるという説なら、誰も否定しようとは思わないだろうが、ここでまさに問題にしているのは、「名目賃金を引き下げても、総有効需要は通貨建てでみて以前と変わらないのか」という点、もしくは少なくとも、「総有効需要は名目賃金の低下率と完全に比例しては減らないのか（つまり賃金単位でみれば、多少増加するのか）」という点なのである。しかし、古典派の理論で特定産業に関する結論を類推によって産業全体に敷衍することができないなら、古典派の理論では、名目賃金の低下が雇用にどのような影響を及ぼすのかという問いにまったく答えることはできない。というのも、古典派の理論にはこの問題に取り組める分析手法がまったく存在しないのである。ピグー教授の『失業の理論』は、古典派理論から汲み尽くせるものをすべて汲み尽くした書だと私には思える。そのため、同書が如実に示しているのは、現実の雇用全体の量を決めるのは何かという問題に古典派理論を適用しても、何も得るものはないということなのである。*

2

では、本書の分析手法を使ってこの問いに答えてみよう。問題は二つに分けられる。①名目賃金の引き下げには、他の条件が同じであれば、雇用の増加に直結する傾向があるのだろうか。ここで言う「他の条件が同じ」というのは、名目賃金が下がっても、消費性向、資本の限界効率表、金利が社会全体で変化しないという意味だ。そして②名目賃金の引き下げには、この

＊ 本章の補論では、ピグー教授の『失業の理論』に細かな批判を加える。

三つの要素に確実な余波、もしくは蓋然性の高い余波を及ぼし、雇用を特定の方向に動かすという確実な傾向、もしくは蓋然性の高い傾向があるのだろうか。

第一の問いについては、すでに、そのような傾向はないという答えをこれまでの章で示している。というのも、これまで見てきたように、雇用量は、賃金単位で測定した有効需要の量と一義的な関係にあり、有効需要（予想される消費と予想される投資の合計）は、消費性向、資本の限界効率表、金利がすべて不変であれば、変化するはずがない。こうした要素がまったく変化しない状況で、事業家が雇用全体の量を増やせば、事業家の収入は供給価格をかならず下回るだろう。

名目賃金の引き下げは「生産コストの削減につながるため」雇用の増加をもたらすという粗雑な結論については、この見解にもっとも都合のよい仮定——まず事業家が名目賃金の引き下げにそうした効果があると予想するという仮定——の下で何が起きるかを辿っていけば、おそらく反論の助けとなるだろう。たしかに、事業家個人が、自身のコスト低下を目の当たりにして、初めのうちは自分の商品の需要に対する余波を見過ごし、採算の取れる形で生産できる商品が以前より増えると想定して行動する可能性はある。その場合、事業家全体がそのような予想を基に行動すると、実際に利益を増やすことができるのだろうか。利益を増やせるのは、

①社会の限界消費性向が一に等しく、所得の増分と消費の増分にまったく差がない場合か、②所得の増分と消費の増分の差に対応する投資の増加が起きる場合のみだ。後者は、資本の限界効率表が金利との比較で上方にシフトしない限り、実現しない。したがって、限界消費性向が一に等しいか、名目賃金の引き下げに資本の限界効率表を金利との比較で上方にシフトさせる効果があり、その結果として投資量が増加しない限り、事業家は生産の増加で得られた収入に失望し、雇用は元の水準に戻ることになる。というのも、事業家が生産したモノを予想通りの価格で売れたとしても、事業家の雇用創出で所得を得た人々が、いまの投資量を上回る貯蓄をすれば、事業家はその差額に等しい損失を被ることになる。これは、名目賃金の水準とはまったく無関係に言えることだ。せいぜい可能なのは、増加した経営資本への自己投資によってその差額を埋めている間、失望の日を先送りすることくらいである。

つまり、名目賃金を引き下げても、社会全体の消費性向、資本の限界効率、金利のいずれかに余波が及ぶという恩恵を受けられなければ、雇用の増加を促す長期的な傾向は期待できない。名目賃金低下の影響を分析するには、この三つの要素にどのような影響が及びうるかを辿る以外に手段がない。

こうした要素に及ぶ余波のうち、実際上、とくに重要なのは以下の通りだ。

① 名目賃金が下がれば、物価がやや下がる。このため、実質所得の再分配が起きる。ⓐ賃金所得者から、限界主要コストを構成する要素のうち報酬が下がっていない他の要素への再分配とⓑ事業家から、通貨建てで一定の所得が保証されている金利生活者への再分配である。

この再分配は、社会全体の消費性向にどのような影響を及ぼすのか。賃金所得者から他の要素に所得が移されれば、消費性向が低下する可能性が高い。事業家から金利生活者に所得が移された場合の影響は、相対的に不透明だ。ただ、金利生活者が全体としてその社会の高所得層に相当し、生活水準がもっとも変わりにくいとすれば、こちらも望ましくない影響が出るだろう。様々な要因を考慮して差し引きでどうなるかは、推測するしかない。おそらく、望ましい影響よりも望ましくない影響が出る可能性のほうが高いだろう。

② 非閉鎖的な経済システムを論じている場合、名目賃金の引き下げが、共通の単位に換算した海外の名目賃金との比較での引き下げとなれば、当然、投資にプラスの効果がある。貿易収支が改善する傾向があるためだ。無論、これはプラスの効果が、関税や

割り当てなどの変化で相殺されないと仮定している。イギリスでは、雇用拡大の手段として、名目賃金引き下げの効果に期待を寄せる伝統がアメリカに比べて強いが、これはおそらく、アメリカがイギリスに比べて閉鎖的なシステムであることが理由だろう。

③ 非閉鎖的なシステムの場合、名目賃金の引き下げは、貿易収支の改善を促すが、交易条件は悪化する可能性が高い。このため、新たに雇用された人を除き、実質所得が減少するだろう。消費性向は、増える傾向にあるかもしれない。

④ 名目賃金の引き下げが、**将来の名目賃金との比較での引き下げ**だと予想される場合、この引き下げは投資にプラスになる。すでにみたように、資本の限界効率が上がるからだ。同じ理由で、消費にもプラスになるもしれない。一方、名目賃金の引き下げを受けて、今後さらに賃金が低下するという予想が広がった場合——もしくは賃金が低下する可能性がかなりあると予想される場合——正反対の影響が出る。資本の限界効率が低下し、投資と消費の双方が先送りされるからだ。

⑤ 賃金の支払い額が減り、物価と名目所得全般がある程度落ち込んだ場合、所得やビジネスの目的で必要になる現金が減る。そうなると、社会全体の流動性選好表が、その

分だけ下方にシフトする。他の条件が同じなら、これに伴い金利が低下し、投資にプラスになる。ただし、将来に関する予想が及ぼす効果は、たったいま④で検証した効果と反対の傾向が生じるだろう。というのも、もし賃金と物価が将来再び上昇するとの予想が広がれば、好ましい反応は、短期融資よりも長期融資の場合のほうが、はるかに少なくなるからだ。また、賃金の引き下げで一般の人々の間に不満が広がり、政治的な観点で自信が揺らげば、それに伴い流動性選好が高まり、その時点で放出された流通現金だけでは、現金が足りなくなる可能性がある。

⑥

特定産業の賃下げは、事業家個人やその産業にとってはつねにプラスになるため、全般的な賃下げの場合でも（実際の影響は異なるが）、事業家の心理が楽天的になる可能性がある。その場合、資本の限界効率の予想が過度に悲観的になるという悪循環が断ち切られ、予想の基盤が正常化に向かうことで経済が再び回り始める可能性がある。一方、労働者の側が全般的な賃下げの影響について、事業家と同じあやまちを犯せば、労働争議でこの好ましい要因が相殺される可能性がある。このケースは別にしても、一般に全産業で同時に名目賃金を等しく下げる手段はないので、個々のケースで賃下げに抵抗することがすべての労働者の利益につながる。実際、事業家が名目賃金協定の下方改定に動けば、物価上昇に伴う段階的かつ自動的な実質賃金の引き下げよりも、はるかに激しい抵抗に遭うだろう。

⑦　一方、事業家の債務負担拡大という重苦しい要因は、賃下げによる楽天的な反応を一部相殺する可能性がある。実際、賃金と物価の下落が極端に進めば、多額の負債を抱える事業家の資金繰りが悪化し、すぐに支払い不能の状態に陥ることも考えられる。これは投資に深刻な悪影響を及ぼす。また、物価水準の下落が、国民債務の実質的な負担、したがって課税に、及ぼす影響はビジネス心理にとって非常に悪いものになる可能性が高い。

以上は、複雑な現実世界で賃下げが引き起こしうる反応をすべて完全に網羅したものではないが、通常、とくに重要になるものは、いま指摘した点だと思う。

したがって、論証を閉鎖経済のケースに限定し、実質所得の新たな分配がその社会の消費性向に及ぼす余波からは何も期待できない——もし余波があるとすればマイナスの余波だ——と想定すると、名目賃金の引き下げが雇用に望ましい結果をもたらすと期待する根拠は、主として④で取り上げた資本の限界効率上昇に伴う投資の改善か、⑤で論じた金利の低下に伴う投資の改善、しかないということになる。この二つの可能性をさらに詳しく検討していこう。

資本の限界効率の上方シフトを促す偶発的な状況は、名目賃金が底を打ったと信じられ、次の変化は上方向になると予想されているという状況だ。もっとも望ましくない偶発的状況は、名目賃金がじわじわと下がり、賃金が下がるたびに、今後賃金を維持できるという自信が低下するという状況である。有効需要が減少局面に入った場合、有効需要の改善にとってもっとも望ましいのは、名目賃金が突然大幅に引き下げられ、「この賃金水準はあまりにも低く、長くは続かない」と誰もが考えるケースだろう。ただ、このケースが成り立つのは、行政命令が出た場合のみかもしれず、自由な賃金交渉という制度の下では、政治的にみて実現性に乏しい。一方、賃金が厳格に固定されており、大幅な変動はありえないと考えられている状況のほうが、不況で名目賃金に緩やかな低下傾向が生じ、「さらに小幅に賃金が低下すれば、そのたびに失業の量がたとえば一％増えるシグナルだ」と予想される状況よりも、はるかによいだろう。たとえば、今後一年で賃金が仮に二％下がるという予想の効果は、今後一年で支払うべき利息の量が二％増える効果とほぼ等しくなる。同じことは、必要な修正を加えれば、好況時にも当てはまる。

したがって、現代社会の実際の慣行や制度では、硬直的な名目賃金政策を目指すほうが、失業の量の変化に段階的に対応する弾力的な政策を目指すよりも、好都合だと言える。ただし、これまでのところは――つまり資本の限界効率に関する限りは――好都合だという話である。だが、金利に目を向けた場合、この結論は覆されるのだろうか。

この場合、経済システムの自己調節的な性格を信じる論者は、賃金・物価水準の低下が通貨の需要にどのような影響を及ぼすかを議論の要《かなめ》としなければならない（もっとも、そのような事例を私は知らないが）。通貨量自体が賃金・物価水準の関数であるなら、この方向に期待を寄せることはできない。しかし、通貨量が事実上固定されているのであれば、名目賃金を十分引き下げれば、当然、賃金単位でみた通貨量はいくらでも増やすことができるし、通貨量は所得との比較で総じて大きく増加する。上限は①限界主要コストに占める賃金の比率と②限界主要コストの他の要素が賃金単位の低下にどう反応するか、で変わってくる。

したがって、少なくとも理論的には、通貨量が変わらない状況で賃金を下げれば、賃金水準が横ばいの状況で通貨量を増やした場合とまったく同じ効果を金利に及ぼせることになる。そうなると、完全雇用を実現するための手段としての賃下げも、通貨量を増やすという手段と、同じ制約に見舞われることになる。先ほど指摘した理由――つまり投資を最適水準に引き上げる手段としての通貨量拡大の効果を制約する理由とまったく同じ理由が、必要な変更を加えれば、賃下げにも当てはまることになる。小幅な通貨量の増大なら長期金利には十分な影響が及ばない可能性がある一方、極端な通貨量の増大なら、自信が揺らぎ、他のメリットを相殺してしまう可能性があるのとまったく同じで、名目賃金を小幅に下げても効果が限られる可能性がある一方、名目賃金を極端に下げれば（たとえそのようなことが実際に可能であったとしても）自信が打ち砕かれてしまうおそれがある。

したがって、弾力的な賃金政策で、継続的な完全雇用を維持できると考える根拠はまったくない。公開市場操作による金融政策だけで、そうした成果を上げられると信じる根拠がないのと同じことだ。経済システムをこの線で自己調節的にすることはできない。

仮に、雇用が完全雇用に満たない場合、労働者がいつでも通貨需要の削減に向けた協調行動を起こして、通貨量を賃金単位との比較で潤沢にして、それに伴い金利を完全雇用と両立する水準まで低下させることができるなら（そして実際にそうした行動をとるのであれば）、事実上、金融システムではなく、労働組合による完全雇用を目指す通貨管理が実現することになる。

もっとも、賃金単位でみた通貨量を変える二者択一の手段という限りにおいて、弾力的な賃金政策と弾力的な通貨政策は、分析上同じものとなるが、無論、両者の間には、他の点でたいへんな違いがある。四つの際立った点を簡単に説明しておきたい。

① 賃金政策を指令で決められる社会主義社会を除けば、すべての階層の労働者の賃金を一律に下げる手段はない。一律の賃下げは、社会正義や経済的な便宜という基準ではまったく正当化できない、緩やかで不規則な一連の賃下げでしか実現できず、しかも交渉力のもっとも弱い人々が相対的に大きな損害を被るという無益で壊滅的な闘争を経なければ、おそらく実現不可能だ。一方、通貨量の変化のほうは、公開市場操作やそれに類する政策を通じて、すでに大半の政府が実現できる状態にある。人間の性格や我々の制度を考えると、弾力的な通貨政策より弾力的な賃金政策を選ぶのは（後者に前者にはないメリットを指摘できる場合を除き）愚かな人間だけだろう。また、他の条件が等しければ、相対的に使い勝手のよい手段のほうが、実現不可能なほど困難だと思われる手段よりも望ましいはずだ。

② 名目賃金が非弾力的な場合、物価に生じる変化は（限界コストとは別の要因で決まる「管理」価格や独占価格を別にして）、おもに既存設備からの生産増加に伴う限界生産性の逓減に対応するものになるだろう。この場合、賃金所得者と、報酬が契約上通貨建てで定められている要素（とくに金利生活者階級や、企業・機関・国といった常設組織で固定

給をもらっている人々）の間で、実践上最大限可能な公平性が保たれることになる。いずれにしても、重要な階級の報酬が通貨建てで定められているのであれば、すべての要素の報酬が通貨建てで多少非弾力的であるほうが、社会正義や社会的な便宜を最大限維持できる。大きな集団の所得が相対的に通貨建てで非弾力的であることを踏まえると、弾力的な賃金政策に弾力的な通貨政策にはないメリットがあると指摘できない限り、後者よりも前者を選ぶのは不公正な人だけだろう。

③ 賃金単位を引き下げて賃金単位でみた通貨量を増やすという手段では、それに比例して債務負担が増えるが、賃金単位を据え置いて通貨量を増やすという形で同じことを実現すれば、正反対の影響が出る。様々なタイプの債務が過剰になっていることを踏まえれば、前者を選ぶのは世間知らずな人だけだろう。

④ 金利の低下を賃金水準の引き下げで実現しなければならない場合、これまで述べてきた理由で、資本の限界効率に二重の負担がかかり、投資を延期し、結果的に景気回復が遅れる二重の理由が生じることになる。

3

したがって、雇用がすこしずつ減っていく状況に労働者が名目賃金をすこしずつ引き下げてサービスを提供するという対応をとった場合、一般的に実質賃金を下げる効果はなく、場合によっては生産高への悪影響を通じて実質賃金が上がる効果を伴う可能性もあるということになる。こうした政策が主としてもたらすのは、物価の大幅な不安定化——おそらく、私たちが住んでいる経済社会のように機能する経済社会では、ビジネス上の計算が無益になるほどきわめて激しい不安定化だ。「弾力的な賃金政策は、総じて自由放任型のシステムの正しく適切な付随物だ」という考え方は事実とまったく異なる。弾力的な賃金政策が成功を収められるのは、急激かつ大幅かつ多方面に及ぶ変更を命令できるきわめて強権的な社会なのである。イタリア、ドイツ、ロシアでそうした政策を運営することは想像できるが、フランス、アメリカ、イギリスでは想像できない。

もし、オーストラリアのように法律で実質賃金を固定しようという動きが出た場合は、その実質賃金の水準に対応する一定の雇用水準が存在するだろう。そして、閉鎖経済では、投資率がその雇用水準と釣り合う投資率を下回るか下回らないかに応じて、実際の雇用水準が、その水準とゼロ雇用の間で激しく振幅することになる。一方、物価は、投資がこの境界線上にある場合は、不安定な均衡状態になるだろう。投資がこの境界線を下回れば、どんな場合もゼロに向かって急低下し、投資がこの水準を上回れば、どんな場合も際限なく急上昇するという状態だ。仮にすこしでも安定を確保できるとすれば、投資を境界線上に保つ状態に金利と資本の限界効率の関係が確立されるような通貨量が定まっていなければならないし、そうした通貨量が成立する名目賃金の水準がつねに実現するよう、通貨量を左右する要素が定まっていなければならない。この場合、雇用は（法律で定めた実質賃金にふさわしい水準で）一定となり、名目賃金と物価が投資を適切な水準に維持するのに必要なだけ急激に変動することになる。実際のオーストラリアの例では逃げ道が見つかった。まず言うまでもないが、法律で実質賃金を固定することなど当然できなかった。またオーストラリアは閉鎖経済ではないため、名目賃金の水準自体が海外投資、したがって総投資を決める要因となる一方で、交易条件が実質賃金に重要な影響を及ぼしたのである。

こうした点を踏まえると、閉鎖経済では名目賃金全般の水準を維持することが、総合的にみてもっとも望ましいといまの私には思える。この結論は、為替レートの変動を通じて他の諸国との均衡を確保できるのであれば、開放経済にも当てはまるだろう。特定産業の賃金に一定の弾力性があり、相対的に下り坂の産業から相対的に成長している産業への移行を促せるのであれば、それはそれでメリットと言える。だが、名目賃金全般の水準は可能な限り安定を維持すべきだ。少なくとも短期ではそう言える。

こうした政策を導入すれば、物価水準がかなりの程度まで安定するだろう。少なくとも弾力的な賃金政策よりは安定する。「管理」価格や独占価格は別だが、物価水準は短期的には、雇用量の変化が限界主要コストに及ぼす影響の程度に応じて変化するだけであり、長期的には、新しい技術や設備の新設・増加による生産コストの変化に応じて変化するだけだろう。

とはいえ、雇用が大幅に変動すれば、物価水準もそれに伴って大きく変動することは事実だ。ただ、先ほど指摘したように、弾力的な賃金政策に比べれば、変動幅は抑えられる。

したがって、硬直的な賃金政策を導入すれば、短期的には物価の安定が雇用の変動回避につながる。一方、長期的には二つの選択肢が残されている。賃金の安定を維持しながら、技術・設備の進歩に伴う物価の緩やかな低下を容認する政策か、物価の安定を維持しながら賃金の緩やかな上昇を容認する政策だ。個人的には、全体として後者の政策が望ましいと思える。将来賃金が上がるという見通しがあったほうが、将来賃金が下がるという見方が広がった場合に比べて、実際の雇用水準を一定の完全雇用のレンジ内に収めやすいというのが理由だ。また「債務負担を緩やかに減らせる」「衰退産業から成長産業への移行が容易になる」「名目賃金に緩やかな上昇傾向があれば、心理的に意欲が高まる公算が大きい」という社会的なメリットがあることも理由だ。ただ、これは原理上、重大な問題ではなく、どちらがよいかを詳細に論じれば、いまの目的から脱線することになるだろう。

第19章の補論　ピグー教授の『失業の理論』

Appendix to Chapter 19
Professor Pigou's "Theory of Unemployment"

ピグー教授の『失業の理論』では、雇用量が以下の二つの根本的な要素で決まるとされている。①労働者が求める賃金の実質レート、②「労働の実質需要関数」の形状——の二点だ。後者の関数の形状を決めることがこの本のメインテーマになっている。労働者が実際に求めるのは、賃金の実質レートではなく名目レートだという事実は無視されていない。だが、事実上、実際の賃金の名目レートを賃金財の価格で割れば、労働者の要求する賃金の実質レートを計測できると想定している。

教授が、労働の実質需要関数を「求める起点となる」と主張する方程式は『失業の理論』の九〇ページに示されている。教授が分析を進める際の暗黙の仮定が論証の冒頭近くに垣間みえるので、問題の扱い方の核心部分を要約しておこう。

ピグー教授は産業を「国内で賃金財を製造する産業、輸出品を製造しその販売で海外の賃金財を購入する権利を生み出す産業」と「その他」産業に分類している。これはそれぞれ「賃金財産業」と「非賃金財産業」と呼ぶのが便利だろう。教授は前者で x 人が雇用され、後者で y 人が雇用されていると仮定する。x 人の賃金財生産高の価値を $F(x)$ とし、賃金全般のレートを $F'(x)$ としている。教授は言及していないが、これは限界賃金コストと限界主要コストが一致すると仮定しているに等しい。* また、教授は $x+y=\phi(x)$ になる――つまり賃金財産業で雇用される人の数が総雇用の関数になると想定している。その上で、総労働の実質需要の弾力性（これで私たちの希求するもの、すなわち労働の実質需要関数の形状が決まる）を以下のように記述できるとしている。

$$E_r = \frac{\phi'(x)}{\phi(x)} \cdot \frac{F'(x)}{F''(x)}$$

表記法に関する限り、この表現方法と私独自の表現方法に大きな差はない。ピグー教授が言う賃金財を私の消費財と同一視でき、ピグー教授の「その他の財」を私の投資財と同一視できるのであれば、$\frac{F(x)}{F'(x)}$ は賃金財で測定した賃金財産業の生産高の価値となり、私の C_w と同じものとなる。また、教授の関数ϕは（賃金財を消費財と同一視するなら）私が本書で雇用乗数k'と呼んだものの関数となる。というのも

$$\Delta x = k'\Delta y$$

よって　$$\phi'(x) = 1 + \frac{1}{k'}$$

となるからだ。

＊ 限界賃金コストと限界主要コストが一致すると考える誤った慣行の原因は、おそらく限界賃金コストの意味の曖昧さにあるのではないか。限界賃金コストは、追加の賃金コスト以外に追加コストが発生しない場合の追加の一単位の生産コストを意味する場合があるかもしれないし、既存の設備や他の未利用の要素の助けを借りて、もっとも経済的に追加の一単位を生産する際に発生する追加の賃金コストを意味する場合もあるかもしれない。前者の場合、事業家の追加の活動、追加の経営資本など、コストの増加につながっていたはずの労働以外の他の一切のものを、追加の労働と組み合わせることができなくなる。また、労働者を追加すれば、設備の摩耗ペースが速まるという点すら考慮できなくなる。前者の場合、労働コスト以外の要素は限界主要コストにまったく組み入れられなくなるため、当然、限界賃金コストと限界主要コストが等しくなる。だが、こうした前提に基づいた分析結果には、まったくと言ってよいほど実用性がない。土台にある仮定が実際に実現することはまずないからだ。というのも、私たちは実際にはそれほど愚かではなく、他の要素を利用できるのであれば、それを適切に追加して、追加の労働に組み合わせるのである。したがって、この仮定は、労働以外のすべての要素がすでに最大限活用されている状況にしか当てはまらない。

したがって、ピグー教授の「総労働の実質需要の弾力性」は、私独自の概念の一部に似た合成物であり、一部は産業の物理的・技術的条件（教授の関数 F で与えられる）、一部は賃金財の消費性向（教授の関数 ϕ で与えられる）に左右されることになる。ただし、これはつねに限界労働コストが限界主要コストに等しいという特殊な場合に限った話だ。

ピグー教授はその上で、雇用量を決定するため、「労働の実質需要」と労働の供給関数を組み合わせる。後者は実質賃金の関数以外の何物でもないと想定されている。だが、実質賃金は、賃金財産業で雇用されている人の数 x の関数であるとも想定されている。これは、既存の実質賃金に対応する労働者の総供給が x の関数以外の何物でもないと想定していることに等しい。つまり、$n=\chi(x)$ ということだ。n は実質賃金 $F'(x)$ で雇用できる労働者の供給量である。

したがって、複雑な要素をすべて取り除けば、ピグー教授の分析は

$$x+y=\phi(x)$$

と　$n=\chi(x)$

という方程式から実際の雇用量を求めようとする試みだと言える。だが、未知数は三つあるの

に方程式は二つしかない。教授が $n=x+y$ とすることで、この問題を回避したのは明らかだとみられる。無論、これは厳密な意味での非自発的な失業が存在しないと想定することに等しい。つまり、既存の実質賃金で雇用可能な労働力はすべて実際に雇用されていると想定しているのである。この場合、x は

$$\phi(x)=\chi(x)$$

という方程式を満たす値となる。したがって、もし x の値が（たとえば）n_1 に等しいことがわかれば、y は $\chi(n_1)-n_1$ と等しくなるはずであり、総雇用 n は $\chi(n_1)$ と等しくなる。

これが何を意味するのかすこし立ち止まって考える意味はある。これはもし労働の供給関数が変化し、ある一定の実質賃金で雇用できる労働者が増えれば（つまり、n_1+dn_1 が $\phi(x)=\chi(x)$ という方程式を満たす x の値となるなら）非賃金財産業の生産需要は、$\phi(n_1+dn_1)$ と $\chi(n_1+dn_1)$ を等しく保つ分だけ同産業の雇用が増える水準となる。これ以外に総雇用が変化する可能性があるのは、賃金財と非賃金財のそれぞれの購買性向が変わり、y が増加し x がそれ以上に減少するケースのみだ。

$n=x+y$ という想定は無論、労働者が自分の実質賃金をつねに決められる立場にあることを

意味する。そうなると、労働者が自分の実質賃金を決められる立場にあるという想定は、非賃金財産業の生産需要が先ほどの法則に従うことを意味する。つまり、金利は完全雇用を維持する形で資本の限界効率表に対してつねに自己調節すると想定していることになる。この想定がなければ、ピグー教授の分析は崩壊し、雇用量を決める手立てがなくなる。ピグー教授が、労働供給関数の変化ではなく、（たとえば）金利や自信の状態の変化による投資率の変化（つまり非賃金財産業の雇用の変化）にまったく言及せずに失業の理論を構築できると考えたのは奇妙としか言いようがない。

したがって、教授がつけた『失業の理論』というタイトルは羊頭狗肉の感がある。この本の本当のテーマは失業ではない。労働の供給関数が与えられ、完全雇用の条件が満たされた場合にどの程度の雇用が生じるかを論じたものだ。「総労働の実質需要の弾力性」という概念の目的は、労働の供給関数がシフトした場合に完全雇用がどのくらい増減するかを示すことにある。もしくは、こう言ったほうがよいかもしれないが、教授の『失業の理論』は、ある特定の雇用水準に対応する実質賃金の水準を決める関数関係を調べたものであり、なぜそうした関数関係が生じるかについては論じていない。実際の雇用水準がどのように決まるかを示すことはできないし、非自発的失業の問題とは直接何の関係もない。

たとえ教授が本書で定義した非自発的失業の可能性を否定するとしても（おそらく否定するだろうが）、教授の分析をどのように利用できるのか理解に苦しむ。というのも x と y の関係——つまり賃金財産業と非賃金財産業のそれぞれの雇用の関係——を決める要因を論じていないのは、やはり致命的と言える。

また教授は、ある一定の範囲内では労働者が現実には特定の実質賃金ではなく特定の名目賃金を求めることが多いと認めているが、その場合、労働の供給関数は $F'(x)$ だけではなく、賃金財の名目価格の関数にもなる。そうなると、これまでの分析が破綻し、追加の要素を導入する必要が出てくる。だが、この追加の未知数を求める追加の方程式は存在しない。すべてを単一の変数の関数にして、偏微分はすべてゼロになると想定しなければまったく先に進めないという似非《えせ》数学的手法の落とし穴をこれ以上はっきり示す例はないだろう。というのも、後の段階になって、実は別の変数が存在することを認めておきながら、それまで書いてきたものをすべて書き直さずに先に進むというのは言語道断であるからだ。したがって、労働者が（ある一定の範囲内で）名目賃金を求めるのであれば、たとえ $n=x+y$ と想定したとしても、賃金財の名目価格の決定要因が判明しない限り、データがまだ不足することになる。というのも、賃金財の名目価格は総雇用量に左右されるのだ。したがって、賃金財の名目価格がわかるまで総雇用量はわからないし、総雇用量がわかるまで賃金財の名目価格はわからない。すでに指摘したように、方程式が一つ足りないのだ。もっとも、実質賃金ではなく名目賃金が硬直的だととりあえず仮定してみれば、この理論を現実にもっとも近づけられるかもしれない。たとえば、イギリスは一九二四〜一九三四年の一〇年間、混乱と不透明感に見舞われ、物価が大きく変動したが、名目賃金は変動率六％以内と安定していた。これに対し、実質賃金は二〇％以上変動したのである。だが、名目賃金が一定に（もしくは一定の範囲内に）固定されている場合も、そうでない場合も、まったく同じように適用できなければ、「一般」理論を名乗る資格はない。政治家なら「名目賃金は大いに弾力的であるべきだ」と不満を訴えてもよいが、理論家はどちらのケースにも等しく対応できなければならない。現実をその理論独自の仮定に合わせることを要求する理論は科学的理論とは呼べない。

ピグー教授が名目賃金引き下げの影響をあえて論じる際も、やはり導入するデータの量が少なすぎ、明確な答えを出せないのは目にみえている（と私には思える）。教授はまず、限界主要コストが限界賃金コストに等しい場合、名目賃金を引き下げれば、非賃金所得者の所得も賃金所得者の所得と同じ比率で変化するという説を否定する。この説が成り立つのは雇用量が変化しない場合だけである——まさにこの点が議論のポイントだ——という主張である（同書一〇一ページ)。ところが次のページ(同書一〇二ページ)では「まず、非賃金所得者の名目所得に何も起きない」と仮定しようと言って、みずからも同じまちがいを犯している。というのも、教授がたったいま指摘したように、この仮定が成り立つのは雇用量が変化する場合のみだ――まさにこの点が議論のポイントなのである。実際、他の要素をデータに加えない限り、答えなど出ない。

(実質賃金が一定の最低限度を下回らない限り)労働者が実際に求めるのは一定の名目賃金であって一定の実質賃金ではないという点を認めれば、教授の分析がどのように揺らぐのかは、こんなふうに示すこともできる。論証の大半の根底にある「実質賃金を上げない限りこれ以上人を雇えない」という想定が崩れるのだ。たとえば、ピグー教授は実質賃金が所与だという想定――つまり、すでに完全雇用が実現し、実質賃金が下がればこれ以上追加の労働力を引き出せないという想定の下で乗数理論を否定している(同書七五ページ)。たしかに、この仮定の下では教授の主張は正しい。だが教授はこの一節で実際の政策に関わる提案を批判しているのだ。イギリスの統計上の失業者が二〇〇万人を超えている状況(つまり、いまの名目賃金で働きたい人が二〇〇万人いる状況)で、生計費が名目賃金との比較でたとえすこしでも上昇すれば、この二〇〇万人全員をさらに上回る人々が労働市場から撤退すると想定するのは途轍もなく現実離れしている。

強調しておきたいが、ピグー教授の『失業の理論』は生計費が名目賃金との比較でたとえすこしでも上昇すれば、現在の失業者全員よりも多い数の労働者が労働市場から撤退すると一貫して想定しているのである。

また、教授はこの一節で（同書七五ページ）、公共事業の結果として生じる「二次」雇用に異議を唱えているが、同じ想定の下では、公共事業から生じる「一次」雇用の増加も等しく否定されることに気づいていない。というのも、賃金財産業で成立している実質賃金レートが一定であるなら、雇用の増加はありえない。非賃金所得者が賃金財の消費を減らすようなことがない限りありえない。というのも、一次雇用で新たに仕事にありついた人はおそらく賃金財の消費を増やすだろう。その場合、実質賃金は低下し、（教授の想定に基づくと）他の分野で雇用されていた労働者が撤退することになる。だが、ピグー教授は一次雇用が増加する可能性は受け入れているようなのだ。一次雇用と二次雇用を分ける線が心理的な臨界点となっており、この線を超えると、教授のまともな常識が教授のまともとは言えない理論を覆せなくなるようだ。

仮定と分析にこうした差があれば、結論にどんな差が出るのか。これは教授が自身の見解をまとめた以下の重要な一節に見て取れる。「労働者の間に完全な自由競争が成立し、労働移動が完全なら、〔労働者が求める実質賃金レートと労働需要関数の〕関係は非常にシンプルな性質になるだろう。賃金と需要の関係は、誰もが雇用されるという関係になる強い傾向がつねに成り立つはずだ。したがって、安定した状況では実際に誰もが雇用される。ここからわかるのは、現実に失業が起きている場合、原因はつねにかならず以下の事実にあるということだ。需要条件にたえず変化が起きており、摩擦抵抗のせいで適切な賃金の調節が即座に実現しないのである*」。

失業の主因は、労働の実質需要関数の変化に応じて十分に自己調節できない賃金政策にある。これが教授の結論だ（同書二五三ページ）。

そのため、教授は長期的には賃金の調節を通じて失業を解消できると考えている**。一方、私の主張はこうだ。実質賃金（雇用の限界負効用で決まる最低限度は別にして）を決める主因は「賃金の調節」ではない（ただし、賃金の調節が余波を及ぼす可能性はある）。主因は経済システムのほかの要因であり、私が間違っていなければ、教授はこのうちの一部（とくに資本の限界効率表と金利の関係）を形式化の図式に組み込んでいない。

* 同書二五二ページ。
** これが金利への反響を通じて起きるという暗示や示唆はない。

最後に、教授は「失業の原因」の章までくると、需要状態の変動について、たしかに私と同程度論じる。だが、教授は需要の状態を「労働の実質需要関数」と同一視し、自分が後者を非常に狭く定義したことを忘れてしまう。というのも「労働の実質需要関数」は（すでにみたように）定義上二つの要素にしか左右されないのである。つまり①任意の環境下での全労働者数と、全労働者が消費する賃金財を生産する上で必要になる賃金財産業の労働者数の関係 ②賃金財産業の限界生産性の状態――だ。だが『失業の理論』第5部では「労働の実質需要」の状態の変動が重要な役割を与えられる。「労働の実質需要」は短期的に大きな変動に見舞われやすい要因とされ（同書第5部第6～12章）、「労働の実質需要」の変動が、そうした変動に敏感に反応できない賃金政策と相まって、景気循環の主因となるとされているようなのだ。読者からすると、一見、これはいずれも妥当で馴染みのある考え方に思える。というのも、定義に立ち返らなければ、「労働の実質需要の変動」は、私が「総需要の状態の変動」という言葉で伝えたいことと同じようなものを想起させるからだ。だが、「労働の実質需要」の定義に立ち返れば、この説はまったく妥当性を欠くものになる。というのも、これから説明するように、この要素ほど短期的に急激な変動に見舞われにくいものもないのである。

ピグー教授の「労働の実質需要」は定義により、$F(x)$（賃金財産業の物理的な生産条件）と

$\phi(x)$（総雇用と、その任意の水準に対応する賃金財産業の雇用の間の関数関係）にしか左右されない。この二つの関数が変化するとすれば、長期的で緩やかな変化になるはずで、それ以外の変化が起きる理由は考えにくい。景気循環の過程でこの二つの関数が変動すると考える根拠は、どうみてもまったくないように思える。というのも、$F(x)$は緩やかにしか変化しないし、技術が発展する社会では前方にしか変化しない。$\phi(x)$のほうも、労働者階級の間に突如として倹約志向が広がる――より一般的に言えば消費性向が急激に変化する――と考えない限り、安定が続くはずだ。したがって、労働の実質需要は景気循環を通じてほぼ一定に推移すると思える。改めて指摘するが、ピグー教授は投資規模の変動という不安定要因――雇用の変動という現象の根底にあることがとくに多い要因――を分析にまったく組み込んでいない。

ピグー教授の失業の理論を長々と批判してきたが、これは他の古典派の経済学者よりも批判すべき点が多いと感じたからではない。私の知る限り、教授の説が古典派の失業理論を正確に記述しようとした唯一の取り組みであったためだ。したがって、自分の責務は古典派の失業理論がもっとも優れた形で提示された教授の著書に反論することにあった。

第20章 雇用関数*

Chapter 20

The Employment Function

1

第3章（第1節）では、総供給関数$Z=\phi(N)$を定義した。雇用Nとそれに対応する生産高の総供給価格を関連づける関数だ。「雇用関数」と総供給関数の違いは、事実上、前者が後者の逆関数であり、賃金単位で定義するという点だけである。雇用関数の目的は「ある特定の企業・産業もしくは産業全体向けの有効需要（賃金単位で計測）」と「その有効需要と釣り合う生産物の供給価格を実現する雇用量」を結びつけることにある。したがって、ある企業・産業向けの有効需要の量（賃金単位で計測）がD_{wr}なら、その企業・産業でN_rの雇用が創出されるとい

＊ 代数が嫌いな読者（それが当たり前だ）は、この章の第1節を読み飛ばしても、失うものはほとんどない。

う場合、雇用関数は $N_r = F_r(D_{wr})$ となる。もしくはさらに一般化して、D_{wr} が総有効需要 D_w のみの関数であると仮定して構わないのであれば、雇用関数は $N_r = F_r(D_w)$ となる。つまり、有効需要が D_w の場合、産業 r で N_r 人が雇用される。

この章では、雇用関数の一部の特性を詳しく説明しよう。ただ、そうした特性に関心があるかどうかは別にしても、通常の供給曲線に代えて雇用関数を利用すれば、本書の手法と目的にかなうという理由が二つある。第一に、雇用関数を使えば、量的に曖昧な単位をまったく導入することなく、本書で限定した単位を使って関連する事実を表現できる。第二に、雇用関数のほうが通常の供給曲線よりも産業全体・生産全体の問題（ある環境下での特定産業・特定企業の問題ではなく）を扱いやすい。理由は次の通りだ。

ある特定の商品の需要曲線は通常、社会の成員の所得について何らかの仮定をした上で描かれており、所得が変われば描き直す必要がある。同様に、ある特定の商品の供給曲線も、産業全体の生産量について何らかの仮定をした上で描かれており、産業全体の生産量が変われば供給曲線も変わる傾向がある。このため、個々の産業が総雇用の変化にどう反応するかを検証する際は、各産業の単一の需要曲線と単一の供給曲線ではなく、総雇用の想定が異なる二つの需要・供給曲線群に目を向ける必要がある。だが、雇用関数を使えば、雇用全体の変化を反映する産業全体の関数を導き出すという作業が行いやすくなる。

というのも、（とりあえず）第18章で所与とした要素に加え、消費性向も所与であると想定し、投資率が変化すれば雇用がどう変化するかを考えているとしよう。この想定の下では、有効需要（賃金単位で計測）のそれぞれの水準に対応する総雇用が存在し、この有効需要は一定の比率で消費と投資に分割される。また、有効需要のそれぞれの水準には、それに対応する所得の分配が存在する。このため、総有効需要が一定の水準に決まれば、有効需要の各産業への分配もただ一つに定まると想定することが妥当だ。

そうなると、総雇用のそれぞれの水準に対応する各産業の雇用量がわかる。これは、総有効需要（賃金単位で計測）のそれぞれの水準に対応する各産業の雇用量がわかることを意味する。このため、先ほど定義した各産業の雇用関数の二番目の形、$N_r=F_r(D_w)$の条件が満たされることになる。したがって、こうした状況では各雇用関数を合算できるというメリットが得られる。つまり、ある特定の有効需要の水準に対応する産業全体の雇用関数は、個別の各産業の雇用関数の合計と等しくなる。これは以下のように書ける。

$$F(D_w)=N=\Sigma N_r=\Sigma F_r(D_w)$$

さて、次は雇用の弾力性を定義しよう。ある産業の雇用の弾力性は

$$e_{er}=\frac{dN_r}{dD_{wr}}\cdot\frac{D_{wr}}{N_r}$$

となる。各産業の雇用の弾力性とは、その産業の生産物の購入に充てられると見込める賃金単位の数が変化した場合、その産業で雇用される労働単位の数がどう変わるかを計測したものであるためだ。産業全体の雇用の弾力性はこう書ける。

$$e_e=\frac{dN}{dD_w}\cdot\frac{D_w}{N}$$

生産量を計測できる満足のゆく手法が見つかるのであれば、生産高（*output*）もしくは生産（*production*）の弾力性とでも呼べるようなものを定義しておくと便利だろう。ある任意の産業向けの有効需要（賃金単位で計測）が増えた場合に、その産業の生産量がどの程度のペースで増えるかを示すものだ。これは次のように書ける。

$$e_{or}=\frac{dO_r}{dD_{wr}}\cdot\frac{D_{wr}}{O_r}$$

価格が限界主要コストに等しいと想定できるなら、以下のように書ける。

$$\Delta D_{wr} = \frac{1}{1-e_{or}} \Delta P_r$$

P_rは予想利益（予想利潤）だ。[*] そうなると、$e_{or}=0$ の場合（つまり、産業の生産量が完全に非弾力的な場合）は、有効需要（賃金単位で計測）の増加分がすべて利益として事業家の懐に入ると予想できる。つまり$\Delta D_{wr}=\Delta P_r$となる。一方、$e_{or}=1$（つまり生産量の弾力性が一）の場合、有効需要の増加分はまったく利益とはならず、すべてが限界主要コストの構成要素に吸収されると予想できる。

＊　というのも、p_{wr}を賃金単位で測定した生産物一単位の予想価格とすれば

$$\Delta D_{wr} = \Delta(p_{wr}Or) = p_{wr}\Delta O_r + O_r\Delta p_{wr}$$

$$= \frac{D_{wr}}{O_r} \cdot \Delta O_r + O_r\Delta p_{wr}$$

したがって　$O_r\Delta p_{wr} = \Delta D_{wr}(1-e_{or})$

もしくは　$\Delta D_{wr} = \dfrac{O_r\Delta p_{wr}}{1-e_{or}}$

しかし　$O_r\Delta p_{wr} = \Delta D_{wr} - p_{wr}\Delta O_r$

$= \Delta D_{wr}$ −（限界主要コスト）ΔO_r

$= \Delta P_r$

ゆえに　$\Delta D_{wr} = \dfrac{1}{1-e_{or}} \cdot \Delta P_r$

また、ある産業の生産量が雇用されている労働者の関数 $\phi(N_r)$ だとすれば、以下のように書ける。*

$$\frac{1-e_{or}}{e_{er}}=-\frac{N_r\phi''(N_r)}{p_{wr}\{\phi'(N_r)\}^2}$$

p_{wr} は生産量一単位当たりの予想価格（賃金単位で測定）だ。したがって $e_{or}=1$ の場合、$\phi''(N_r)=0$ となり、雇用が増加しても収益は一定（収穫一定）となる。

さて、古典派理論では実質賃金がつねに労働の限界負効用に等しく、雇用が増えれば後者が増える——結果的に、実質賃金が減ると、他の条件が等しければ、労働者の供給が減ると想定している。となると、古典派理論は、賃金単位でみて支出を増やすことは、現実には不可能だと想定していることになる。もしこの想定が事実なら、雇用の弾力性という概念を使える余地はない。また、この場合、名目支出を増やして雇用を拡大することは不可能になる。というのも、名目賃金は、増加した名目支出に比例して上昇するため、賃金単位でみて支出はまったく増えず、結果的に雇用もまったく増えないことになるからだ。だが、古典派の想定が間違っているとすれば、名目ベースの支出を増やして雇用を拡大することが可能だ。実質賃金が低下して、労働の限界負効用と等しくなる水準まで雇用を増やせる。この水準を完全雇用と定義できる。

もちろん、ふつう、e_{or} はゼロから一までの値をとる。したがって、名目支出が増えた場合、(賃金単位で計測した) 物価がどの程度上昇するかは——つまり実質賃金がどの程度低下するかは——賃金単位で計測した支出に対する生産量の弾力性に左右される。

有効需要 D_{wr} の変化に対する予想価格 p_{wr} の弾力性 $\frac{dp_{wr}}{dD_{wr}} \frac{D_{wr}}{p_{wr}}$ を e'_{pr} と表記することにしよう。

$O_r \cdot p_{wr} = D_{wr}$ であるため、

$$\frac{dO_r}{dD_{wr}} \cdot \frac{D_{wr}}{O_r} + \frac{dp_{wr}}{dD_{wr}} \cdot \frac{D_{wr}}{p_{wr}} = 1$$

* というのも $D_{wr} = p_{wr} O_r$ であるため、

$$1 = p_{wr} \frac{dO_r}{dD_{wr}} + O_r \frac{dp_{wr}}{dD_{wr}}$$

$$= e_{or} - \frac{N_r \phi''(N_r)}{\{\phi'(N_r)\}^2} \frac{e_{or}}{p_{wr}}$$

すなわち $e'_{pr}+e_{or}=1$

つまり、有効需要（賃金単位で測定）の変化に対する価格の弾力性と生産量の弾力性の合計は一となる。この法則によると、有効需要は、一部は生産量に影響する形で、一部は価格に影響する形で、費消される。

産業全体を扱う場合、生産全体を計測できる単位があると想定できれば、同じ論証が当てはまる。つまり $e'_p+e_o=1$ だ。添え字 r のない弾力性は産業全体の弾力性だ。

ここで賃金単位ではなく、通貨建てで価値を測定し、産業全体に関する結論に当てはめてみよう。

W を一労働単位の名目賃金、p を全体の生産量一単位当たりの予想名目価格とすると、通貨建ての有効需要の変化に対する名目物価の弾力性は e_p $\left(=\frac{Ddp}{pdD}\right)$ と書け、通貨建ての有効需要の変化に対する名目賃金の弾力性は e_w $\left(=\frac{DdW}{WdD}\right)$ と書ける。そうなると、簡単に以下の式が引き出せる。

$$e_p=1-e_o(1-e_w)^{*}$$

この等式は、次章で見るとおり、一般化された貨幣数量説の最初のステップとなる。$e_o=0$ もしくは $e_w=1$ の場合、生産量は変わらず、物価が通貨建ての有効需要と同じ比率で上昇する。それ以外のケースでは、物価の上昇率は小さくなる。

＊ というのも $p=p_w \cdot W$ また $D=D_w \cdot W$ であるから

$$\Delta p = W\Delta p_w + \frac{p}{W} \cdot \Delta W$$
$$= W \cdot e'_p \cdot \frac{p_w}{D_w} \cdot \Delta D_w + \frac{p}{W} \cdot \Delta W$$
$$= e'_p \frac{p}{D} (\Delta D - \frac{D}{W} \Delta W) + \frac{p}{W} \Delta W$$
$$= e'_p \frac{p}{D} \cdot \Delta D + \Delta W \frac{p}{W} (1-e'_p)$$

したがって $e_p = \frac{D\Delta p}{p\Delta D} = e'_p + \frac{D}{p\Delta D} \cdot \frac{\Delta W \cdot p}{W} \cdot (1-e'_p)$

$$= e'_p + e_w(1-e'_p)$$
$$= 1-e_o(1-e_w)$$

雇用関数に戻ろう。先ほど、総有効需要が一定の水準に定まれば、各産業の商品への有効需要の分配もただ一つに定まると仮定した。だが、ふつう、総支出が変化した場合、各産業の製品への支出は同じ比率では変化しない。一つには、所得が増加しても個人は購入する各産業の商品の量を同じ比率では増やさないこと、一つには、支出が増えても価格の反応は商品によって異なることが理由だ。

そうなると、これまでの論証の基にあった想定——つまり、雇用の変化は総有効需要（賃金単位で計測）の変化のみに左右されるという想定——は、所得が増えても使い方は様々であることを認めれば、一次近似でしかないということになる。というのも、総需要の増分が異なる商品間にどう分配されるのかについて、どのような想定をするかで雇用量への影響が大きく変わってくる可能性があるのだ。たとえば、需要の増分が、おもに雇用の弾力性が高い商品に振り向けられる場合と、おもに雇用の弾力性の低い商品に振り向けられる場合を比べると、総雇用の増分は前者のほうが大きくなる。

同様に、総需要にまったく変化がなくても、需要の方向性が変わり、相対的に雇用の弾力性が低い商品に需要が振り向けられるようになれば、雇用が減少する可能性がある。

こうした問題は、需要の量や方向性の変化をある程度事前に把握できない短期の現象について考える際に、とくに重要になる。一部の商品は生産に時間がかかり、直ちに供給を増やすことは事実上不可能だ。このため、こうした商品に事前の予告なく追加の需要が振り向けられれば、雇用の弾力性は低くなる。もっとも、かなり前もって把握できれば、その商品の雇用の弾力性は一に近づくかもしれない。

こうした関係があるため、私は生産期間という概念がとくに重要になると考えている。次のような言い方が望ましいと思える*。ある商品の雇用の弾力性を最大限に高めるために、需要の変化を n 期間前に把握する必要がある場合、その商品の生産期間は n と言える。この意味で生産期間がもっとも長いのは、全体としてみれば、明らかに消費財である。どのような生産過程でも消費財は最終段階に位置するためだ。したがって、消費の増加をきっかけに有効需要の拡大が始まった場合と、投資の増加をきっかけに有効需要の拡大が始まった場合を比べれば、当初の雇用の弾力性は、前者の方が最終的な均衡水準を大きく下回ることになる。また、需要

* これは通常の定義とまったく同じではないが、この概念の重要な点を表していると思える。

の増分が相対的に雇用の弾力性の低い商品に振り向けられた場合、事業家の所得が相対的に膨らみ、賃金所得者や他の主要コスト要素の所得は相対的に伸び悩むことになる。この場合、支出にあまり望ましくない余波が及ぶかもしれない。事業家は賃金所得者よりも高い比率で所得の増分を貯蓄に回す可能性が高いためだ。とはいえ、二つのケースの違いをことさら言い立てるべきではない。反応の大部分は似たようなものになるからだ*。

事業家が今後見込まれる需要の変化をどれほど事前に察知したとしても、与えられた投資の増加に対する雇用の弾力性が直ちに最終的な均衡水準まで上昇することは(生産のすべての段階に余剰在庫と余剰生産能力がない限り)ありえない。一方、余剰在庫が枯渇すれば、投資の増分が相殺されるという影響が出る。当初、すべての生産段階に一定の余剰があると想定すれば、当初の雇用の弾力性が一に近づく可能性がある。その後在庫が取り崩されたが、まだ増えた供給が生産の前段階から十分なペースで送られてこないという局面では、弾力性は低下する。新たな均衡局面に近づくにつれて、再び一に向けて上昇することになる。ただし、雇用の増加に伴う追加の支出を吸い上げるレント要素があったり、金利が上昇した場合は、一定の但し書きが必要になる。このため、変化に見舞われる経済で物価の完全な安定を実現することは不可能だ。消費性向が一時的に過不足なく変動するという特殊なメカニズムでもない限り、不可能だ。

ただ、こうした形で物価が不安定になっても、利益面である種の刺激が起き、余剰生産能力が生じやすくなるということはない。というのも、偶発利益（意外の利潤 windfall profit）がまるまる懐に入ってくるのは、生産段階の比較的後段階でたまたま商品を保有していた事業家であって、適切なタイプの特殊なリソースを持っていない事業家は、自力でそうした利益を引き寄せることはできない。したがって、変化に伴い不可避的に物価が不安定になっても、事業家の行動に影響はなく、事実上の棚ぼた式の富が幸運な人の懐に舞い込むだけである（逆の方向の変化を想定する場合は必要に応じた修正を加えてほしい）。物価の安定を目指す現代の実践的な政策議論の一部では、この事実が見過ごされていると思う。変化に見舞われる社会では、たしかにそうした政策が完全な成功を収めることはない。だが、だからと言って、物価の安定から一時的にわずかに逸脱するたびに不均衡が累積していくわけではない。

＊ この問題については『通貨論』第4篇でさらに論じた。

本書では、有効需要が不足すると、「現行の実質賃金未満でも積極的に働きたい失業者が存在する」という意味で労働者の過少雇用が起きることをみてきた。そのため、有効需要が増えれば、雇用も増える。実質賃金は現行水準かそれ未満になるが、その時の実質賃金で働きたい人がいなくなる地点まで雇用は増える。つまり、（それ以降は）名目賃金を物価よりも速いペースで上げない限り、人を雇えない（もしくは労働時間を増やせない）という地点だ。次の問題として、この地点に到達しても支出の増加が続いた場合、何が起きるかを考えてみよう。

この地点に至る前は、一定の資本設備に配置される労働者が増えて収穫逓減が起きても、労働者が実質賃金の低下を黙認するという形で収穫逓減が相殺されてきた。だが、この地点を過ぎると、労働単位を増やすには、これまで以上の商品量に相当するインセンティブが必要になり、その一方で労働単位を一単位追加しても生産できる商品量は減る。したがって、厳密な均衡状態が成立するためには、賃金と物価が――またそれに伴い利益も――すべて支出と同じ比率で上昇し、生産量・雇用量も含め、「本当の」（実質ベースの）位置は何も変わらないという条件が満たされなければならない。言い換えれば、荒削りの貨幣数量説（「速度」を「所得速度」

と解釈する）が完全に当てはまる状況に到達する。生産高は変化せず、物価が MV とまったく同じ比率で上昇するためだ。

ただし、この結論を実際のケースに適用する場合は、一定の現実的な但し書きを念頭に置く必要がある。

① 少なくともしばらくの間は、事業家が物価の上昇に惑わされ、（生産物で測定した）個人の利益を最大化できる水準を超えて雇用を増やしてしまう可能性がある。名目ベースの販売収入が増えれば増産の合図だと判断することが習慣になっているため、そうした生産方針が自分の最大の利益にならなくなっても、増産を続けてしまう可能性がある。つまり、事業家が新しい物価環境で限界使用コストを過小評価してしまう可能性がある。

② 事業家の利益のうち、金利生活者に払わなければならない部分は通貨建てで固定されており、物価が上昇すれば、たとえ生産高が変化しなくても、所得の分配は事業家に有利に、金利生活者に不利な形になる。これは消費性向に影響を及ぼしうる。もっとも、これは完全雇用が実現して初めて始まるプロセスではなく、支出が増えている局

面では一貫して着実に進んでいるはずだ。もし金利生活者の支出性向が事業家よりも低いと仮定すれば、金利生活者から段階的に実質所得が流出し、反対の仮定をした場合に比べて、完全雇用の実現に必要となる通貨量の増分と金利の低下幅が小さくなる。完全雇用の達成後も物価の上昇が続く場合、前者の仮定が引き続き成り立つなら、際限のない物価上昇を防ぐため、金利を多少引き上げる必要が生じ、通貨量の増加ペースは支出の増加ペースを下回ることになる。一方、後者の仮定が成り立つなら、反対のことが起きる。だが、金利生活者の実質所得が減少すれば、金利生活者が相対的に貧しくなるため、前者の仮定から後者の仮定への切り替えが起きる地点が来るかもしれない。そうした地点に到達するのは完全雇用の達成前かもしれないし、達成後かもしれない。

4

インフレ（膨張）とデフレ（収縮）の間には非対称性がみられ、少々戸惑うのではないか。というのも、有効需要が完全雇用に必要な水準を割り込んで収縮すれば、雇用と物価の双方が落ち込むが、有効需要が完全雇用に必要な水準を超えて膨張する場合は物価だけに影響が及ぶのである。だが、この非対称性は以下の事実を反映しているにすぎない。実質賃金が限界負効用を下回る雇用規模では、労働者はいつでも仕事を拒否できる立場にあるが、実質賃金が限界負効用を超えない雇用規模で仕事を要求できる立場にはないのである。

第21章 物価の理論

Chapter 21

The Theory of Prices

1

経済学者はいわゆる「価値の理論」を論じるときは、物価は需要と供給の条件によって決まる――とくに限界コストの変化と短期の供給の弾力性がきわめて重要な役割を果たす――と以前から説いてきた。ところが、第2巻に入り（もしくは往々にして別の論文で）「通貨と物価の理論」を論じる段になると、そうした素朴だがわかりやすい概念は完全に姿を消し、物価が通貨量、通貨の所得速度、取引量に対する流通速度、保蔵、強制貯蓄、インフレ・デフレ等々で決まるという世界に突入する。しかも、こうした曖昧な用語と、前者の需給の弾力性という概念を結びつける試みはまったくと言ってよいほど行われていない。これまで教えられてきたことを振り返り、辻褄を合わせようとすると、比較的単純なケースでは、供給の弾力性はゼロで、需要が通貨量に比例にすると考える必要があるように思える。もうすこし複雑なケースになると、すべてが曖昧模糊として何でもありうる朦朧した世界に迷い込むことになる。あるときは月のこちら側にいて、あるときは月の反対側にいるが、両者を結ぶ道筋や旅程はわからない――そんな状態に誰もが慣れ切っている。これは現実世界と夢の中の世界の関係に似ているようにも思える。

本書ではここまで、こうした二重生活から脱し、物価全体の理論を価値の理論の方向に押し戻し、密接に連携させることを目的の一つとしてきた。経済学を「価値と分配の理論」と「通貨の理論」に分けるのはあやまった分け方だと思える。正しい二分法は「個別の産業・企業の理論、一定量の資源に対する報酬と資源の異なる用途への配分に関する理論」と「生産・雇用全体の理論」という分け方だと提案したい。事実、雇用・利用されている資源の総量が一定で、とりあえず他の産業・企業の状況は変わらないと想定した上で、研究対象を個別の産業・企業に限定する限り、通貨の重大な特性を考慮に入れる必要はない。だが、全体の生産・雇用はどのように決まるのかという問題に移った途端、「貨幣経済」の完璧な理論が必要になる。

もしくは、静態的な均衡の理論と移動均衡の理論という分け方でもよいかもしれない。後者は、将来に関する見方が変われば、いまの状況にも影響が及びうる経済体系の理論だ。というのも、通貨は現在と未来を結ぶ存在であり、通貨の重要性は本質的にその点から生じるのである。将来に関する我々の見方があらゆる点で固定されており、信頼が置けるという世界であれば、通常の経済的な動機の影響の下で、どのような用途への資源配分が均衡水準に見合うのかを考えることができる。またさらに分割して①経済が変化しない世界と、②経済は変化するが、すべてのことが最初から予測できる世界、に分けることもおそらく可能だろう。また、こうした単純化した準備段階の研究から、現実世界の問題——以前の予測が裏切られる可能性があり、未来の予測が今日の行動に影響を及ぼす現実世界の問題——に移行することもできる。現在と未来を繋ぐという通貨独特の特性を計算に入れなければならないのは、この移行を遂げたときだ。だが、たしかに移動均衡の理論はかならず貨幣経済という条件の下で構築しなければならないが、この理論が価値と分配の理論であることに変わりはなく、何か別個の「通貨の理論」となるわけではない。通貨は何にもまして現在と未来を繋ぐ精巧な装置であるという点が重要な属性なのであり、通貨建てで考えなければ、予想の変化が現在の活動にどんな影響を及ぼすか、議論を始めることすらできない。たとえ金や銀や法定通貨を廃止しても、通貨は駆逐できない。何らかの耐久財が存在する限り、通貨の属性*を持つことが可能であり、したがって貨幣経済に特徴的な問題が生じうる。

2

ある単一の産業の場合、その産業の価格水準は、一部は限界コストに入る生産要素の報酬レートに、一部は生産規模に左右される。産業全体の話に移っても、この結論を修正する理由はまったくない。物価全般の水準は、一部は限界コストに入る生産要素の報酬レートに、一部は生産全体の規模、つまり（設備と技術が一定だと仮定すれば）雇用量に、左右される。たしかに、生産全体の話に移った場合は、どんな産業でも、生産コストが部分的には他の産業の生産高にも影響される。だが、ここで考慮する必要があるさらに重要な変化は、需要の変化がコストと量に及ぼす影響だ。全体の需要が一定だと想定して、個別に取り出した単一の商品の需要を論じるのではなく、需要全体を論じる場合は、需要サイドにまったく新しい概念を導入する必要がある。

3

もし限界コストに入る様々な生産要素の報酬レートがすべて同じ比率で変化する——つまり、賃金単位と同じ比率で変化する——という単純化した想定が許されるなら、物価全般の水準は（設備と技術を一定とすれば）一部は賃金単位に、一部は雇用量に左右されることになる。したがって、通貨量の変化が物価水準に及ぼす影響は、賃金単位への影響と雇用への影響で構成されていると考えることができる。

ここで関わってくる考え方を明瞭にするため、先ほどの想定をさらに単純化してみよう。①雇用されていない資源はすべて均質的で、必要なものを生産する効率性という点で交換可能である、②限界コストに入る生産要素は、雇用されていない生産要素の余剰がある場合、同じ名目賃金で満足する——と想定する。この場合、失業者が存在する限り、収益は一定（収穫一定）で、賃金単位は硬直的となる。そうなると、通貨量が増えた場合、失業者が存在する限り、物価にはまったく影響がなく、雇用のほうは通貨量の増加で有効需要が増加するなら、有効需要の増加分とまったく同じペースで増加することになる。だが、完全雇用が実現した途端に、それ以降、有効需要の増分とまったく同じペースで上昇するのは賃金単位と物価になる。した

＊　第17章を参照。

がって、失業者がいる場合は供給が完全に弾力的で、完全雇用が実現した途端に供給が完全に非弾力的になる場合、そして有効需要が通貨量と同じペースで変化する場合、「貨幣数量説」は次のように明確に規定できる。「失業者がいる限り、雇用が通貨量と同じ比率で変化する。完全雇用が実現した場合は、物価が通貨量と同じ比率で変化する」。

だが「貨幣数量説」を明確に規定できたのは、数々の単純化した想定を導入して、伝統的な考え方の条件を満たしたからだ。今度は、事の成り行きに影響を及ぼしうる複雑な要因について考えてみよう。

① 有効需要は通貨量とまったく同じペースでは変化しない。
② 資源は同質的ではないため、雇用が段階的に増えると、収益は逓減し（収穫逓減）、一定（収穫一定）とはならない。
③ 資源は交換可能ではないので、ある商品の供給が非弾力的になっても、別の商品の生産ではまだ雇用・利用されていない資源が残っている。
④ 賃金単位は、完全雇用の成立前に上昇する傾向がある。
⑤ 限界コストに入る要素に対する報酬がすべて同じ比率で変化することはない。

そうなると、まず、通貨量の変化が有効需要の量にどのような影響を及ぼすかを考察しなければならない。一般的な話をすれば、有効需要の増加分は、一部は雇用量を増やす形で、一部は物価を押し上げる形で費消される。したがって、「物価は失業者がいるときは一定で、完全雇用が成立したときは通貨量に比例して上昇する」のではなく、現実には雇用が増加するにつれて物価が緩やかに上昇する。「物価の理論」とは、通貨量の変化に対する物価の弾力性を把握することを目的として、通貨量の変化と物価水準の変化の関係を分析する理論だ。したがって、いま挙げた五つの複雑な要因と向き合わなければならない。

各項目を順に検討しよう。ただ、そうは言っても、各項目が厳密な意味で独立していると考えるべきではない。たとえば、有効需要の増分の影響が、どのような比率で生産拡大と物価上昇に分配されるのかによって、通貨量と有効需要量の関係が変わってくるかもしれない。また、様々な要素の報酬が様々な比率で変化すれば、通貨量と有効需要量の関係に影響が出るかもしれない。本書の分析の目的は、完全無欠な答えを出す機械や闇雲な操作方法を構築することではなく、個々の問題を考察する整理された秩序ある手法を編み出すことにある。その上で、個々の複雑な要素を個別に取り出して暫定的な結論を下した後、「本当にそうなのか」と考え直し、個々の要素間に起きる可能性が高い相互作用をできる限り考慮しなければならない。これが経済学的な思考のあり方だ。これ以外の方法で本書の形式的な思考原理を当てはめれば、あやまりを犯すことになる（もっとも、そうした思考原理がなければ森の中をさまようことになるが）。本章の第6節で行うような経済分析体系の形式化で、記号を使った似非数学的な手法を用いる際の大きな欠陥は、関係する諸要因が厳密に独立していると明白に想定しており、そうした想定が否定された場合、説得力と根拠が完全になくなるという点にある。一方、闇雲に操作するのではなく、自分が何をしているのか、この言葉が何を意味するのかをつねに把握して進めるふつうの論考では、必要な保留条件・但し書きと後で行う必要のある調整を「頭の片隅」に置いておくことができる。それは、数ページにわたる代数の「片隅」に複雑な偏微分を起き、偏微分がすべてゼロになると想定することはできないのと同じことだ。最近の「数理」経済学は、単なるでっち上げがあまりにも多く、根底にある当初の仮定と同じくらい不正確だ。もったいぶった無用な記号の迷宮の中で、現実世界の複雑な要因と相互依存性を見失っているのである。

4

① 通貨量の変化は、おもに金利への影響を通じて有効需要量に影響を及ぼす。金利が唯一の反応だと仮定すれば、量的な効果は次の三つの要素から推論できる。ⓐ流動性選好表。これは、人々が自発的に新規の通貨を吸収して保有するためには、金利がどの程度下がる必要があるかを教えてくれる。ⓑ限界効率表。これは、金利が一定水準低下した場合に投資がどの程度増えるかを教えてくれる。ⓒ投資乗数。これは投資が一定水準増えた場合に、有効需要全体がどの程度増えるかを教えてくれる。

ただ、こうした分析は本書の研究に秩序と方法を導入するという点では有益だが、このⓐⓑⓒ自体が、これから検討する②③④⑤という複雑な要因に一部左右されることを忘れると、見掛け倒しの単純化となってしまう。というのも、流動性選好表自体は、どの程度の新規の通貨が所得と産業の資金循環に吸収されるかで変わってくるし、そうした資金循環に吸収される通貨量も、有効需要がどの程度増加するか、またその増加分がどのような形で物価の上昇、賃金の上昇、生産・雇用量に分割されるかに左右される。また、限界効率表も、通貨量の増加に付随して生じる状況が、将来の通貨の見通しに関する予測にどのような影響を及ぼすかに部分的に左右される。最後に、乗数は、有効需要の増加に伴う新規の所得が様々な消費者階級にどのように分配されるかで変わってくる。そして、この潜在的な相互作用のリストも、もちろん完全ではない。ただ、もしすべての事実が私たちの目の前にあるのなら、十分な連立方程式を導入でき、明確な答えを出せるはずだ。あらゆる点を考慮に入れれば、通貨量の増分に見合った、そして増分と均衡する、有効需要の増加量が決まるはずだ。また、通貨量の増加が有効需要量の減少につながるのは、きわめてまれなケースのみである。

有効需要量と通貨量の比率は、「通貨の所得速度」としばしば呼ばれるものに密接に対応している。ただし、有効需要は実際に実現した所得ではなく、生産を促す原動力となる「所得の予想」に対応しており、また純所得ではなく、粗所得に対応する。ただ「通貨の所得速度」というのは単なる用語であって、何の説明にもなっていない。これが一定だと予想する根拠はまったくない。というのも、すでに論じたように、これは多くの複雑な変動する要因に左右されるのである。この用語を使ったことで、因果関係の実態が不明瞭になり、混乱に陥っただけだと思える。

② すでにみたように（第4章第3節）、収穫逓減となるか収穫一定となるかは、労働者が

効率に厳密に比例した報酬を受け取っているかどうかに部分的に左右される。もし比例しているのであれば、雇用が増えても（賃金単位で測定した）労働コストは変わらない。だが、ある等級の労働者の賃金が、個々人の効率とは無関係に一定であれば、設備の効率性がどうであろうと、労働コストは上昇する。また、設備が同質的ではなく、一部の設備の生産一単位当たりの主要コストが多い場合、限界主要コストが増加する。労働コストも上昇している場合は、その分だけ限界主要コストの増分が上乗せされる。

したがって、一定の設備で生産するモノが増えれば、一般に供給価格は上昇する。このため、生産が増えれば、賃金単位の変化の有無とは別に、物価が上昇することになる。

③

いまの②では供給の弾力性が不完全になる可能性を考察した。雇用・利用されていない特殊な資源の各量のバランスが完全にとれている場合は、完全雇用・完全利用がすべて同時に達成されるだろう。だが一般には、一部のサービスやモノの需要は「この水準を超えれば、しばらくの間、供給が完全に非弾力的になる」という水準に達しているのに、別の分野ではまだ雇用・利用していない大量の余剰資源が存在していることが多い。したがって、生産が増加するにつれて、一連の「ボトルネック」（障壁、隘路）が次々に発生する。この場合、一部の商品の供給が非弾力的になり、他の分野に需要が流出するまでその商品の価格上昇が続く。

雇用・利用されていない効率のよいあらゆるタイプの資源が確保できる場合は、生産が増えても物価全般の水準は、おそらくそれほど上昇しないだろう。だが生産が増えて「ボトルネック」の発生が始まった途端に、一部の商品の価格が急騰する可能性が高い。

ただ、この③では②と同様、供給の弾力性は時間の経過に部分的に左右される。設備の量自体が変化するような期間を想定すれば、供給の弾力性は最終的にはまちがいなく上昇する。したがって、広範な失業が存在する状態で、有効需要が小幅に変化すれば、おもに物価の上昇ではなく、雇用の拡大という形で変化分が費消されるかもしれない。一方、予想されていなかったような大きな変化があれば、一時的に「ボトルネック」が発生し、雇用の増加ではなく物価の上昇という形で費消されることになる。影響は当初のほうが大きく、その後小さくなるとみられる。

④　賃金単位が完全雇用の達成前に上昇する傾向がありうることについては、注釈や説明は不要だろう。労働者の各団体は、他の条件が等しければ、自分たちの賃金上昇で恩

恵を受けるため、当然、すべての団体がこの方向に向かう圧力が存在する。事業家も事業が上向いているときは労働者の要求に応じやすいはずだ。このため、有効需要が増加すれば、その一部は賃金単位の上昇傾向を満たすという形で吸収される可能性が高い。

そのため、完全雇用という最終的な臨界点に到達すれば、通貨でみた有効需要の増加に応じて、名目賃金が賃金財価格と完全に同じペースで上昇せざるをえないが、これに加え、それ以前の段階でも、有効需要の増加が、往々にして（賃金財価格とまったく同じペースではないが）名目賃金の上昇につながる一連の半臨界点が存在することになる。有効需要が減少する場合も同様だ。実際の経験では、賃金単位は、有効需要の小刻みな変化に応じて通貨建てで連続的に変化するのではなく、不連続的に変化する。こうした不連続な点は、労働者の心理や雇用主・労組の方針で決まる。この不連続な変化は、開放経済では外国の賃金コストとの相対的な変化を意味するし、景気循環があれば閉鎖経済でも将来の予想賃金コストとの相対的な変化を意味する可能性があり、現実的に大きな意味を持ちうる。こうした半臨界点では、通貨でみた有効需要が一段と増えれば、賃金単位の非連続的な上昇につながりやすく、ある観点からみれば、完全雇用状態で有効需要が増えた際に起きる絶対的なインフレ（以下の第5節参照）に多少類似した（非常に不完全な類似ではあるが）半インフレ状態と考えられるかもしれない。また、この半臨界点は、歴史的にも非常に重要な意味を持っている。だが、理論的な一般化は容易ではない。

⑤本章で最初に行った単純化は、限界コストに入る様々な生産要素の報酬がすべて同じ比率で変化すると想定することだった。だが実際には、通貨建てでみた各要素の報酬レートは、硬直性が異なるだろうし、提示される名目報酬の変化に対する供給の弾力性も異なる可能性がある。そうしたことがないとすれば、物価水準は賃金単位と雇用量という二つの要素で構成されていると言える。

限界コストの構成要素のうち、賃金単位とは異なる比率で変動し、賃金単位よりも変動幅がはるかに大きいとみられるもっとも重要な構成要素は、おそらく限界使用コストだろう。というのも、もし有効需要の増加を受けて、設備の交換時期に関する足元の予想が急激に変化した場合（おそらくそうなるだろう）、限界使用コストは、雇用の改善が始まると急増する可能性があるからだ。

限界主要コストに入るすべての要素の報酬が賃金単位と同じ比率で上昇するという

想定は、多くの目的にとっては非常に有用な一次近似だが、おそらく限界主要コストに入る要素の報酬の加重平均を取ってコスト単位（*cost-unit*）と呼んだほうがよいかもしれない。したがって、このコスト単位――あるいはいまの近似に従うと賃金単位は――根本的な価値の基準とみなすことができる。そして物価水準は、技術と設備が一定だとすると、部分的にはコスト単位に、部分的には生産規模に左右されることになる。生産が増えれば、物価水準は、短期的な収穫逓減の原理に従い、コスト要素を上回るペースで上昇する。完全雇用が実現するのは、生産要素の代表的な構成要素の限界収益が最低限の水準に落ち込むまで生産が増えたとき――限界収益がそれ以上落ち込めば、その量の生産に必要な各要素の量を確保できないという水準に落ち込むまで生産が増えたときである。

5

有効需要が追加で増加しても生産が追加で増加せず、有効需要の増分とまったく同じ比率でコスト単位が増えるという形で有効需要の増分がすべて費消される場合、本物のインフレ（真正インフレ）とでも呼ぶのが適切と言えるような状態に達したことになる。この地点までは、通貨量拡大の効果は完全に程度の問題であって、この地点に至る以前の段階でインフレ状態が始まったと宣言できる明確な一線を引くことはできない。この地点に至る以前の通貨量の増加は、それが有効需要の増加につながる限り、一部はコスト単位の増加に、一部は生産の増加に費消される公算が大きい。

したがって、真正インフレ状態が始まる臨界水準の上と下ではある種の非対称性が存在するとみられる。というのも、有効需要がこの臨界水準未満に縮小すると、コスト単位で測った有効需要の量は減少するが、有効需要がこの水準を超えて増加した場合、一般的にはコスト単位で測った有効需要の量が増加するという影響はみられない。これは生産要素、とくに労働者が名目報酬の引き下げに抵抗しがちだが、引き上げに抵抗する動機はまったくないという非対称的な想定を基にしている。だが、この想定には明らかに十分な事実的根拠がある。全産業に及ぶ変化ではない場合、上向きの変化であれば、変化の影響を受ける特定の生産要素が恩恵を受け、下向きの変化なら損をするためだ。

一方、「完全雇用未満の状態になる傾向があるときには、名目賃金がかならず無制限に下がる」と仮定すれば、たしかに非対称性はなくなる。だがその場合、完全雇用未満では、金利が下限に到達するか賃金がゼロになるまで落ち着きどころがなくなる。現実には、貨幣経済ですこしでも価値を安定させるには、通貨表示の価値が（固定的ではないにしても）少なくとも粘着的な、何らかの要素が必要になる。

通貨量がすこしでも増えればインフレが起きるという見方は（「インフレ」という言葉を単なる物価上昇という意味で使うなら別だが）、古典派理論の根底にある想定——生産要素の実質報酬を下げれば、生産要素の供給減少につながる状況がつねに成り立っているという想定——と結びついている。

6

もしお望みであれば、第20章で導入した表記法の助けを借りれば、これまでの要旨を記号で表すことができる。

$MV=D$としよう。Mは通貨量、Vは所得速度（すでに説明したとおり、このVの定義は若干の点で通常の定義とは異なる)、Dは有効需要だ。その上でVが一定だとすると、$e_p(=\frac{Ddp}{pdD})$が一の場合、物価は通貨量と同じペースで変化する。これが成り立つのは(第20章第1節参照)、$e_o=0$もしくは$e_w=1$の場合だ。$e_w=1$というのは、通貨建ての賃金単位が有効需要と同じペースで増加することを意味する。$e_w=\frac{DdW}{WdD}$であるためだ。$e_o=0$というのは、有効需要が追加で増えても生産がもう反応しないことを意味する。$e_o=\frac{DdO}{OdD}$だからだ。どちらのケースでも生産は変化しない。

次は所得速度が一定でない場合を取り上げよう。これはもう一つの弾力性、つまり通貨量の変化に対する有効需要の弾力性を導入すれば対応できる。

$$e_d=\frac{MdD}{DdM}$$

この場合

$$\frac{Mdp}{pdM}=e_p\cdot e_d$$

ただし　$e_p=1-e_e\cdot e_o(1-e_w)$

ゆえに　$e=e_d-(1-e_w)e_d\cdot e_e\cdot e_o$

$$=e_d(1-e_e\cdot e_o+e_e\cdot e_o\cdot e_w)$$

添え字のない $e\left(=\frac{Mdp}{pdM}\right)$ は、このピラミッドの頂点で、通貨量の変化に対する名目物価の反応を示す。

この最後の式は、通貨量の変化に対する物価の比例的な変化を示しており、「貨幣数量説」を一般化した表現とみなすことができる。私自身はこうした操作にあまり価値を認めない。すでに指摘したことを改めて警告しておくと、ここでは何を独立した変数とみなすかについて、ふつうの論考と同じ程度、暗黙の想定をしており（偏微分は一貫して無視されている）、ふつうの論考以上に得るものがあるのか疑問だ。おそらく、こうした式を書き表す最大の目的は、物価と通貨量の関係を形式的に表現しようとすれば極度に複雑になるという点を示すことにある。ただ、次の点を指摘しておく価値はある。通貨量の変化が物価に及ぼす影響を左右する e_d, e_w, e_e, e_o という四つの項のうち、e_d は各状況で通貨の需要を決める流動性要因を表し、e_w は雇用の増加で名目賃金がどの程度上がるかを決める労働要因（より厳密に言えば、主要コストに入る要因）を表し、e_eとe_oは既存の設備に配置される雇用が増えた際にどの程度のペースで収穫逓減が起きるかを決める物理的要因を表している。

もし人々が所得の一定割合を通貨で保有する場合、$e_d=1$となる。名目賃金が固定されていれば、$e_w=0$。収益が一貫して変化せず（収穫一定）、限界収益が平均収益と等しくなる場合、$e_e e_o=1$となる。完全雇用が実現している場合、もしくは設備が完全利用されている場合は$e_e e_o=0$となる。

ところで、$e_d=1$かつ$e_w=1$の場合$e=1$となる。また$e_d=1$かつ$e_w=0$かつ$e_e \cdot e_o=0$の場合や、$e_d=1$かつ$e_o=0$の場合も$e=1$となる。また$e=1$となる特別なケースはほかにも様々あることは明らかだ。だが、一般にはeは一ではない。おそらく、現実世界で妥当だと思える想定の下では、「通貨からの逃避」（この場合e_dとe_wが大きくなる）のケースを除けば、eは通常一未満であると一般化するのが無難だろう。

ここまでは、通貨量の変化が短期的に物価にどのような影響を及ぼすかをおもに論じてきた。だが長期的にみれば、もっと単純な関係が成立しないのだろうか。

これは純粋理論というより、歴史の一般化の問題だ。もし流動性選好の状態が長期的にある程度一定している傾向がある場合、悲観論が広がった局面と楽観論が広がった局面の平均を取れば、流動性選好を満たすために必要となる通貨量と国民所得の間に、ある種の大雑把な関係が成り立つ可能性は十分にある。たとえば、金利が心理的に最低限だと思えるある一定の水準を上回っている場合、国民所得の一定割合を超えた部分については「残高として長期間手元で遊ばせて置きたくない」と人々が考えるはずだが、この一定割合はかなり安定している可能性がある。そうなると、いまの流通に必要とされる以上の余剰通貨量が、国民所得のこの割合を上回っている場合、遅かれ早かれ金利はこの最低水準近辺に低下する傾向があるだろう。金利が低下すれば、他の条件が一定なら、有効需要が増え、増加する有効需要が半臨界点に達し、賃金単位が不連続に上昇する傾向が出てくるし、そうなれば物価にも相応の影響が及ぶ。一方、余剰通貨量が国民所得の極端に低い割合にとどまれば、逆の傾向が生じる。このため、一定期間の変動は、人々の心理が遅かれ早かれ回帰していく傾向がある「国民所得と通貨量の間の安定した比率」に一致する平均値を確立するという効果を差し引きでもたらすだろう。

こうした傾向はおそらく、上向きの方向のほうが下向きの方向より摩擦が少ないだろう。だが通貨量の大幅な不足が長期にわたって続いた場合、通常の逃げ道は、賃金単位を強制的に引き下げ、結果的に債務負担を増やすという形ではなく、貨幣本位や通貨制度の変更を通じて通貨量を増やすという形になる。このため、非常に長期でみれば、物価はほぼつねに上昇傾向をたどってきた。というのも、通貨が比較的潤沢な場合、賃金単位が上がり、通貨が比較的希少な場合、通貨の実効量を上げる何らかの手段が編み出されるからだ。

一九世紀は人口と発明の増加、新たな土地の開拓、自信の状態、そして平均すると(おおよそ)一〇年に一回程度の戦争が、消費性向と相まって、①まずまず満足できる平均雇用水準と、②富の保有者が心理的に受け入れられる程度の高い金利——が両立する資本の限界効率表を確立していたとみられる。データを見ると、主要金融センターの典型的な長期金利は一五〇年間近くにわたって五%前後、優良証券の利率は三〜三・五%で推移していた。こうした金利水準は穏当なもので、平均でみれば耐えがたいほど低いとは言えない雇用水準を達成する投資率の実現を促していた。賃金単位でみた通貨量を、通常の流動性選好が満たされる状態にするため、時には賃金単位が——だがそれよりも多くのケースで貨幣本位や通貨制度が(とくに預金通貨の発達を通じて)——調整されたため、金利が先ほど示した標準的な水準を大幅に下回ることはめったになかった。賃金単位は通常通り、全体として着実に上昇傾向を辿ったが、労働効率も向上していた。こうした様々な力の均衡で物価はかなりの程度まで安定を享受できた。一八二〇〜一九一四年のザウエルベック物価指数を見ると、五年平均の最高水準は最低水準を五〇%しか上回っていない。偶然そうなったわけではない。様々な力が均衡していたから、そうなったと説明できる。この時代は、個々の経営者団体の力が強く、生産効率を大幅に上回るペースの賃上げを阻止することができた。通貨制度も流動的かつ保守的なもので、賃金単位でみた通貨の平均供給量は、富の保有者がみずからの流動性選好の影響の下でも躊躇なく受け入れられる最低限の平均金利水準を実現していた。無論、雇用の平均水準は完全雇用を大幅に下回ってはいたが、革命的な変化を引き起こすほど耐えがたい水準ではなかった。

今日、資本の限界効率表は様々な理由で一九世紀の水準を大幅に下回っている。おそらく今後もそうだろう。したがって、現代の問題の深刻さと特異さの根底には、まずまずの平均雇用水準を実現できる金利の平均水準が、富の保有者にとっては到底受け入れがたい水準になっており、通貨量を操作するだけでは適度な金利水準をたやすく確立できないという可能性が存在する。賃金単位でみた通貨の供給量を適切に維持するだけで一〇年、二〇年、三〇年平均で、まずまずの雇用水準を達成できるというのであれば、一九世紀でさえ方策が見つかった。もしこれがいまの私たちの唯一の問題であるなら――十分な幅の平価切り下げだけで必要十分なら――今日でも確実に方策が見つかる。

しかし、現代の私たちの経済でこれまでのところもっとも安定し、もっとも変えにくい要素は、大多数の富の保有者に受け入れられる最低限の金利水準だ。これは将来もそうかもしれない。* もし、まずまずの雇用水準を実現するために必要な金利水準が、一九世紀に成立していた平均水準を大幅に下回っているのであれば、果たして通貨量を操作するだけでそうした金利水準を実現できるのか、甚だ疑問だ。富の保有者に流動性を手放すインセンティブとして利用できる純収益に到達するには、資金の借り手が資本の限界効率表を踏まえて期待できる利益率から以下のものを差し引く必要がある。①貸し手と借り手を引き合わせるコスト、②所得税と付加税、③貸し手が自分のリスクと不確実性に備えるための引当金――。もし、まずまずの平均雇用を達成できる状況で、この純収益が極度に低くなることが判明すれば、昔ながらの手法は、有効な手立てとならないおそれがある。

本節の主題に戻れば、国民所得と通貨量の長期的な関係は、流動性選好に左右される。そして物価が長期的に安定するかどうかは、生産システムの効率向上ペースとの比較で、賃金単位（より正確に言えばコスト単位）の上昇傾向がどこまで強まるかに左右される。

＊　バジョットが引用している一九世紀の格言「ジョン・ブル（典型的なイギリス人）は、多くのことに耐えられるが、二％には耐えられない」を参照。

ook 6

hort Notes uggested by he General Theory

第22章 景気循環に関する覚書

Chapter 22 Notes on the Trade Cycle

本書ではこれまで、どんなときにも当てはまるとする雇用の決定要因を説明してきた。したがって、もしそれが正しいのであれば、本書の理論で「景気循環」という現象を説明できなくてはならない。

景気循環の実例を細かく検証すると、どれも複雑きわまりなく、完全な説明のためには本書の分析で活用した要素を総動員する必要があることがわかる。とくに消費性向の変動、流動性選好の状態の変動、資本の限界効率の変動がすべて関係してくることがわかるはずだ。ただ私の考えでは、景気循環の本質的な性格、とくに循環と呼ぶ根拠になっている時系列と持続期間の規則性は、おもに資本の限界効率の変動の特徴から生じている。景気循環は資本の限界効率の循環的な変化によって引き起こされると考えるのが一番よいと思える。ただし、それに伴い経済システムの他の重要な短期の変数が変化するため、循環が複雑になり、往々にして増幅される。この問題を詳述するには一章ではなく、一冊の本が必要で、事実を細かく検証しなければならないが、本書のこれまでの理論から引き出せる研究の方向性を示すには、以下の短い覚書で十分だろう。

1

循環的な動きとは何か。たとえば、景気が上向く場合、最初は景気を押し上げる複数の力に弾みがつき、相互に累積的な効果を発揮する。だが、その後は緩やかに失速し、ある地点まで来ると、今度は往々にして反対方向に作用する複数の力が発生する。この力もしばらくの間、勢いを増し、互いに増幅し合うが、やはり極限状態を過ぎると、勢いが衰え、反対方向の動きにバトンを渡す。だが、循環的な動きとは「一度始まった上昇・下降傾向が永久に一方向に続くのではなく、いずれ反転する」ことだけを意味するのではない。上方・下方に向けた動きの時系列と持続期間に一定の規則性が認められることも意味する。

だが、「景気循環」と呼ばれるものについては、もう一つの特徴も指摘しておかなければ、説明が不十分になる。それは恐慌という現象だ。上昇傾向が下降傾向に反転するときは、急激で猛烈な形をとることが多いが、下降傾向が上昇傾向に反転するときは、ふつうそうした急激な転換はみられない。

当然の話だが、投資の変動は、それに伴う消費性向の変化で相殺されない限り、かならず雇用の変動につながる。したがって、投資量は複雑きわまりない影響を受けるため、投資自体の変動や資本の限界効率の変動が、例外なく循環的な性格を持つとはまず考えられない。とくに一つの特殊なケース——農業の変動に関連するケース——については、本章の後段で個別に検討しよう。だが、一九世紀の環境で起きた典型的な工業の景気循環のケースでは、資本の限界効率の変動に循環的な性格があったと考える明確な根拠があると思う。そうした根拠はそれ自体としても、景気循環の説明としても、決して目新しいものではない。ここでの私の唯一の目的は、そうした根拠を本書の理論と結びつけることにある。

2

まず好景気が終盤に差しかかり、「恐慌」が発生するプロセスから話を始めよう。私が言いたいことを説明するにはこれが一番よい。

すでにみたとおり、資本の限界効率*は、いまある資本財が潤沢か希少かや、その時点の資本財の生産コストだけではなく、資本財の将来の収益に関する現在の予想にも左右される。このため、耐久資産の場合は、適切な新規投資の規模を判断する上で、将来の予想がきわめて大きな役割を果たすと考えるのが自然であり、理にかなっている。だが、すでにみたとおり、そうした予想の根拠はとても脆弱だ。変わりやすい不確かなデータに基づいているため、突然激しく変化する傾向がある。

さて、ふつう「恐慌」の説明では、商取引と投機に利用される通貨の需要が膨らみ、その影響で金利の上昇傾向が強まるという点に軸足を置くことが多い。たしかに、この点が事態を悪化させる原因になることもあるだろうし、場合によってはそれがきっかけとなるケースもおそらくあるだろう。だが、恐慌に関するもっと典型的な説明、往々にして主流になっている説明は、金利の上昇ではなく、資本の限界効率が突然崩壊することが主因だ、という説だと思う。

好況期の終盤は、資本財の将来の収益について楽観的な予想が広がり、資本財の過剰や生産コストの増加、そしておそらく金利の上昇も軽視されてしまう。整備された投資市場には、「市場が過度に楽観的になっている」「買われすぎだ」という幻滅感が広がると、突然——場合によっては壊滅的な力で——相場が下落する性質がある。自分が何を買っているかよくわかっていない買い手と、資本財の将来の収益を合理的に計算するよりも市場の地合いの次の変化を予測することに関心のある投機家の影響を受けるためだ。**また、資本の限界効率の崩壊に伴って、将来に対する不安と不透明感が広がれば、当然、流動性選好が急激に高まり、結果的に金利も上がる。このため、資本の限界効率の崩壊に伴い金利が上昇するという傾向は、投資の減少を大きく増幅する原因となりうる。だが、たとえそうだとしても、事の本質は資本の限界効率の崩壊——とくに前段階の大量の新規投資に寄与していたタイプの資本財の限界効率の崩壊——にあると考えるべきだ。流動性選好は、商取引や投機の増加に伴って顕在化するケースを

* 誤解の余地がない文脈では、「資本の限界効率表」を「資本の限界効率」と書くことが便利な場合が多い。

** すでに指摘したとおり（第12章）、個人投資家が新規投資に自ら直接責任を負うことはまずないが、直接責任を負う事業家のほうも、たとえ個人投資家より事情をわきまえていたとしても、市場の見方に同調するほうが金銭的なメリットが得られ、往々にして同調することが避けられないと悟るようになる。

除けば、資本の限界効率が崩壊した後でなければ高まらない。

だからこそ、不況対策は困難きわまりないのである。後の段階で金利が下がれば、景気回復の大きな助けになるだろうし、おそらくそれが必要条件なのだろう。だがしばらくの間は、資本の限界効率が完全に崩壊してしまい、実現可能な金利の引き下げではまったく効果が期待できないケースが考えられる。もし利下げだけで効果的に対応できるなら、金融当局が多かれ少なかれ直接管理できる手段で、景気の回復が程なく実現するかもしれない。だが、ふつう、現実はそうではない。資本の限界効率というものは、思い通りには動かせない実業界の頑なな心理で決まるのであり、資本の限界効率を元に戻すのはそれほどたやすいことではない。ふつうの言葉で言えば、個人主義型の資本主義経済では、いくら自信の回復を促しても暖簾に腕押しなのである。こうした不況の側面については、銀行関係者や事業家が的確に力説しているが、純粋な通貨・金融政策のみを重視する経済学者はこの点を過小評価している。

ここで私の指摘したい論点が浮上する。景気の回復が始まるには、通常ある一定の期間が必要になるという事実——つまり景気循環の「時間的要因」——の説明は、資本の限界効率の回復に影響を及ぼす要因に求める必要がある。なぜ景気の下降局面は偶発的ではない一定の長さとなるのか。たとえば、今回は一年、次は一〇年といった周期の変動は起きず、なぜおおむね三〜五年といった一定の規則性を持つ傾向があるのか。答えは①ある特定の時代の通常の発展ペースに応じた耐久資産の寿命と、②余剰ストック（在庫）を保有するコスト（キャリーコスト）――から引き出せる。

恐慌時に何が起きるのか、もう一度考えてみよう。好景気が続いていた間は、新規投資の多くについて、ある程度、納得のゆく収益が足元で実現していた。ところが、新たに生産される耐久財のストックがどんどん増えると、おそらく足元の収益に減少の兆しが出るといった理由で、見込み収益の信頼性に突如として不安が生じ、幻滅感が浮上する。もしいまの生産コストが将来の生産コストと比べて割高だと感じられれば、資本の限界効率が低下するさらなる理由となる。一度生じた不安は急速に広がる。このため、不況が始まった時には、おそらく多くの資本の限界効率がゼロ同然、場合によってはマイナスとなっている。だが、資本財の利用・損耗・陳腐化に伴って資本が不足し、資本の限界効率が上がるほど目にみえて資本が希少になるには一定の時間の経過が必要だ。この期間は、その時代の資本の平均寿命のやや安定した関数であるかもしれない。時代の特色が変われば、標準的な期間も変わるはずだ。たとえば、人口が増加している時代から人口減少時代に突入すれば、景気循環に特有なこうした局面は長期化するだろう。いずれにしても、なぜ不況の期間が耐久資産の寿命やその時代の通常の発展ペースと明確な関係にあるのか、その大きな根拠はいま示したとおりだ。

景気回復に一定の時間が必要となる第二の安定した時間的要因は、余剰在庫の保有コストに起因する。保有コストが生じるからこそ、極端に長くも短くもない一定期間内で余剰在庫を解消しなければならない。恐慌が起きて新規投資が突然ストップすれば、おそらく未完成品の余剰在庫が積み上がるだろう。こうした在庫の保有コストが年一〇%を下回ることはめったにない。このため、余剰在庫を長くてもおおむね三〜五年で解消するという制約の下で価格を下げなければならない。さて、在庫の解消プロセスとは負の投資であり、雇用は一段と抑制される。在庫の解消が終われば、ようやく肩の荷が下りることになる。

また、景気の下降局面で生産が減少すると、必然的に経営資本が減るが、これも負の投資の一因となり、負の投資が膨らむおそれがある。一度不況が始まれば、これが強力な負の累積効果を発揮する。典型的な不況のごく初期の段階では、おそらく在庫の拡大に向けた投資が行われており、経営資本の負の投資を相殺する助けになる。次の局面では、在庫と経営資本の双方で、短期間、負の投資が進む可能性がある。底を打った後も、負の在庫投資は進み、経営資本への再投資を一部減殺する可能性が高い。そして、ようやく景気の回復が順調に進めば、双方の要因が同時に投資に有利に働くようになる。追加で重なってくる耐久財投資の変動が及ぼす影響は、こうした背景を踏まえて検証する必要がある。このタイプの投資の減少を受けて循環的な変動が始まった場合は、循環がある程度進むまで、耐久財投資の回復が促されることはないだろう。*

残念ながら、資本の限界効率の深刻な低下は、消費性向にも悪影響を及ぼす傾向がある。というのも、証券取引所の株式の市場価値が大きく減少するからだ。つまり資本の限界効率が大幅に下がれば、証券取引所に積極的な関心を持つ階級、とくに借入金で投資している層に当然、抑圧的な効果が及ぶ。おそらく、こうした人々の消費性向は、自分の所得の状態より運用資産の価値の上下に大きく影響されている。今日のアメリカのように、一般市民の「株式投資熱」が高ければ、満足のゆく消費性向を実現するには、株価の上昇が事実上不可欠な条件なのかもしれない。こうした状況は、最近までおおむね見過ごされてきたが、これが資本の限界効率低下に伴う抑圧効果にさらに拍車をかけることは明らかだ。

一度回復が始まれば、どのような形で自律的な回復が積み重なっていくかは明白だ。だが、下降局面では、固定資本と原材料在庫に当面余剰感がある中で経営資本が減っていくため、資

* 私の『通貨論』第4篇の一部の論証は、この点に関係している。

本の限界効率は、まず是正が不可能なほど大きく低下し、現実的に実現可能な金利の引き下げでは、満足のゆく新規投資率を確保できないおそれがある。したがって、市場が現在のように整備され、現在のような形で影響を受ける環境では、市場の推定する資本の限界効率が極端に変動し、それに伴って金利が変動しても十分な埋め合わせができないことが考えられる。また、それに伴う株式市場の値動きも、先ほどみたように、消費性向が一番必要とされる時に消費性向を抑圧しかねない。このため、自由放任主義の下では、雇用の大幅な変動は避けられないのかもしれない。今後、投資市場全体の心理が大きく変われば別だが、そうした変化を予想する根拠はない。足元の投資量を決定する義務を安心して民間の手に委ねることはできないというのが私の結論だ。

3

以上の分析は、以下の見解につながるようにみえるかもしれない。つまり、過剰投資は好況期の特徴であって、その後の不況を防ぐには、そうした過剰投資を防ぐ以外に現実的な対策はない――先にみた理由で低金利を通じた不況の予防はできないが、高金利で好況を防ぐことはできる、という考え方だ。たしかに、高金利で好況に歯止めをかける対策のほうが、低金利で不況に歯止めをかける対策よりはるかに効果的だ、という主張には説得力がある。

だが、先ほどの分析からこうした結論を引き出せると考える方は私の分析を誤解しており、私が思うに、重大なあやまりを犯している。というのも、過剰投資という言葉が曖昧なのである。それは過度な期待をもとに行われたため失望に終わる運命にある投資、失業が深刻な状態では用をなさない投資という意味かもしれない。もしくは、ありとあらゆるタイプの資本財が豊富にあって、たとえ完全雇用の状態であっても、耐用期間中に取り替えコストを超える利益を見込める新規投資がまったくない状況を指すのかもしれない。これ以上投資すればまったくの資源の無駄遣いになるという意味で厳密に過剰投資と呼べるのは後者のケースのみだ。*また、たとえこの意味での過剰投資が好況時の通常の特徴であったとしても、高金利は対策にはならない。高金利を課せば、おそらく一部の有益な投資が阻害されるほか、消費性向がさらに低下しかねない。対策は、所得の再分配など思い切った措置を講じて消費性向を刺激することにあ

* だが、消費性向の時間的な配分について一定の仮定をすれば、リターンがマイナスの投資も、社会全体で見れば満足度が最大化されるという意味で、メリットがあるかもしれない。

る。

だが、私の分析によれば、過剰投資は前者の意味においてのみ好況時の特徴だと言える。典型的だと思えるのは、資本があまりにも豊富で社会全体でみてまったく合理的な使い道がないという状況ではなく、過度な期待を抱いているために、不安定で長続きしない条件の下で投資が行われるという状況だ。

無論、好況に惑わされて特定のタイプの資本資産が過剰に生産され、生産物の一部がどうみても資源の無駄になるというケースは考えられるし、実際にそうしたことが現実に起きる可能性は高い。また、たとえ好況時でなくても、そうしたことは時々起きると付言してもよいかもしれない。つまり、好況は間違った方向への投資につながるのである。だが、それだけではない。好況時の本質的な特徴と言えるのは、たとえば完全雇用時に実際に二％の利回りを生む投資が、六％程度の利回りを生むという想定の下で行われ、それに応じた価値判断が行われるケースだ。その後、幻滅感が広がると、こうした期待は今度は逆の「間違った悲観論」に変わり、実際には完全雇用時に二％の利回りを生むのに、利回りがゼロを下回ると予想されるようになる。そうなると新規の投資が崩壊して失業が発生し、完全雇用時に二％の利回りを生むはずだった投資の利回りが本当にゼロを下回る。家が不足しているのに、いまある家はコストが高く、誰も住めないという状態になるのである。

となると、好況への対応策は利上げではなく利下げになる！* そうすれば、言うところの好況が長続きするかもしれないからだ。景気循環への正しい対応では、好況をなくして半不況の状態を永続させることではなく、不況をなくして準好況期を永続させることを考える必要がある。

したがって、結局は不況に終わる好況を生み出すのは、過度な高金利と間違った予想の組み合わせだと言える。まともに考えれば、完全雇用を実現できないほどの高金利なのに、間違った予想が広がっているので、高金利が景気抑制効果を発揮しないのである。好況とは、冷静に考えれば高すぎる金利が過度な楽観論の勢いに圧倒されてしまう状況だ。

近年は大戦中を除けば、完全雇用が実現するほどの力強い好景気は起きていないのではないか。一九二八～二九年のアメリカの雇用は通常の基準でみれば非常に満足のゆくものだったが、おそらく一部の高度な専門職を除けば、労働者が不足していた形跡はない。「ボトルネック」には何度か到達したが、全体の生産をさらに増やすことはまだ可能だった。また、住宅の

* 第6節で取り上げるように、逆の主張も可能だ。というのも、いまの手法を大きく変えられないのであれば、好況期に利上げをするほうが弊害が少ない場合があるという状況も考えられることを認めなければならない。

質や在庫水準が高く、完全雇用の下で誰もが住宅の耐久期間にわたって、金利負担なしに取り替えコストに等しい家賃で好きな家に住めたという意味での過剰投資はなかったし、輸送・公共サービス・農業についても、これ以上改善すれば取り替えコストさえ賄えないと合理的に予想できる水準まで改善が進んでいたという意味での過剰投資もなかった。実際にはまったく逆で、一九二九年のアメリカに厳密な意味での過剰投資が存在していたと考えるのは馬鹿げている。真相は別の性格のものだった。たしかに、それに先立つ五年間の新規投資は、全体でみれば膨大な規模で、冷静に考えれば、追加投資の見込み収益は急激に低下していた。正しく先を見据えていれば、資本の限界効率は前例のない水準まで低下していたはずで、長期金利をかなり低い水準に保つとともに、過剰開発のリスクがあった特定分野への間違った投資を防がない限り、健全な形で「好況」を維持できない状況だった。ところが、実際には、金利水準は新規投資を妨げるほど高かった。投機熱が広がり、過剰開発のリスクがとくに高かった分野は別だったが、そうした投機熱を冷ますような高金利なら、あらゆるタイプの合理的な新規投資も同時に抑制されていただろう。したがって、新規投資が異常に膨らんだ局面が長期化したために生じる問題に対応するため、金利を上げるというのは、患者を殺して病気を治すたぐいの処方箋と言える。

実際、イギリスやアメリカのように、とても豊かな国で、完全雇用に近い状態が何年にもわたって続き、消費性向が変化しないと仮定すれば、大量の新規投資が起き、最終的には完全投資の状態に至る――これ以上どのようなタイプの耐久財を増やしても、全体として取り替えコストを上回る粗収益がもはや合理的な計算では期待できない状態に至る――というシナリオは十分考えられる。また、比較的早く、たとえば二五年以内にそうした状態に達する可能性もある。厳密な意味での完全投資は、まだ一瞬たりとも実現したことがないと断言したからといって、そうした可能性を否定しているわけではない。

また、たとえ現代の好景気には厳密な意味での完全投資や過剰投資が瞬間的に伴う傾向があると仮定したとしても、金利の引き上げが適切な処方箋になると考えるのはやはり馬鹿げている。というのも、そうしたケースでは「病気の原因は過少消費にある」という主張が完全に成り立つからだ。その場合の処方箋は、所得の再分配など様々な措置を通じて消費性向を上げることに見出されるのだろう。そうすれば、ある一定の雇用水準を支えるためにその時点で必要になる投資量が減るはずだ。

4

ここで重要な学説について一言述べておくのがよいかもしれない。つまり、現代社会の慢性的な過少雇用は、過少消費に原因を辿ることができる――つまり、消費性向を過度に低下させる社会慣行や富の分配が原因だ、と様々な観点から主張する学説だ。

現状では（もしくは少なくともつい最近までは）投資量が計画・統制されておらず、無知な個人、投機的な個人という民間の判断で決まる気まぐれな資本の限界効率と、決まりきった水準をまったくといってよいほど割り込まない長期金利に投資量が左右されており、こうした学説は実践的な政策の指針として、まちがいなく理にかなっている。というのも、そうした状況では、雇用の平均水準をもっと満足のゆく状態に引き上げる手段がほかにないからだ。もし現実問題として投資を大幅に増やせないのであれば、消費を増やす以外、雇用の水準を引き上げる手段がないことは言うまでもない。

実践面で、こうした学説と私の意見が異なるのは、投資を増やすことでまだまだ社会的なメリットが得られるのに、消費の拡大をすこし強調しすぎなのではないかという点だけである。だが、理論面では、生産を増やす手段は二つあるという事実を見逃しているという点で、こうした学説は批判の対象になる。たとえ投資の拡大ペースを落として、消費を増やす対策に集中すべきだという結論に至るにしても、状況をよくわきまえて、もう一方の選択肢を十分に検討した上で決断しなければならない。個人的には、資本ストックが希少でなくなるまで資本ストックを増やすことに大きな社会的メリットがあると強く感じている。ただ、これは実地の判断の問題であり、理論上絶対そうあるべきだという話ではない。

また、双方の分野で同時に対策を進めるのがもっとも賢明だと躊躇なく認めるべきだろう。資本の限界効率の段階的な低下を視野に入れて投資率を社会的にコントロールすることを目指す一方で、同時に消費性向を引き上げる政策を総動員する構想を私は支持する。というのも、どんな投資対策を施したところで、いまの消費性向で完全雇用を維持するのは不可能だとみられるからだ。このため、両方の政策を同時に進める余地が残されている。投資を促し、同時に消費も促す。足元の消費性向が増えた投資と見合うという水準ではなく、さらに高いレベルの消費を目指すのである。

説明のために切りのよい数字をとるなら、今日の生産の平均水準が完全雇用の持続に必要な水準を一五％下回っており、今日の生産の一〇％が純投資、九〇％が消費に対応しているとしよう。さらに、現在の消費性向で完全雇用を確保するためには純投資を五〇％増やす必要があり、その結果、完全雇用時の生産が一〇〇から一一五に、消費が九〇から一〇〇に、純投資が一〇から一五に増えるとすれば、消費性向の修正を通じて、完全雇用時に消費が九〇から一〇三に、純投資が一〇から一二に増える環境を目指してもよいかもしれない。

5

もう一つの学説として、消費も投資も増やさずに、求職者の供給を減らすことで景気循環の問題を解決しようという考え方がある。つまり、雇用も生産も増やさずに既存の雇用量を再分配するという立場だ。

これは私には時期尚早な政策に思える。少なくとも、消費を増やすという構想に比べればまだまだ時期尚早だと思える。すべての個人が余暇の拡大と所得の拡大のメリットを比較考慮する時代は来る。ただ現状では、大多数の個人が余暇の拡大ではなく所得の拡大を選ぶ明確な証拠があると思える。また、所得を増やしたい人々に余暇を増やすよう強制する十分な根拠があるとは思えない。

6

突拍子もない話に思えるかもしれないが、好況の初期段階で金利を引き上げて景気循環の問題を解決するという学説もある。多少なりともこの政策の根拠を見いだせる唯一の論証は、D・H・ロバートソン氏が展開しているもので、同氏は事実上、完全雇用は実現不可能な理想であり、最大限期待できるのは、現在よりもずっと安定した雇用水準、平均でみればおそらくいまよりもすこし高い程度の雇用水準だと想定している。

もし投資の管理や消費性向に影響を及ぼす政策を大きく変えることができず、大まかにいって現在の状態が続くと仮定するなら、「もっとも的外れな楽観主義さえ抑え込んでしまうような高金利を誘導する金融政策を通じて、好況の芽をたえず早いうちに摘み取れば、平均的な予想がいまよりも望ましい状態になるのではないか」という主張は成り立つと思う。「期待が失望に変わるのが不況の特徴であり、これは多大な損失と無駄につながりかねない。初めから牽制しておくことで、有益な投資が平均でみて増えるのではないか」という考え方だ。これはそうした仮定の下で正しい説と言えるのか判断が難しい。実地の判断の問題であり、詳細なデータが必要だ。たとえ完全に間違った方向への投資だったことが後になって判明しても、そうした投資に伴う消費の拡大から社会的なメリットが生じていることを見過ごしている可能性がある。つまりそうした投資であっても、投資がまったくないよりはよいのかもしれない。しかし、どれほど賢明な通貨管理を行っても、一九二九年のアメリカのような好景気に直面し、当時の連邦準備制度が保有していた政策手段しかなければ、手の施しようがなくなるかもしれないし、連邦準備制度の権限の範囲内で他の手段を講じたところで、結果に大差はないことも考えられる。ただ、いずれにしても、こうした見解は危険なまでに、そして不必要なまでに敗北主義に陥っていると私には思える。この説が勧めているのは――少なくとも想定しているのは――いまの経済制度のあまりにも多くの欠点を今後もずっと甘受することである。

ただ、こうした禁欲的な考え方――雇用水準が、たとえば過去一〇年の平均を上回って増加する傾向がみられれば直ちに高金利を通じて抑制するといった考え方は、思考の混乱以外にまったく根拠のない主張で支持されることのほうが多い。一部では、好況時には投資が貯蓄を上回ることが多いので、金利を上げれば投資の抑制と貯蓄の刺激を通じて均衡を取り戻せるという信念を根拠にこうした考えを支持する人もいる。これは貯蓄と投資が一致しない可能性があることを示唆しており、何か特別な意味で用語を定義しない限り、無意味な主張だと言える。また、投資の増加に伴う貯蓄の増加は、ふつう物価の上昇を伴うので望ましくもなく公正でもないと指摘されることもある。しかし、もし本当にそうであれば、既存の生産・雇用水準が増加するたびに批判が出ることになる。というのも、物価が上昇する本質的な理由は投資の増加ではなく、短期ではふつう生産が増加するから供給価格が上がるのである。これは収穫逓減という物理的な事実か、生産の増加に伴ってコスト単位が名目ベースで上がる傾向があることが理由だ。供給価格が一定なら、もちろん物価の上昇もない。だがそれでも、投資が増えれば貯蓄も増えるだろう。貯蓄の増加をもたらすのは生産の拡大であり、物価上昇は生産拡大の副産物でしかない。貯蓄が増加しなくても、その代わり消費性向が増えれば、やはり物価は上昇する。生産が少ないという理由だけで物価が安いのであれば、モノを安く買えても本当の意味で誰の利益にもならない。

はたまた、通貨量を増やして人為的に金利を下げるという形で投資を促せば、よからぬことが紛れ込むとも言われている。しかし、それまでの金利水準に何か特別な美点があったわけではなく、誰かが新たな通貨の保有を「強制」されるわけでもない。新たな通貨は、金利低下や取引量増大を受けた流動性選好の高まりを満たすために創造されるのであり、低金利で貸すよりは通貨を保有することを選んだ個人に保有されるのである。さらには、好況の特徴は「資本消費」にあるという説もある。資本消費とは負の純投資を意味すると思われる。つまり、好況の特徴は過剰な消費性向にあるという説だ。景気循環という現象が大戦後の欧州通貨の崩壊で起きた通貨からの逃避という現象と混同されているのでない限り、正反対のことを示す証拠がある。また、たとえそれが事実であったとしても、過少投資という状況に対応するには、金利の引き上げより金利の引き下げのほうがまともな処方箋となるはずだ。私はこうした諸説をまったく理解することができない。総生産が変わることはないという暗黙の前提を設定すれば、別かもしれないが――。ただ、生産量を一定と想定する理論が、景気循環の説明であまり役に立たないことは言うまでもない。

7

景気循環の初期の研究、とくにジェヴォンズの研究では、工業に見られる現象ではなく、農業の季節変動で景気循環を説明していた。本書で示した理論を踏まえると、これはきわめて納得のゆくアプローチだと思える。というのも、今日でさえ年々の農産物の在庫変動は、足元の投資率の変化を引き起こす最大の個別項目の一つとなっているのである。ジェヴォンズが執筆していた当時——また、ジェヴォンズの統計の大半が当てはまる時期についてはなおのこと——この要因が、他のすべての項目を圧倒していたはずだ。

景気循環の主因は収穫高の変動にあるというジェヴォンズの説は、次のように言い換えることができる。まれにみる豊作に恵まれたときは、ふつう後年に持ち越される量が大きく増える。この上積み分の収入は農家の今期の所得に追加され、農家も所得として扱う。一方、上積みされた持ち越し分は、社会の他の部門の所得支出で消費されるのではなく、貯蓄から賄われる。つまり、持ち越し分への追加は今期の投資への追加となる。価格が急落してもこの結論に変わりはない。同様に、不作のときは持ち越し分が今期の消費のために取り崩される。それに対応する消費者の所得支出は農家の今期の所得とはならない。つまり、持ち越し分が取り崩されれば、今期の投資がその分だけ減少する。したがって、もし他の分野の投資が一定であれば、持ち越し分が大幅に上乗せされた年と持ち越し分が大幅に取り崩された年では、総投資の差が大きくなる可能性がある。農業が主産業の社会では、これが他の通常の投資変動要因と比べて、圧倒的に大きくなるはずだ。したがって、豊作の年が上に向かう転換点となり、不作の年が下に向かう転換点になると考えるのが自然だ。豊作と不作という規則的なサイクルを引き起こす物理的な要因があるというさらなる理論は、もちろん別の問題で、ここでは関係ない。

最近になって、豊作よりも不作のほうが景気にとってプラスだという説が提示されている。不作のほうが相対的に少ない実質報酬で人々が喜んで働くとか、不作に伴う購買力の再分配が消費にプラスになるという説だ。言うまでもないが、私がここで景気循環の説明として収穫という現象を持ち出した際に念頭に置いているのは、こうした説ではない。

ただ、現代社会では二つの理由で変動要因としての農業の重要性が大きく低下している。第一に、生産全体に占める農業生産の比率が大幅に低下した。第二に、大半の農産物は両半球にまたがる世界的な市場が発展しており、豊作時と不作時の影響が平均でみてならされ、世界の収穫量の変動率が、各国の収穫の変動率を大幅に下回っている。だが、それぞれの国が自国の収穫高に大きく依存していたかつての時代については、農産物の持ち越し分の変化にすこしでも匹敵する規模の潜在的な投資の変動要因は、戦争以外、なかなか見つからない。

今日でも、農作物・鉱物双方の原材料在庫の変化が足元の投資率に及ぼす影響を注視することが大切だ。底入れした後も不況からの回復ペースが鈍いのは、余剰在庫を通常の水準まで圧縮する際のデフレ効果が主因になっていると私は考える。好況が終わった後に起きる在庫の蓄積は、初めは崩壊ペースの緩和に寄与するが、そうしたありがたい救いの手の対価は、その後の回復ペースの鈍化という形で後払いする必要がある。実際、場合によっては、在庫の削減がほぼ完了しなければ、目にみえる景気の回復がまったく期待できないことも考えられる。というのも、重荷になる足元の負の在庫投資がなければ他の分野の投資率で十分に景気の好転を促せるという状況であっても、そうした負の投資がまだ進行している間は、投資率がまだまだ足りないというケースがありうるからだ。

その最たる例がアメリカの「ニューディール政策」の初期の段階にみられたと思う。ローズベルト大統領が大規模な公債支出を始めたとき、各種の在庫（ストック）、とくに農産物のストックはまだとても高い水準にあった。こうしたストックを減らそうという必死の努力が「ニューディール政策」の一面であり、そのために足元の生産を削減するといったありとあらゆるタイプの措置が動員されたのである。ストックを通常の水準に圧縮するのは必要な作業だったし、そうした局面に耐える必要があった。だが、ストックの圧縮が続いた間、つまり二年ほどの間は、他の分野で進められていた公債支出の効果が大きく目減りした。ストックの圧縮が終わって初めて、本格的な景気回復への道筋が開けたのだった。

また、最近のアメリカの動向をみると、景気循環という大きな波の中で、完成品や半完成品のストック（「在庫（*inventory*）」と呼ぶことが一般的になってきているが）の変動が小さな波を引き起こすこともはっきり見て取れる。メーカーは業界を動かして、数カ月後に予想される規模の消費に備えるのだが、小さなミスを犯すことが多く、総じてすこし先走りしてしまう。メーカーは自分のミスに気づくと、生産規模を一時的に足元の消費規模を下回る水準まで減らして、余剰在庫を圧縮する必要に迫られる。すこし先走りして、すこし後戻りする――このペースの差が足元の投資率にどのような影響を及ぼすかは、アメリカで現在入手できる見事に整備された統計が、非常にはっきりと浮き彫りにしている。

第23章 重商主義、高利禁止法、スタンプつき通貨、過少消費説に関する覚書

Chapter 23
Notes on Mercantilism, the Usury Laws, Stamped Money and Theories of Under-consumption

1

約二〇〇年もの間、経済学者も実務家も、貿易黒字国には特別なメリットがあり、貿易赤字には重大なリスクがある――とくに結果として貴金属が流出する場合はそうだ――と信じて疑わなかった。ところが、この一〇〇年間で意見は大きく割れるようになってきた。大半の国の大多数の政治家・実務家は、こうした古い見解をいまも抱いている。正反対の見方が浮上したイギリスでも、半数近い政治家・実務家が古い見解の持ち主だ。ところが、いまのほぼすべての経済学者は、非常に短期的な視点で考えない限り、貿易赤字に対する懸念はまったく根拠がないと主張している。貿易のメカニズムは自己調節的であり、そうしたメカニズムに介入しようとしても効果がない――それどころか、介入すれば国際的な分業のメリットを受けられず、国が格段に貧しくなるという考え方だ。慣例にしたがって、古い見解を重商主義と呼び、新しい見解を自由貿易主義と呼ぶのが便利だろう。ただ、どちらの言葉も広義と狭義の定義があるため、文脈に応じて解釈する必要はある。

一般的な話をすれば、いまの経済学者の主張はこうだ。国際的な分業で得られるメリットは、差し引きすると、重商主義者が正しく主張できるメリットを上回るのがふつうだ。それどころか、重商主義者の主張は徹頭徹尾、知的な混乱の上に成り立っている――。

たとえば、マーシャル*は重商主義にまったく共感できないという立場ではないが、重商主義の中核をなす理論そのものにはいっさい敬意を払っていない。以下では重商主義者の主張にも一理あることを検証していくが、マーシャルはこの点に言及さえしていない**。同様に、自由貿易主義を信奉する経済学者は、昨今の議論で、競争力のない未発達の産業（幼稚産業）の育成や交易条件の改善などについては、理論面で譲歩する姿勢を示しているが、そうした譲歩は重商主義の主張の本質にかかわるものではない。私が憶えている限り、二〇世紀最初の二五年間に繰り広げられた財政論争では、「保護主義」が国内の雇用拡大につながる可能性があるという説を、経済学者はいっさい認めなかった。おそらく、私自身が書いたものを一例として引用するのがもっともフェアだろう。私は一九二三年の時点でも古典派の忠実な学徒であり、当時は自分が教えられたことを信じて疑わず、この問題について何の但し書きもつけていなかった。「保護主義にできないことが一つあるとすれば、それは失業を減らすことだ。（中略）保護主義を支持する声も一部であるが、それは『現実的とは言えないがメリットがある可能性は捨てきれない』という主張に基づくものであり、これは簡単には答えが出ない。だが、失業を減らせるという主張は、保護主義の誤謬をもっともむき出しに、もっとも露骨に表している」。*** 昔の重商主義理論については明快な解説書がなく、私たちはたわごとも同然だと教えられて育った。古典派の支配はこれほどまでに、紛れもなく圧倒的で、完璧だったのである。

* マーシャルの『産業貿易論』付録D、『貨幣信用と商業』一三〇ページ、『経済学原理』付録Iを参照。

** マーシャルの重商主義に対する見解は『原理』第一版五一ページの脚注にしっかりとまとめられている。「通貨と国富の関係に関する中世の見解については、英国とドイツの双方で多くの研究が行われている。全体としては、通貨の役割を明確に理解していなかったために混乱に陥ったとみなすべきだ。国内の貴金属の蓄えが増えなければ、差し引きで国の富を増やすことができないと意図的に想定したためにあやまりに陥ったとみなすべきではない」。

*** 『ネーション・アンド・アシニーアム』一九二三年一一月二四日。

2

まず、いまとなってみれば、科学的にみて、重商主義の教えには一理あると思える点を私自身の言葉で述べてみよう。その上で、重商主義者自身の言葉と比較してみる。重商主義者の主張する利益とは、まちがいなく一国にとっての利益であり、世界全体の利益につながる可能性は低いことを指摘しておきたい。

一国の経済の富がやや急ピッチで拡大している場合、自由放任主義の下では、こうした幸せな状態がさらには進展せず、中断されることが多い。新規投資のインセンティブが不足するためだ。消費性向を決める国民性と社会的・政治的環境が一定だとすると、発展する国家が幸せになれるかどうかは、すでに説明した理由で、本質的にはこうした投資のインセンティブの多寡に左右される。インセンティブは国内投資に見出される場合もあるし、対外投資（貴金属の蓄積も含む）に見出される場合もあるが、両者が相まって総投資を形成する。総投資量が利益を追求する動機だけで決まる場合、国内の投資機会は長期的には国内の金利に左右されることになる。対外投資の量は必然的に貿易黒字の規模で決まる。したがって、政府が直接投資を支援することなどありえないという社会では、政府が専念すべき合理的な経済上の目標は、国内金利と貿易収支ということになる。

さて、賃金単位がある程度安定しており、衝動的に大きく変化する可能性が低い場合（これはほぼつねに満たされる条件だ）、そして流動性選好の状態が短期の変動をならすとある程度安定している場合、そしてなおかつ金融のあり方も変わらない場合、金利は社会の流動性選好を満たせるだけの貴金属が、賃金単位でみてどれだけあるかに左右される傾向がみられるだろう。同時に、巨額の対外融資や海外にある富を直接保有することが現実的にまず不可能な時代にあっては、貴金属の量の増減は、貿易収支が黒字か赤字におおむね左右されることになる。

したがって、偶然ではあるが、政府が貿易黒字を追い求めたことで、両方の目的を果たすことができた。また、両方の目標を実現する手段はそれしかなかった。当局が国内金利や他の国内投資のインセンティブを直接管理する手段がまったくなかった時代は、貿易黒字の拡大を図る政策が、対外投資を増やす唯一可能な直接的手段だった。同時に、貿易黒字を通じて貴金属の流入を促すというのが、国内金利を下げ国内投資のインセンティブを上げる唯一の間接的な手段だった。

だが、この政策の成果を左右する二つの制約があることを見逃してはならない。国内金利の低下で投資が刺激され、その結果、雇用が増加して一部の臨界点を突破し、賃金単位が上昇した場合、国内のコスト水準上昇が貿易収支に不利に働き始める。貿易黒字の拡大を図る政策が過剰反応を引き起こして、裏目に出るのだ。また、国内金利が海外金利との比較で低下し、貿易黒字に不釣り合いな水準まで対外融資の拡大を促す結果となれば、貴金属が流出し、せっかく手に入れたメリットが帳消しになるおそれがある。国際的に重要な大国では、このいずれかの制約を受けるリスクが高まる。というのも、鉱山からの現行の貴金属産出量が比較的少ない場合、ある国に資金が流入すれば、別の国から資金が流出することになる。そうなると国内のコスト上昇・金利低下に伴う悪影響が、(重商主義的な政策を過度に推し進めた場合)海外のコスト低下・金利上昇で増幅されかねない。

一五世紀後半から一六世紀にかけてのスペインの経済史は、過剰な貴金属が賃金単位に影響を及ぼし、貿易が崩壊した事例と言える。二〇世紀の大戦前のイギリスは、あまりにも容易に海外への融資と海外資産の購入ができたため、往々にして国内金利が下がらず、国内で完全雇用を実現できなかった事例だ。インドはどの時代をみても、流動性選好が強すぎて貧しくなった事例と言える。流動性選好が情熱の域にまで達したため、大量の貴金属がたえず流入していたにもかかわらず、貴金属が不足し、本当の富の拡大を促す低金利が実現しなかった。

とはいえ、賃金単位がある程度安定しており、国民性で消費性向と流動性選好が決まり、なおかつ通貨量が貴金属のストックと厳格に連動している通貨制度が導入されている社会について考えるのであれば、当局が貿易収支の動向を注視することが、繁栄の維持に不可欠な条件となる。貿易黒字は、過度に拡大しない限り、景気刺激効果がきわめて高いとみられるからだ。また、貿易赤字はすぐに慢性的な不況につながるおそれがある。

だからといって、輸入を最大限制限すれば、貿易収支を最大限改善できるというわけではない。昔の重商主義者はこの点を非常に重視し、貿易制限に反対することが多かった。貿易を制限すれば、長い目で見て貿易収支に悪影響が及ぶきらいがあると主張したのである。たしかに、一九世紀半ばのイギリスという特殊な環境では、ほぼ完全な自由貿易政策が貿易収支の改善にもっとも寄与したと主張することは可能だ。現在、大戦後のヨーロッパでは貿易が制限されているが、貿易収支の改善を目指して不用意に自由を制限した結果、逆に貿易収支が悪化した様々な事例を見て取れる。

こうした諸々の理由があるため、本書の論証がどのような実際の政策につながるか、読者は性急に結論を下すべきではない。一般的に言って、特別の理由がない限り貿易は制限すべきではないという強い考え方がある。古典派は国際的な分業のメリットをあまりにも誇張しすぎたが、そうした分業に大きなメリットがあることはたしかだ。自分の国が貿易黒字でメリットを受ければ、他国が同じだけのデメリットを受ける傾向があるという事実（重商主義者はこの点に完全に気づいていた）は、ある国が公平で妥当なシェア以上の貴金属のストックを保有することがないよう、かなりの節度が必要になることを意味するだけではなく、節度に欠ける政策を導入すれば、貿易黒字をめぐる無意味な国際競争が起き、すべての国が同じように傷つきかねないことも意味する。* また最後に、貿易を制限する政策は、表向きの目標を達成することさえ危ういツールだと言える。私的な利害関係や行政上の不備、またこの作業に固有の難しさによって、政策が迷走し、意図した目的とは正反対の結果を生み出しかねない。

したがって、私は批判の矛先を自分が教えられて育った――そして自分が長年教えてきた――自由放任主義の理論的土台の不備に向ける。「金利と投資量は最適な水準に自動的に調節されるため、貿易収支の問題に没頭するのは時間の無駄だ」という考え方に批判の矛先を向ける。なぜなら、私たち経済学者の集団には、実際の国策上、何世紀にもわたって最大の目標になってきたものを子供じみた妄想だと考える厚かましいまちがいを犯してきたという有罪判決が出ているのである。

こうした間違った理論に影響されて、ロンドンの金融街は均衡を維持するため、考えられる限りもっとも危険な技術を次第に編み出していった。公定歩合を為替レートに厳格に紐《ひも》づけするという技術だ。というのも、これは国内金利を完全雇用と釣り合う水準に維持するという目標を完全に放棄することを意味する。現実には対外収支を無視することは不可能なので、対外収支を操作する手段が編み出されたが、この手段は、国内金利を守るのではなく、無目的に動く力の働きに、生贄《いけにえ》として金利を捧げてしまった。最近は、実務に携わるロンドンの銀行関係者もいろいろ学習し、国内に失業を引き起こす可能性が高い場合、公定歩合の技術が対外収支を守るために使われることはイギリスではまず二度とないと期待できる。

古典派の理論は、個別企業の理論、また一定量の資源の雇用・利用から生じる生産物の分配の理論としてみれば、まちがいなく経済思想に貢献している。この理論を思考回路の一部としなければ、このテーマについて明晰に考えることはできない。「古典派は先人の貴重な考え方を無視している」と指摘したからといって、私がこの点を疑問視していると考えて頂きたくない。だが、国策への貢献という点で、つまり経済システム全体のことを考える――経済システム内のすべての資源を最適に雇用・利用することを考えるという点で、一六～一七世紀の遠い昔の経済思想の開拓者の手法は、断片的ながらも現実世界で活用できる知見に達していたので

＊ 弾力的な賃金単位を通じて、賃下げで不況に対応するという処方箋は、同じ理由で、隣国を犠牲にして自国を利する手段になりやすい。

はないか。それが、リカードの非現実的な抽象化でまず忘れ去られ、その後、跡形もなく消えてしまった。高利禁止法という手段や（この点については本章で再び取り上げる）、国内のマネーストックの維持、賃金単位の上昇抑制といった手段を通じて金利を下げることを無我夢中で考えたところに、草分け時代の論者の知見があった。マネーストックがやむを得ない海外への流出や賃金単位の上昇*などで明らかに不足した場合、最後の手段として平価の切り下げでマネーストックの回復を図る意向を示したところにも、草分け時代の論者の知見があった。

3

経済思想の草分け時代の論者は、根底にある理論的な根拠をあまり認識せずに、現実世界で活用できる知見という行動原理に到達していた可能性がある。このため、草分け時代の論者の提言だけではなく、その根拠も簡単に検証しておこう。これはヘクシャー教授の名著『重商主義』を参照すれば、難なくできる。二世紀にわたる経済思想の根本的な特徴を、経済学を学ぶ一般読者に初めて明らかにしたのがこの本だ。以下の引用はおもに同書から取った。**

① 重商主義の思想では、金利には適切な水準に定まる自己調節的な傾向があるという想定はいっさいなかった。むしろ、不当な高金利が富の拡大の大きな障害になっていると力説していた。そして、金利が流動性選好と通貨量に左右されることまで認識していた。流動性選好を減らし通貨量を増やすことに関心を寄せ、一部の論者は通貨量の拡大にこだわるのは金利を下げたいからだと明言している。ヘクシャー教授は重商主義の理論のこの側面を以下のようにまとめている。

他の多くの点でもそうだが、相対的に洞察力のある重商主義者がとった立場は、この点でも一定の範囲内ではきわめて明確だった。そうした論者にとって、通貨とは、

＊　すくなくともソロンの時代以降の経験を振り返ると(統計があれば、おそらくその何世紀も前からそうだろうが)、人間性に関する知識を踏まえれば予想がつく以下の点がわかる。賃金単位には長期的に上昇する一定の傾向があり、賃金単位が引き下げられるのは、経済社会が衰退し、崩壊している場合のみだ。このため、進歩や人口の増加をまったく別にしても、マネーストックの緩やかな拡大は不可避だったことがわかっている。

＊＊　同書から引用するのは、私にとっても都合がよい。というのも、ヘクシャー教授自身は総じて古典派理論を支持しており、重商主義者の理論には私よりもはるかに冷淡だ。このため、ヘクシャー教授が重商主義者の知見を示したいがために、何らかの形で偏った文献の選び方をしているおそれはまったくない。

いまの専門用語でいえば、土地と同列の生産要素であり、「自然」の富に対して「人工的」な富と認識されることもあった。資本につく利子は、土地の地代のようなもので、融資に対する報酬である。なぜ金利が高くなるのか、客観的な理由を探った重商主義者は――この時期は重商主義者の間で次から次にそうした動きが広がった――原因は通貨の総量にあると判断した。資料は豊富にあるが、まず何よりも、そうした見方がどれほど長く続いたか、いかに根強く、実務上の問題とは無関係に論じられたかを示すため、もっとも典型的な例のみを選ぼう。

一六二〇年代初期のイングランドで金融政策と東インド貿易をめぐって論戦を繰り広げた論者は、この点については完全に意見が一致していた。ジェラルド・マリーンは自説の根拠を詳述した際、「通貨が潤沢にあれば、法外な高金利を金額ベースでも金利ベースでも引き下げられる」と主張（『商法』『自由貿易の維持』一六二二年）。これに対し、かなり無遠慮な激しい論敵だったエドワード・ミッセルデンも「高利貸しへの処方箋は、潤沢な通貨にあるのかもしれない」と答えている（『自由貿易――貿易の繁栄に向けた手段』同年）。半世紀後の主な論者では、東インド会社の絶対的指導者で同社の意義をもっとも巧みに主張したチャイルドがこんなことを言っている（一六六八年）。チャイルドは、自分が強く主張していた法定金利上限が実現すれば、イングランドからどの程度のオランダの「資金」が流出するかという問題を論じた際、この恐ろしいデメリットに対処するには、約束手形の譲渡を簡単にして、約束手形を通貨として利用すればよいと主張した。そうすれば「国内で利用しているすべての現金の少なくとも半分に相当する不足分を確実に補える」と訴えたのである。この利害衝突とはまったく関係のなかったもう一人の論者ペティもその他大勢と同意見で、通貨の量を増やせば金利が「自然に」一〇％から六％に低下すると主張し（『政治算術』一六七六年）、「お金」が多すぎる国は金利をつけて貸し出すのが適切な対策になるとの見解を示している（『貨幣小論』一六八二年）。

無論、こうした議論は、決してイングランドに限られたものではなかった。たとえば、数年後には（一七〇一年、一七〇六年）、フランスの商人や政治家が、足元の通貨不足（*disette des espèces*）が高金利の原因となっていると不満を漏らし、通貨の流通量を増やして高金利を解消するよう求めた。*

* ヘクシャー『重商主義』第二巻二〇〇、二〇一ページ。ごくわずかだが、要約した箇所がある。

おそらく金利と通貨量の関係を最初に抽象的な言葉で表現したのは、あの偉大なロックだろう。[*] ペティとの論争で、ペティが提案した金利の上限に反対してこう述べている。地代に上限を設定するのと同じで、金利に上限を設定するのは現実的ではない。というのも「通貨には金利を通じて年々所得を生む傾向があり、通貨の自然な価値は、国内の取引量全体（つまりすべての商品のさばき先全般）に対して、その時点で流通している国内の総通貨量がどの程度あるかに左右される」[**]――。ロックは通貨には二つの価値があると説明している。①利用価値。これは金利で表示される。「この場合、通貨には土地の性質がある。土地の所得は地代と呼ばれ、通貨の所得は利息[***]（*use*）と呼ばれる」。②交換価値。「この場合、通貨には商品の性質がある」。通貨の交換価値は「商品の豊富さもしくは希少さに対して通貨がどの程度豊富か希少かのみに左右され、金利の水準には左右されない」。つまり、ロックは双子の数量説の生みの親と言える。第一に、金利はモノの取引総額に対する通貨量（流通速度も考慮する）の比率に左右されると説く。第二に、通貨の交換価値は、市場にあるモノの総量に対する通貨量の比率に左右されると説く。だが、片方の足は重商主義の世界に突っ込んで、もう片方の足は古典派の世界に突っ込んでいたため****、二つの比率が互いにどう関係しているのかについて混乱に陥っており、流動性選好が**変動**する可能性を完全に見逃している。もっとも、ロックは金利を下げても物価水準に**直接的**な影響はなく、物価に影響が出るのは「商取引における金利の変化が、通貨や商品の流出入につながり、その後、ここイングランドで通貨と商品の比率が変わった場合のみだ」（つまり、金利が下がり現金が海外に流出するか、生産が増えた場合のみだ）とは、熱心に説明している。ただ、ロックが本当の統合に向けてすこしでも歩を進めたとは思えない*****。

* 『利子の引下げ及び貨幣の価値の引上げの諸結果に関する若干の考察』（一六九二年）。ただ執筆されたのはその数年前だ。

** ロックは「通貨量だけでなく、その流通速度にも」と付言している。

*** use という言葉は、もちろん古い英語で「金利」を意味する。

**** ヒュームは、そのすこし後で、片足ともう一方の足の半分を古典派の世界に突っ込んだ。というのも、ヒュームは、自分たちが現実には均衡状態に向けた移行の過程にあることを見過ごしていなかったという点で、まだ重商主義者だったが、重要なのは均衡状態であって、均衡状態に向けて絶えず移行していくことではないと力説する経済学者の風習を生み出したのである。「金銀の量の増加が産業に有利に働くのは、通貨を獲得し物価が上昇するまでの間、つまり中間的な状態のみだ。（中略）。ある国の国内の幸福度にとって、通貨量が多いか少ないかは、重要な問題ではない。行政官の唯一の良策は、可能であれば通貨量を増やし続けることだ。そうすれば、国内産業の活気を維持し、本当の力と豊かさの拠り所である労働環境を改善できる。実際のところ、通貨が減少している国は、そうした局面では、通貨量は同じだが通貨が増えている国よりも、勢いがなく、悲惨な状態に陥る」（『貨幣について』一七五二年）。

重商主義者が金利と資本の限界効率をいかにたやすく区別していたかは、ロックが『高利貸しに関する友人への手紙』から引用した以下の一節（一六二一年印刷）で明らかだ。「高金利は産業の衰退につながる。金利から得られる利益は、商売から得られる利益よりも大きく、豊かな商人は仕事を辞め、資本を貸して金利を稼ぐ。小さな商人はつぶれる」。もう一つ例を挙げれば、フォートレーが富の増大を図る手段として低金利が重要だと力説している（『イングランドの金利と改善』一六六三年）。

重商主義者は次の点も見逃さなかった。流動性選好が過剰で、流入した貴金属が退蔵されれば、金利への好影響が相殺されてしまう。もっとも、一部の論者（たとえばマン）は、国力増強という目的で国家の蓄財を主張したが、そうした政策には、他の論者からあからさまに反対の声が上がった。

たとえば、シュレッターは重商主義者の持論を持ち出して、国庫金が急増すれば、国内に流通する通貨がすべて干上がってしまうという恐ろしい光景を描き出した。（中略）完璧に論理的な比較だが、修道院による蓄財と貴金属の国外流出の類似性を指摘し、想像できる限りこれ以上最悪のケースはないと考えたのである。ダヴェナントは、金銀の保有量が世界最大と思われていた東方の多くの国が極度に貧しいことについて、財宝が「王家の金庫に死蔵されている」ことが原因だと説明している。（中略）国家による保蔵はどう贔屓目にみてもメリットがあるか疑問で、大きなリスクを伴うことが多いと思われていたのであれば、私的な保蔵が疫病のように忌むべきものとなるのは言うまでもない。私的な保蔵は、重商主義者がこぞって雷を落とした風潮の一つであり、異論を唱えた人は一人たりとも見つからないと思う。******

② 重商主義者は、安売りの愚を認識し、過当競争を起こせば国の交易条件が悪化しかねないと考えていた。このため、マリーンは『商法』（一六二二年）で次のように書いている。「貿易を増やすという口実で、他国より安く売り、国を害することがないよう努

***** 金利とは通貨につく金利を意味するという重商主義者の見解（いまの私には、まちがいなく正しい見解に思える）が完全に視界から消え去ったことは、優秀な古典派経済学者であるヘクシャー教授がロックの理論についてまとめた以下のコメントで明らかだ。「もし金利が本当に融資の価格と同義であるならば、（中略）ロックの主張には反論の余地がない。だが、実際にはそうでないため、この主張はまったく的外れだ」（前掲書第二巻二〇四ページ）。

****** ヘクシャー、前掲書、第二巻二一〇、二一一ページ。

力が必要だ。というのも、モノがとても安いときは貿易は増えない。通貨の需要が少なく、通貨が足りないからモノが安いのであって、それが安さの原因だ。したがって、逆に通貨がたくさんあれば貿易は増える。需要が多ければモノの値段が高くなる」*。ヘクシャー教授は、この点に関する重商主義の考え方を以下のようにまとめている。

> この点については、一世紀半にわたって何度も繰り返し、こう明言されている。ほかの国より通貨が少ない国は「安く売って高く買わ」なければならない。（中略）こうした姿勢は、一六世紀半ばに書かれたヘイルズの『公共福祉論』初版にさえ、すでに表れていた。実際、ヘイルズは「しかし、もし外国人が自分たちの商品と引き換えに、我々の商品のみを買って満足しているなら、我々の商品が外国人からみてとても安いということになる。この場合、なぜ外国人に別の商品（つまり我々が外国人から買う商品など）の値上げを許す必要があるのか。そうなれば、こちらは負けっぱなしで、相手が我々より優位に立つことになる。相手が高く売ってこちらの商品を安く買い、その結果、相手が豊かになり、こちらが貧しくなる。だが、相手が値上げするなら、こちらも値上げすべきだ。現に我々はそうしている。結果的に、ある程度の敗者

は出るが、値上げしたほうが敗者は少なくなる」。ヘイルズの編集者は数十年後（一五八一年）、この点についてもろ手を挙げてヘイルズに賛成している。こうした姿勢は一七世紀に復活するが、根本的な趣旨に変わりはなかった。このため、マリーンはこうした不幸な状況の原因が、自分のもっとも恐れたもの、つまりイングランドの為替が海外で過小評価されていることにあると考えた。（中略）その後、同じ見方は相次いで浮上している。ペティは『賢者には一言をもって足る』（一六六五年執筆、一六九一年出版）で、通貨の量を増やすという猛烈な努力は「量でみても率でみても、どの隣国（決して数は少なくはないが）よりも確実に多くの通貨を保有したときに」はじめて終わると述べている。この本の執筆から出版までの間に、コークは「もし我々の資金が隣国よりも多ければ、いま保有している資金の五分の一でも構わない」と宣言した（一六七五年）。**

③　重商主義者は「モノへの不安」と通貨の不足が失業の原因だという説を編み出したが、

*　ヘクシャー、前掲書、第二巻二二八ページ。
**　ヘクシャー、前掲書、第二巻二三五ページ。

二世紀後、古典派は馬鹿げた考えだと一蹴した。

失業問題を理由に輸入禁止を訴えたもっとも初期のケースの一つが、一四二六年のフィレンツェだ。（中略）イングランドでも、この問題に関する法制度は少なくとも一四五五年にまで遡れる。（中略）ほぼ同時代の一四六六年のフランスの法令は、リヨンの絹産業の基礎となり、後にとても有名になったが、実際には外国製品の制限を意図したものではなく、その点ではあまり興味を引くものではなかった。ただそれでも、この法令は数万人の失業者に雇用を提供できる可能性について言及している。当時、こうした主張がいかに幅を利かせていたかがわかる。（中略）

ほぼすべての社会・経済問題についても言えることだが、この問題が最初に大きな議論を巻き起こしたのは、一六世紀半ばもしくはそれ以前のイングランド、ヘンリー八世とエドワード六世の治世だった。これに関連して指摘しておかなければならないのが、遅くとも一五三〇年代には書かれていたとみられる一連の著作だ。すくなくとも、このうちの二つはクレメント・アームストロングの手になるものだと考えられている。（中略）アームストロングは、たとえば次のような言葉でこの問題を解説している。「毎年イングランドに流入する海外の商品・モノがあまりに多いため、通貨が不足しているだけでなく、あらゆる手工芸が破壊されている。多くの一般市民は、本来ならこうした手工芸で生計を立て飲食物を買う通貨を手に入れるはずだが、現実には、職もなく、物乞いをし、盗みを働くことを余儀なくされている」*。

私の知る限り、この種の問題について重商主義者の典型的な主張をもっともよく見て取れるのが、一六二一年のイギリス下院で行われた通貨の不足をめぐる審議だ。この年はとくに織物の輸出が深刻な不況に見舞われていた。有力議員の一人サー・エドウィン・サンディーズが次のように当時の状況をとてもわかりやすく説明している。ほぼあらゆる地域で農民と職人が苦しんでいる。国内では通貨不足で織り機が放置され、農民も借金の返済を拒まざるをえない。「これは（ありがたいことに）収穫が不足していることが原因でなく、通貨が不足していることが原因だ」。こうした状況を受け、これほど不足感が強まっている通貨はどこに消えたのかという事細かな議論が繰り広げられた。槍玉に挙げられたのは、貴金属の輸出（流出）に関与したとされる人々、

* ヘクシャー、前掲書、第二巻一二二ページ。

もしくは国内でそれに類する活動を行い貴金属の消滅に関与したとされる人々であり、こうした人には誰かれ構わず無数の攻撃が加えられた。*

ヘクシャー教授が指摘するように、重商主義者は自分たちの政策が「一石二鳥」であることを認識していた。「失業につながるとされていた望ましくないモノの余剰を解消できる上に、国内の通貨の総量が増え」**、金利低下というメリットが実現できるのである。

重商主義者が現実の経験から辿りついた考え方を考察するためには、貯蓄性向が投資のインセンティブよりも強かったという人類史に一貫してみられる慢性的な傾向を理解する必要がある。いつの時代も、投資のインセンティブの低さが経済問題のカギを握ってきた。なぜ投資のインセンティブは低いのか。今日については、すでに存在する蓄積の規模が主因だと説明できるかもしれない。かつてについては、様々なタイプのリスク・不透明性のほうが大きな原因だった可能性がある。だが結果は同じだ。消費を控えて自分の富を増やしたいという個人の欲求は、労働者を雇用して耐久資産を生産し国家の富を増やそうという事業家のインセンティブより強いのがふつうなのである。

④ 重商主義者は自分たちの政策に国家主義的な性格があり、戦争を招きやすいことを十分認識していた。重商主義者は国家の利益と相対的な強さをまちがいなく目指していたのである。***

国際通貨制度がもたらす、こうした当然の帰結を重商主義者が表面上淡々と受け入れていたことを批判する向きもあるかもしれない。ただ知的に考えれば、こうした現実主義は、固定的な国際金本位制や海外融資の自由放任こそ平和を促す最良の政策だと信じている頭の混乱した現代人の考え方よりはるかに望ましい。

というのも、相当な期間にわたって多少なりとも固定された慣習と金銭契約が存在

＊　ヘクシャー、前掲書、第二巻二二三ページ。
＊＊　ヘクシャー、前掲書、第二巻一七八ページ。
＊＊＊「重商主義者は国内では、徹底的に動的な目標を追求した。だが、重要なのは、これが世界全体の経済資源に関する静的な概念と結びついていたことだ。というのも、これが根本的な不協和音を生み出し、果てのない商業戦争が続いたのである。（中略）これが重商主義の悲劇だった。静的な理想しかなかった中世と、動的な理想しかなかった自由放任主義は、ともにこの帰結を免れた」（ヘクシャー、前掲書、第二巻二五、二六ページ）。

し、国内の通貨流通量と国内金利がおもに対外収支で決まる経済では（大戦前のイギリスがそうだった）、隣国を犠牲にして貿易黒字を確保し、通貨として利用する金属の輸入を目指す争奪戦を繰り広げる以外に、当局が国内の失業に対処する正当な手段はないのである。歴史的にみて、国際金本位制（以前は銀本位制）ほど各国の利益が効果的に隣国の不利益につながる制度が編み出されたことはない。というのも、国際金本位制では、市場の争奪戦に勝てるかどうか、そして貴金属を追い求める競争に勝てるかどうかが、国内の繁栄を直接左右する。幸運にも金と銀の新規の供給が比較的豊富だった時代は、競争はそれほど激しくなかったかもしれない。しかし、富が増加し、限界消費性向が低下すると、争いはますます血なまぐさいものになるきらいがあった。現代の舞台では、常識が不足し自らの論理の矛盾を克服できない正統派の経済学者が役回りを演じており、悲惨な状況に陥っている。というのも、一部の国は何とかして逃げ道を探そうと、協定を放棄して、自律的に動く金利を取り戻そうとしているのに、正統派の経済学者はかつての足かせを取り戻すことが、景気全般の回復に必要な第一歩だと説いているのである。

実際にはその逆が正しい。国際的な優先事項に振り回されずに金利を自律的に動かせる政策、国内雇用の最適な水準を目指す国家の投資政策——これは自国を助け、同時に隣国も助けるという二重の意味でメリットがある。こうした政策をすべての国が協力して同時に進めれば、国内の雇用水準で測定しても、国際貿易量で測定しても、経済の健全性と力強さを国際的に取り戻すことができる。*

4

重商主義者は問題があることを認識していたが、分析を進めて問題を解決することはできなかった。だが、古典派は問題が存在しないという前提条件を導入した結果、問題を無視することになった。このため、経済理論の結論と常識的な結論の間に溝が生じたのである。古典派理論のたぐいまれな業績は、「自然な人間」の考え方を乗り越えたこと、しかもそれが間違っていたことにある。ヘクシャー教授はこう表現する。

* 国際労働事務局が、初代事務局長のアルベール・トーマと、第二代事務局長のH・B・バトラーの下で、一貫してこの真理を高く評価していたことは、大戦後の様々な国際機関の宣言の中でもとくに際立っている。

そうなると、通貨と通貨の材料となる素材に対する根本的な姿勢が十字軍の時代から一八世紀まで変わっていなかったとすれば、私たちが論じているのは深く根づいた考え方だと言える。おそらく、この考え方は、「モノへの不安」ほどではないにしても、先ほどの期間に含まれる五〇〇年間以降も根強く続いている。（中略）自由放任の時代を除けば、こうした考え方から逃れられた時代はない。自由放任という特異で知的な執念のみが、この点で「自然な人間」の考え方を一時的に乗り越えたのである。*

「モノへの不安」を拭い去るには、自由放任という狂信的な教えを無条件で信仰する必要があった。（中略）モノへの不安は、貨幣経済で生活する「自然な人間」のもっとも自然な姿勢なのである。自由貿易主義は、自明だと思える要素の存在を否定しており、このイデオロギーにとらわれている人の心を捉えられなくなった途端に、世間一般の人々から眉唾物とみなされる運命にあった。**

私はボナー・ロー首相が、自明なことを否定する経済学者の面前で怒りと困惑の入り混じった表情を浮かべていたことを思い出す。首相はなぜそんなことになるのか途方に暮れていた。古典派経済学と一部の宗教の影響力には似た面があると考えるしかない。というのも、自明なものを心の中から追い払うのは、世間一般の考えに深遠で現実離れしたものを吹き込むよりはるかに大変で、その思想の威力が存分に発揮されているのである。

5

これと関連して、別の問題も残っている。数百年、いや数千年にわたって、賢明にも受け入れられてきた確実で自明な教えが、古典派によって幼稚な考えだと切り捨てられたが、この教えは復活と名誉に値する。金利は社会的な利益にもっともかなう水準に自己調節するのではなく、つねに上昇しすぎるきらいがあり、賢明な政府であれば、法律や慣習、場合によっては道徳律で制裁を加えるという形で金利の上昇抑制に関与するという教えである。

高利貸しを禁止するという規定は、歴史上もっとも古くから存在する経済慣行の一つだ。

* ヘクシャー、前掲書、第二巻一七六―七ページ。
** 前掲書、第二巻三三五ページ

古代や中世の世界では、過剰な流動性選好によって投資のインセンティブを消滅させる行為は、並々ならぬ害悪で、富の拡大を阻害する主因となっていた。これは当然の話で、経済活動のリスク・不透明性は、一部は資本の限界効率低下につながり、一部は流動性選好の高まりにつながる。したがって、誰もが不安を感じる世界では、社会で活用できる手段を総動員して金利の上昇を抑え込まない限り、ほぼ不可避的に過度な金利上昇が進み、投資のインセンティブを十分に確保できなかった。

私はこう教えられて育った。中世の教会の金利に対する態度は本質的に馬鹿げており、融資のリターンと積極的な投資のリターンを区別するという巧妙な議論も、馬鹿げた理論から現実的な逃げ道を探そうとする詭弁にすぎない――。だが、いま振り返ると、こうした中世の議論は、古典派理論が混同して一緒くたにしてしまったもの、すなわち金利と資本の限界効率――を区別しようとする実直な知の営みだったと思える。というのも、こうしたスコラ学者の研究が、資本の限界効率表を高めに維持し、ルールや慣習、道徳を通じて金利を低く抑える方策の解明に向けられていたことは、いまとなっては明らかだと思えるのだ。

アダム・スミスでさえ、高利禁止法にはきわめて寛容的な姿勢を示していた。というのも、スミスは個人の貯蓄が投資か債権かのいずれかに吸い上げられる可能性があり、貯蓄が前者に回る保証はまったくないことをはっきり認識していたのである。また、スミスは貯蓄が債権ではなく新規の投資に回る可能性を高めるため、低金利を支持していた。このため、スミスはベンサム*に手厳しく批判された一節で、高利禁止法の節度ある利用を擁護している。** また、ベンサムの批判の根拠は、おもにアダム・スミスのスコットランド的な用心深さが「起業家」(*pro-jector*)には苛酷すぎるというもので、金利に上限を設定すれば、理にかなった社会的に適切なリスクをとる人の報酬の余地があまりにも少なくなると主張したのである。ベンサムは「起業家」を次のように理解していた。「富を追い求めて、場合によっては他のどんな目的であれ、富の助けを得て、様々な創意工夫の道に踏み出そうと努力するすべての人々、(中略)何を追求するにしても改良と呼べるものを目指すすべての人々。(中略)つまり(高利禁止法は)創意工夫の過程で富の助力を必要とするあらゆる人間の能力の行使を圧迫する」。もちろん、理にかなったリスクテイクを阻害する法律にベンサムが反対するのは正しい。ベンサムはこう続けている。「こうした状況では、用心深い人は良いプロジェクトと悪いプロジェクトをえり分けることはしないだろう。というのも、そうした人はどんなプロジェクトにも手を出さないからだ***」。

* ベンサムの『高利の擁護』の付録に掲載されている「アダム・スミスへの書簡」。
** 『国富論』第2篇第4章。

おそらく、アダム・スミスがベンサムの言うような意味で「起業家」という言葉を使っていたのか、疑問の余地があるかもしれない。それとも、私たちは一九世紀のイギリスが一八世紀に向けて語りかけている声をベンサムの中に聞いているのだろうか（ベンサムの書簡は一七八七年三月に「白ロシアのクリコフ」から書き送られたものだが）。というのも、投資のインセンティブが潤沢に存在した最盛期の時代であれば、投資のインセンティブが不足する理論的な可能性を見失うことも考えられるからだ。

6

ここで、一風変わった、不当にも無視されている予言者シルヴィオ・ゲゼル（一八六二〜一九三〇）について触れておくことが好都合だろう。ゲゼルの著作には、深い洞察に満ちたひらめきがあり、事の本質にあともうすこしのところまで迫っている。大戦後、ゲゼルの信奉者が大量の著作を私に送りつけてきたが、論証の一部に明らかな欠陥があったため、私はゲゼルの価値を完全に見逃していた。分析が不完全な段階での直感にはよくあることだが、私も自分なりの結論に至ってようやく、ゲゼルの重要性に気づいたのである。それまでは、私も他の経済学者同様、ゲゼルのきわめて独創的な労作を変人の考えにすぎないとみなしていた。ゲゼルの重要性を十分に認識している読者は少ないと思われるので、ここで不釣り合いとも言える紙幅を割くことにする。

ゲゼルはブエノスアイレスで成功を収めたドイツ****の事業家で、一八八〇年代後半の恐慌を受けて通貨の問題を研究するようになった。アルゼンチンはとくに深刻な恐慌に見舞われたのである。処女作の『社会的国家への架け橋としての通貨改革』はブエノスアイレスで一八九一年に出版された。通貨に関する根本的な考え方は、同年に出版した『事態の本質』で説明している。その後も多くの著作とパンフレットを刊行し、一九〇六年にある程度の資産家としてスイスに隠居して残りの数十年の人生を執筆と実験農業に捧げることができた。働かなくても食

*** ここでベンサムの引用を始めた以上、ベンサムのもっとも素晴らしい一節を読者に思い起こしてもらおう。「職業という一生の行路、起業家が足跡を残す偉大な道は、おそらく果てのない広大な平原であり、クルティウスが呑み込まれたような裂け目が至るところにあると考えられるかもしれない。それぞれの裂け目は、誰か一人が犠牲になって転落するまで塞がれることはないが、いったん塞がれれば、二度と開くことはなく、後に続く人々にとって、道はその分だけ安全になる」。

**** ルクセンブルクの国境近くで生まれた。父はドイツ人、母はフランス人。

べていける人に許されるもっとも楽しい二つの仕事だ。

代表作の第一部は『労働全収入権の実現』として一九〇六年にスイスのレ・ゾー・ジュヌヴェで出版された。第二部は『金利の新理論』として一九一一年にベルリンで出版されている。二つを合わせたのが『自由地と自由貨幣による自然的経済秩序』で、大戦中（一九一六年）にベルリンとスイスで出版され、ゲゼルが亡くなるまでに六版を重ねた。英語版（フィリップ・パイ氏訳）のタイトルは『自然的経済秩序』だ。一九一九年四月、ゲゼルは短命に終わったバイエルンのソビエト内閣（労兵評議会）に財務相として入閣するが、その後、軍法会議にかけられた。人生最後の一〇年間はベルリンとスイスで過ごし、宣伝活動に没頭する。ゲゼルは、かつてヘンリー・ジョージを取り巻いていた半宗教的な熱狂を自らに引き寄せ、教団から崇められる予言者となり、世界中で何千人もの信奉者を集めた。スイス・ドイツ自由地・自由貨幣同盟やそれに類する多くの国の団体が一堂に会した第一回国際会議は一九二三年にバーゼルで開催された。一九三〇年にゲゼルが亡くなると、ゲゼルのような教えが巻き起こす独特なタイプの熱狂の多くは、他の予言者（私見ではゲゼルほど優れていないが）に向けられるようになっている。この運動のイギリスでの指導者はビュチ博士だが、パンフレットはテキサス州サンアントニオから配布されているようだ。いまの運動の拠点はアメリカにあり、経済学者では唯一、アーヴィング・フィッシャー教授が運動の意義を認めている。

信奉者はゲゼルに予言者という装いをまとわせたが、ゲゼルの主著は冷徹で科学的な言葉で書かれている。ただ全編にわたって社会正義に対する情熱的・感情的な思い入れがみなぎっているため、学術書としては適切ではないと考える人もいる。ヘンリー・ジョージ*から派生した要素は、この運動を勢いづかせる上でたしかに重要な源泉とはなったが、その点はまったく二次的な関心事でしかない。主著の目的は全体として、反マルクス的な社会主義を打ち立てることにあると言えるかもしれない。これは自由放任主義への反動だが、理論的根拠はマルクスとはまったく異なり、古典派の仮説の承認ではなく拒否に、競争の廃止ではなく自由化に基づいている。私は将来の人々がマルクスの精神よりもゲゼルの精神から多くのことを学ぶと信じている。読者が『自然的経済秩序』の序文を読めば、ゲゼルの道徳心の高さがわかるだろう。マルクス主義への回答は、この序文の線に沿って見出すことができると思う。

通貨・金利理論に対するゲゼル独自の貢献は次の通りだ。まず、金利と資本の限界効率を明確に区別し、実物資本の増加ペースを制限するのが金利だと主張する。次に、金利とは純粋

＊ ゲゼルは土地の国有化に際して補償金の支払いを提言したという点で、ジョージとは異なっている。

に通貨から生じる現象（貨幣的現象）であり、通貨に特異な性格があるから、通貨の金利は重要な意味を持つと述べる。通貨の特異性とは、富の保蔵手段として保有しても保有コストはただ同然であること、そして保有コストが発生する商品在庫のような富の形が実際にリターンを生むのは、通貨が基準を設定しているからだと主張する。ゲゼルは金利がどの時代も比較的安定していたことについて、金利が純粋に物理的な性質に依存するはずがないことを示す証拠だとし、後者は観察された金利の変化とは比べ物にならないほど時代の移り変わりとともに大きく変化しているはずだと指摘している。つまり（私の用語を使えば）一定した心理的な性格で決まる金利は安定が続いているが、資本の限界効率表をおもに左右する変動の激しい性質のほうは、金利ではなく、（多少なりとも）安定している金利の下で実現できる実物資産ストックの増加ペースを決定してきた。

ただ、ゲゼルの理論には大きな欠陥がある。ゲゼルは商品在庫の貸し出しで収益が得られるのは金利が存在するからにほかならないと説明する。この本に出てくるロビンソン・クルーソーと外国人の対話*は、この問題について説明するとても優れた経済に関するたとえ話で、これまでに書かれたこの種のたとえ話のいずれにも引けをとらない。ただ、通貨の金利が他の大半の商品の金利と違ってマイナスにならない理由を説明する一方で、なぜ通貨の金利がプラスなのかを説明する必要性を完全に見逃しており、通貨の金利が（古典派の主張とは違って）資本財の収益で決まる基準に左右されない理由を説明していない。これはゲゼルが流動性選好という概念を思いつかなかったことが原因だ。ゲゼルは金利理論の半分しか構築していない。

ゲゼルが学界で無視されているのは、こうした理論の不完全さが理由であることはまちがいない。ただ、ゲゼルは実践的な提案をできるところまで、自分の理論を推し進めている。ゲゼルの提唱した形では実現不可能だが、何が必要かという点で核心をついていると言えるかもしれない。ゲゼルは通貨の金利が実物資本の拡大を抑制しており、この抑制要因を取り払えば、現代社会では実物資本が急ピッチで増加し、もちろんすぐにではないが、比較的短い期間でゼロ金利を正当化できるようになると主張する。したがって、第一に必要なのは通貨の金利を引き下げることであり、これは利回りを生まない他のモノの在庫と同じように、通貨に保有コストを発生させることで実現できる。ここからゲゼルが編み出したのが、あの有名な「スタンプつき」通貨という処方箋だ。ゲゼルと言えば、まずスタンプつき通貨が連想されるほどで、アーヴィング・フィッシャー教授の支持も得ている。この構想では、法定紙幣は毎月、保険証の

＊『自然的経済秩序』二九七ページ以下を参照。

ように郵便局で購入した印紙（スタンプ）を貼らなければ価値が低下する（もっとも、少なくとも一部の預金通貨にも適用する必要があることは明らかだが）。印紙代はもちろん、適切な水準に設定する。私の理論によると、完全雇用が実現できる新規の投資率と釣り合う資本の限界効率を、通貨の金利（印紙代を除く）が超過する分にほぼ等しい水準とする必要がある。ゲゼルが提唱した実際の印紙代は週〇・一％で、年五・二％に相当する。これは現状では高すぎるだろうが、適切な水準を見出すには試行錯誤が不可欠で、時々変更することも必要になるだろう。

スタンプつき通貨の基にある考え方は、理にかなっている。実際、控えめな規模で実行する手段が見つかるかもしれない。ただ、ゲゼルの取り上げなかった数々の問題がある。とくに、通貨は流動性プレミアムを持つ唯一無二の存在ではないという点、他の多くのモノと程度が違うだけだという点、他のどんなモノよりも流動性プレミアムが高いからこそ通貨が重要なのだという点にゲゼルは気づいていなかった。このため法定紙幣がスタンプ制度によって流動性プレミアムを失えば、後釜となるモノが続々とあらわれることになる。預金通貨、要求払い債権、外貨、宝飾品、貴金属一般などだ。すでに述べたように、収益とは無関係に土地を保有したいという強い願望が、金利の低下を阻んでいた時代もおそらくあった。もっとも、ゲゼルの制度では土地が国有化されるため、この可能性はなくなるが。

7

ここまで検証してきた理論は、実質的には、有効需要の構成要素のうち、投資のインセンティブの多寡に左右される部分に目を向けた学説と言える。ただ、もう一つの構成要素――つまり消費性向――の不足が失業の犯人だという説も決して目新しいものではない。だが、今日の経済問題を説明するこちらの説は、古典派の経済学者の間でも不人気で、一六～一七世紀の思想でもかなり小さな扱いしか受けていなかった。この説が台頭してきたのは近年になってからだ。

過少消費への不満は、重商主義の思想では完全に脇役扱いだが、それでもヘクシャー教授は「贅沢の効用と倹約の弊害に対する根深い信念」を示す例を多数引いている。「事実、倹約は失業の原因とされていた。理由は二つだ。第一に、交換取引に回されなかったお金の分だけ、実質所得が減ると考えられていた。第二に、貯蓄は流通している通貨を吸い上げる行為だと考えられていた」*。一五九八年、ラフマは（『国家を繁栄させるための財宝と富』で）フランス製の絹

* ヘクシャー、前掲書、第二巻二〇八ページ。

の利用に反対する人々を非難している。フランス製の贅沢品を買う人は誰もが貧困層の生活を支えているが、守銭奴は貧困層を窮迫のうちに死なせているというのが理由だ。[*] 一六六二年、ペティは「娯楽、豪勢なショー、凱旋門など」は費用がかかっても結局、醸造家、パン屋、仕立屋、靴屋などの懐にお金が入るので有益だと主張した。フォートレーも「ありあまる衣類」を擁護している。フォン・シュレッター（一六八六年）は、贅沢品の規制を批判し、衣類などはもっと豪華にしたほうがよいと宣言している。ベアボーン（一六九〇年）は「浪費は人間にとって有害な堕落行為だが、商売にとってはそうではない。（中略）貪欲は人間にとっても商売にとっても有害な堕落行為だ」[**] と書いている。ケアリーは一六九五年に、みんながもっと消費すれば、みんなの所得が増え「もっと豊かに暮らせるかもしれない」[***] と論じた。

だが、ベアボーンの考え方が一般に広まったのは、バーナード・マンデヴィルの『蜂の寓話』によるところが大きい。この本は一七二三年にミドルセックスの大陪審で有害図書に指定され、道徳哲学史上、歴史的なスキャンダルとしてよく知られている。記録に残っている中で、この本を高く評価しているのはジョンソン博士のみで、困惑するどころか「現実の世界について大きく目を開かせてくれた」と記している。有害図書としての本書の性格を一番よく伝えているのが『英国人名辞典』の編集主幹レズリー・スティーヴンの次のまとめだろう。

マンデヴィルはこの書で大きな反発を買った。この本では、ひねくれた道徳規範が巧妙な逆説によって魅力的なものに仕立て上げられている。（中略）貯蓄ではなく支出によって繁栄が増すというマンデヴィルの教えは、当時まだ残っていたあやまった経済的な考え方と符合する。****人間の欲望は本質的に悪であり、したがって「個人の悪」が生じるという禁欲的な想定をする一方で、富は「公共の利益」になるという常識的な想定をしたことで、すべての文明には不道徳な発展が伴うことをあっさり示してみせた（後略）。

『蜂の寓話』の本文は寓話的な詩「不満が渦巻く蜂の巣、もしくは正直者に改心した不正直者」である。そこでは、繁栄していた社会ですべての市民が突然、贅沢な暮らしをやめようと思い

* 前掲書、第二巻二九〇ページ。
** 前掲書、第二巻二九一ページ。
*** 前掲書、第二巻二〇九ページ。
**** スティーブンは『一八世紀イギリス思想史』（二九七ページ）で「マンデヴィルが世間に広めた誤謬」についてこう書いている。「こうした見方は、商品の需要と労働の需要は別物だという説で完全に反駁できる。この説はほとんど理解されておらず、この説を完全に理解しているかどうかで、その経済学者の能力を一番よく判断できるのではないか」。

つき、国が軍備を縮小し、貯蓄に励んだ結果、どのような惨状に陥ったかが語られている。

借金暮らしじゃ面目立たず
揃いの衣装も質屋に入れた
ただ同然で馬車も売り
立派な馬もまとめて売却
別荘売って借金返済
虚栄は悪徳、避けねばならぬ
海外に軍はおかず
異邦人の尊敬も、戦争の栄光も
空しいものだと笑い飛ばす
戦うのはお国のため
権利と自由が脅かされたときだけ

高慢なクロエは

豪華な外食を慎んで
年中、丈夫な服を着る

その結果は

さあ、栄《は》えある巣箱をご覧あれ
正直と商売がどう折り合うかご覧あれ
ショーは終わった、みるみるうちに消えていく
相貌はがらりと変わり
姿を消したのは毎年湯水のように金を使う
羽振りのよい御仁のみならず
御仁に頼って生きていた下々の者も
日に日に姿を消していく
別の仕事を探しても

案にたがわず、供給過剰
土地も家も値下がりし
テーベの城壁さながらに粋な遊びで建てられた
城壁そびえる豪奢な宮殿
いまや貸家となっている…
建設業は総崩れ
職人は失職し
巧みの技で名をはせる画家もなく
石工にも彫刻家にも声はかからず

さて「教訓」は

国民の生活は美徳だけでは豪奢にできぬ
大木に育つどんぐりが正直など気にかけるか
黄金期を復活させる人間は自由でなければならぬ

以下、寓話に続く注釈から二カ所引用するが、この寓話が理論的な根拠なしに書かれたものではないことがわかるだろう。

一部の人々が「貯蓄」と呼ぶ、この倹約・節約は、家計では資産を増やすもっとも確実な方法だが、一部の人々は、不毛な国でも豊穣な国でも、同じ方法を国全体が目指せば（そんなことが現実に可能だと考えているのだ）、国全体に同じ効果が期待でき、たとえばイギリスが一部の近隣諸国のように倹約すれば、いまよりはるかに豊かになれるのではないかと想像している。私にはこれはまちがいだと思える。*

マンデヴィルは一部の人々とは反対の結論を下す。

＊　古典派の源流であるアダム・スミスの以下の指摘と比較してほしい。「民間のどの家庭にとっても賢明な行動が、大国にとって愚かな行動であることはめったにない」。これはおそらく、マンデヴィルのこの一節に言及したものだろう。

一国を幸せにし、いわゆる繁栄を実現する良策は、全員に就労機会を与えることにある。そのためにはまず、考えられる限り多岐にわたる製造業、工芸、手工業を奨励するよう政府の配慮が必要だ。第二に、人間だけでなく大地全体を活用できるよう、あらゆる分野で農業・漁業を奨励する必要もある。国を偉大にし幸福にするのであれば、こうした政策を導入すべきであり、贅沢や倹約についてつまらない規制を導入すべきではない。というのも、たとえどれほど金や銀の価値が上下しようと、すべての社会を快適にできるかどうかは、大地の恵みと人々の労働にかならず左右されるからだ。この二つを組み合わせれば、ブラジルの金やポトシの銀よりも確実で、無尽蔵な、本物の資産になる。

こうした不道徳な意見が、二世紀にわたって倫理学者や経済学者から批判を浴びていたことは、驚くには当たらない。そうした学者は、禁欲の教えを守るほうがはるかに立派であり、個人と国が最大限、倹約と節約を追求する以外に健全な救済策はないと感じていたのである。ペティの「娯楽、豪勢なショー、凱旋門など」はないがしろにされ、グラッドストン流の緊縮財政が台頭した。豪華な音楽や演劇どころか、病院や広場や壮大な建築物をつくったり、ましてや古代の記念碑を保存したりしている「余裕などない」」、そうしたものはすべて民間の慈善団体か太っ腹で軽率な個人に任せておけばよいという国家制度だ。

社会的地位のある人々の間でマンデヴィルの教えが復活することは、その後一世紀なかった。再び日の目をみたのはマルサスの後期、有効需要の不足という概念が失業の科学的な説明として確固たる地位を得てからだ。この点については、マルサスに関する小論*で多少詳しく論じたので、そこで引用した一、二の特徴的な文章をここで再掲すれば十分だろう。

世界のほぼ至るところに、活用されていない莫大な生産力があります。私はこの現象をこう説明します。実際の生産物が適切に分配されていないため、生産を継続する適切な動機が与えられないのです。(中略)私は次の点を力説したい。あまりに急ピッチに蓄積を進めようとすれば、無駄な消費が必然的にかなり減り、生産しようという通常の動機が大きく低下する結果、富の増進が早い段階で抑制されてしまう。(中略)蓄積を急ピッチで進めようとすれば、労働と利益の分断を通じて、将来、蓄積を進める動機と能力の双方がほぼ消滅してしまい、結果的に、増大する人口を維持・雇用できなくなる――これがもし本当

* 『人物評伝』一三九~四七ページ。

ねないことを認めるべきではないでしょうか。*

だとしたら、そうした蓄積の試み、つまり過剰な貯蓄が、国にとって大きな損失になりか

生産が増加しても、それに応じた比率で地主・資本家の無駄な消費が増えず、結果として資本の形成が停滞し、それに伴い労働需要も停滞する——それでも国の損失にはならない、ということがありえるかどうかが問題です。地主・資本家の無駄な消費が増えて、社会に自然と余剰が生じる結果、生産しようという動機が途切れずに維持され、「不自然な形で発生した労働需要がその後、必然的に突如減少する」事態を避けられる——というケースに比べても、幸福度や富が減ることはないと言えるのか。たとえそう言えるとしても、倹約は生産者には損失を与えるが、国には損失を与えないと本当に言えるでしょうか。生産しようという動機が消滅した場合、地主・資本家が無駄な消費を増やせば、適切な対処法になることがあるかもしれない、とは言えないでしょうか。**

アダム・スミスはこう書いている。資本は倹約によって増え、倹約する人は誰もが公共の利益に貢献している。富を増やすには生産が消費を上回る必要がある——。こうした説

がかなりの程度まで正しいことは、まったく疑問の余地がない。(中略) ただ、この説がどんな場合も正しいとは言えないこと、つまり、貯蓄の原理を極端まで推し進めれば、生産しようという動機がなくなることも明白きわまりない。誰もが最低限の食事、最低限の服、最低限の家で満足すれば、それ以外の食事、服、家は確実に存在しなくなる。(中略) この両極端は明らかだ。したがって、経済学の力では確かめられないかもしれないが、どこかに中間地点があるはずだ。生産力と消費意欲を踏まえると、富を増やそうというインセンティブが最大になる中間地点だ。***

私が知る限り、聡明で優れた人が示した見解のうち、「商品を消費するとは商品を消滅させることであり、販路が閉ざされることを意味する」というセイ氏 (第1巻第1篇第15章) の意見ほど、正しい理論に真っ向から反し、一貫して現実と矛盾する意見はないように思える。しかし、商品は消費者との関係ではなく、商品同士の関係で考えるべきだという新

* マルサスからリカードへの手紙。一八二一年七月七日付。
** マルサスからリカードへの手紙。一八二一年七月一六日付。
*** マルサス『経済学原理』序文八〜九ページ。

しい教えから、直接引き出せるのがこうした考え方なのである。パンと水以外の消費が今後半年間止まったら、商品の需要は一体どうなるのか聞いてみたい。どれほどの商品が蓄積されることか。何と素晴らしい販路が開けるだろう！　どれほど巨大な市場が出現することか！*

しかし、リカードはマルサスの主張にはまったく耳を貸さなかった。この論争の最後の残響が聞きとれるのは、ジョン・スチュアート・ミルが自説の賃金基金説を論じている箇所だ。** ミル自身にとっては、後期のマルサスを否定する上でこの賃金基金説が重大な役割を果たしていた。無論、ミルはそうした論争の中で育ったのである。その後の経済学者は賃金基金説を否定したが、ミルがこの説を根拠にマルサスに反論していたことは見過ごした。この問題を解決するのではなく、この問題への言及を避け、経済学全集からこの問題を消し去るというのが、その後の経済学者のやり方だった。この問題は論争から完全に姿を消してしまったのである。最近、ケアンクロス氏がこの論争の痕跡を探そうと、ビクトリア朝時代のあまり知られていない論者の文献を渉猟したが、*** それでも収穫はおそらく予想以上に少なかった。**** 過少消費説は一八八九年にJ・A・ホブソンとA・F・マムマリーが『産業の生理学』を発表するまで冬眠状態にあったと言える。ホブソン氏は五〇年近くにわたって不撓不屈の精神で正統派に戦いを挑み、空しく敗れ去ったといって差し支えない人物だが、この『産業の生理学』は同氏が著した数多くの著作の第一弾であり、もっとも重要なものである。今日ではすっかり忘れ去られているが、この本の刊行は、経済思想史上、ある意味で画期的な出来事と言える。*****『産業の生理学』はA・F・マムマリーとの共著だ。ホブソン氏は執筆の経緯を次のように説明している。******

* マルサス『経済学原理』三六三ページ、脚注。
** J・S・ミル『経済学原理』第1篇第5章。マムマリーとホブソンの『産業の生理学』(三八ページ以降)では、ミルの理論のこの側面、とくに「商品の需要と労働の需要は別物だ」というミルの学説について、きわめて重要かつ鋭い議論が展開されている(マーシャルは「商品の需要と労働の需要は別物だ」という説を何とか正当化しようとしているが、賃金基金説に関するマーシャルの議論は非常に不十分だ)。
*** 「ビクトリア時代の人々と投資」(『エコノミック・ヒストリー』一九三六年)。
**** ケアンクロス氏が挙げた文献でもっとも興味深いのは、フラートンの小論『通貨調節論』(一八四四年)だ。
***** J・M・ロバートソンの『貯蓄の誤謬』(一八九二年出版)では、マムマリーとホブソンの異端の説を支持している。だが、この本は大いに価値がある重要な著作とは言えず、『産業の生理学』に見られる鋭い直感が完全に不足している。
****** 一九三五年七月一四日(日)にコンウェイ・ホールで行われたロンドン倫理学会の講演「経済学の異端児の告白」。ホブソン氏の許可を得て本書で再現した。

私の異端の経済学が形になりはじめたのは一八八〇年代半ば以降のことです。土地の共有を訴えたヘンリー・ジョージの運動、労働者階級の目にあまる惨状を告発した様々な社会主義団体の初期の活動、そしてロンドンの貧困の実態を明らかにした二人のブース氏。私はこうした動きに心底心を動かされましたが、私の心の中で経済学への信仰が揺らぐことはありませんでした。私の異端の経済学は、偶然の出会いとでも呼べるものから生まれたのです。エクセターの学校で教鞭をとっていた頃、マムマリー氏という事業家と親交を結びました。マムマリー氏は当時から優れた登山家として知られており、マッターホルンの別ルートを発見し、一八九五年にあのヒマラヤ山脈の高峰ナンガパルバットへの登頂を試みて帰らぬ人となりました。言うまでもありませんが、私はマムマリー氏と一緒に登山をしていたわけではありません。マムマリー氏は精神の登山家でもあり、自分自身の道を見極める天性の眼識と、知的権威をものともしない崇高な精神をお持ちでした。過剰貯蓄をめぐる論争に私を巻き込んだのは、このマムマリー氏です。不況時の資本・労働の不完全利用の原因は過剰貯蓄にあるというのが、マムマリー氏の考えでした。私は正統派の経済学という武器を使って、長いことマムマリー氏への反論を試みましたが、ついに私は説得され、過剰貯蓄説を詳述した共著『産業の生理学』を出版しました。一八八九年のことです。私はこれを機に人目をはばからず異端の道を歩み始めたのですが、それが重大な結果を招くとは夢にも思っていませんでした。当時、私は学校をやめ、大学の公開講座の経済学・文学講師という新たな道を切り開こうとしていました。最初の衝撃はロンドンの公開講座委員会から来ました。経済学講座の開講を拒否されたのです。聞いた話では、私の本を読んだある大学教授が介入したそうです。地球が平らであることを証明しようとするたぐいの支離滅裂な本だとみなされたのです。なぜ有益な貯蓄額に上限を設けなければならないのか、すべての貯蓄は資本形成と賃金の原資を増やすために利用されるのだ、まともな経済学者なら、全産業の発展の源を制限しようという説に慄然とするはずだ*、という主張です。もう一つ、自分が罪を犯したと思い知らされた興味深い個人的な体験があります。ロンドンでは経済学の講座を開設できませんでしたが、オックスフォード大学の公開講座団体の寛大な計《はか》らいで、地方での講演を許されました。労働者階級の生活に関する現

* ホブソンは『産業の生理学』（二六ページ）で軽蔑するようにこう書いている。「倹約は国富の源泉であり、倹約すればするほど国が豊かになる。これがほぼすべての経済学者の教えであり、そうした学者の多くは、倫理的な威厳のある論調で倹約の無限の価値を訴える。経済学者が歌う憂鬱な歌の中で、唯一この論調のみが大衆の耳に心地よく響いている」。

実的な問題だけを取り上げるという条件つきです。この時期は、たまたま慈善団体協会が経済問題を論じる講座の開設を計画しており、私に講座の準備をするよう声をかけてくれたのです。私は喜んでこの新しい仕事を引き受けると承諾しましたが、突然、何の説明もなく、依頼が撤回されたのです。私はこの時点でも、せっせと貯蓄に励むという美徳に疑問を呈したと思われたことで、自分が許しがたい罪を犯したのだとは気づいていませんでした。

ホブソン氏は、この最初の共著『産業の生理学』で（自分が教えられて育った）古典派経済学について、その後の著作よりも単刀直入な言及をしながら持論を展開している。また、同氏が初めて自説を発表した書物でもあるため、この本から引用して、著者二人の批判と直感がいかに重要で、確かな根拠に基づいているかを示してみたい。二人は自分たちが反論する結論の性質について、序文で以下のように述べている。

貯蓄は個人と社会を豊かにし、支出は個人と社会の貧困を招く。そして事実上の貨幣愛があらゆる経済的なメリットの源泉になる。一般にはこう断言されていると言って差し支えないかもしれない。貯蓄をすれば、倹約する当人が豊かになるだけでなく、賃金が上がり、失業者が職を得て、あらゆる方面に恩恵が行き渡る。日々の新聞から最新の経済論文まで、また説教台から下院に至るまで、この結論は何度となく繰り返されており、この結論に疑問を呈するのは明らかにタブーになっていると思える。だが、リカードの書物が刊行されるまで、教養ある人々は、大多数の経済学者のお墨つきを得て、この教えを断固否定していた。最終的にこの結論を受け入れたのは、いまは論破された賃金基金説に反論できなかったからにすぎない。論理的な根拠となっていた説が論破された後も、なぜこの結論が生き残っているのか。それは、この教えを強く主張するお偉方の有無を言わせぬ権威でしか説明がつかない。こうした教えに批判的な経済学者は意を決して理論上の細かな点に攻撃を加えたが、肝心の結論部分に触れる段になると、怖気づいて尻込みしてしまった。本書の目的は次の点を示すことにある。この結論を支持することはできない。貯蓄という習慣が必要以上に広がる可能性があり、そうした習慣が必要以上に広がれば、社会は貧しくなり、人々が失業し、賃金が下がり、そして「不況」として知られるあの暗鬱、沈滞が実業界に広がることになる――。(中略)

生産の目的は消費者に「実用性と利便性」を届けることにあり、これは、原材料の取り扱いにはじまり、実用性・利便性という形で最終的にモノが消費される瞬間までの連続した一つのプロセスと言える。資本はこうした実用性・利便性を生み出す生産を補助するために利用されるだけで、利用される資本の総計は、実用性と利便性の日々の消費量、各週の消費量に当然左右される。さて、貯蓄をすれば、足元の資本の合計量が増えるが、同時に実用性・利便性の消費量は減ることになる。したがって、貯蓄という習慣がすこしでも必要以上に広がれば、資本が蓄積されて必要量を上回り、そうした余剰が全般的な過剰生産という形をとることになる。*

この一節の最後のところがホブソン氏のあやまりの元だと思われる。つまり、貯蓄が過剰になれば必要以上の資本が実際に積み上がるという考え方である。そのようなことが実際に起きるのは、予測が間違っていた場合のみで、これは二次的な弊害だ。最大の弊害は、完全雇用時の貯蓄性向が、必要とされる資本の相当額を上回ることである。この場合、予測にあやまりがない限り、完全雇用は実現できない。ただ、ホブソン氏は一、二ページあとでは、物事の半面を正確きわまりなく記述していると思える（もっとも、金利や企業の自信の状態の変化がどのような役割を果たしうるかを相変わらず見過ごしているが、ホブソン氏はそうした要素をおそらく所与と考えているのだろう)。

したがって、以下の結論に達する。アダム・スミス以降、経済学のすべての教えの土台となってきた説――すなわち、年間生産量は、利用可能な自然の力、資本、労働者の総量で決まるという説――はあやまりである。生産量がこの総量で決まる上限を超えることは絶対にないが、過剰貯蓄とそれに伴う過剰供給の累積で生産が抑制されれば、生産量は先ほどの上限を大きく下回る可能性があるし、実際にそうなっている。つまり、現代の工業社会のふつうの状態では、消費が生産を制限するのであり、生産が消費を制限するのではない。**

最後に、ホブソン氏は自分の理論が、正統派の自由貿易論の妥当性にどのような影響を及ぼすかを指摘する。

* ホブソン、マムマリー『産業の生理学』iii-v ページ。
** ホブソン、マムマリー『産業の生理学』vi ページ。

次の点も指摘しておきたい。正統派の経済学者は、兄弟分であるアメリカをはじめ保護主義国の商業上の愚行を遠慮なく批判してきたが、これまで批判の根拠としてきた自由貿易論は、どんなものであれ、もう使うことはできない。というのも、そうした自由貿易論はいずれも、過剰供給はありえないという仮定の上に成り立っているからだ。*

これに続く論証が不完全なことは認める。ただ、資本は貯蓄性向によって生み出されるのではなく、実際の消費や今後見込まれる消費から生じる需要に応じて生み出される、という点を初めて明言したのがこの本だ。以下の断片的な引用の寄せ集めに、そうした考え方が表れている。

社会の資本を増やしても、その後にモノの消費が増えなければ、有意義な資本の拡大と言えない。これは明らかなはずだ。（中略）貯蓄と資本の拡大を有意義なものにするためには、それに応じてごく近い将来の消費が増えなければならない。**（中略）将来の消費というのは一〇年先、二〇年先、五〇年先ではなく、いまからすぐ先の将来という意味だ。（中略）倹約志向や警戒感が強まり、人々が足元の貯蓄を増やすのであれば、将来の消費を増やすことを承諾しなければならない。***（中略）現在の消費ペースに応じて商品を供給する上で、必要以上の資本が生産プロセスのどこかに存在しているのであれば、経済的とは言えない。****（中略）言うまでもないが、私が倹約したところで、社会経済全体の倹約の規模に影響を及ぼせるわけではまったくない。ただ、倹約全体の特定部分を私がするか、別の人がするかが決まるだけである。社会の誰かが倹約すれば、別の人に収入以上の暮らしを強いる力が働くことになる。その点を示していこう。*****（中略）現代の大半の経済学者は、消費が不足する可能性などまったくないと主張する。社会をこうしたありあまる状態に導くような経済的な力がすこしでも働いていると言えるだろうか。仮にそうした力があった場合、商業のメカニズムを通じて抑制効果が働かないのだろうか。次の点を明らかにしていこう。第一に、高度に組織化された産業社会では、過度な倹約を自然に生み出す力がつねに例外なく働いている。第二に、商業のメカニズムを通じてそうした傾向が抑制されると言われ

* 前掲書、ixページ
** 前掲書、二七ページ
*** 前掲書、五〇、五一ページ
**** 前掲書、六九ページ
***** 前掲書、一一三ページ

ているが、実際にはそうした抑制機能はまったく働かないか、不十分であり、商業に重大な弊害が出ることは避けられない。*（中略）マルサスとチャーマーズの主張に対するリカードの短い回答は、後の大半の経済学者の間で満足のゆくものとして受け入れられてきたようだ。「生産物はつねに生産物かサービスによって購入される。通貨は交換を実現するための媒介物にすぎない。したがって生産が増えれば、かならずそれに応じて購買力・消費力が高まることになるため、過剰生産が起きる可能性はない」（リカード『経済学原理』三六二ページ）。**

ホブソンとマムマリーの両氏は、金利とは通貨の利用料以外の何物でもないことを認識していた。*** また、論敵が「金利（もしくは利益）が低下して貯蓄が抑制される結果、生産と消費が適切な関係に戻る」と主張することも十分に認識していた。**** 二人はそれに対し、こう反論している。「利益の減少で人々が貯蓄を減らすとすれば、以下の二通りの経路しかないはずだ。消費を増やすインセンティブが働くか、生産を減らすインセンティブが働くかだ」。***** 前者については、利益が減れば社会の総所得が減るが、「所得の平均レートが低下しているときに、倹約に対する追加の見返りがそれに応じて減るという理由で、消費のペースを上げるインセンティブが個人に働くとは思えない」と主張。後者については、「過剰供給で利益が減れば生産が抑制される。この抑制作用を認めることが本書の論証の大きな柱となる。この点を否定するつもりは毛頭ない」としている。****** ただ、二人の理論は不完全だ。要は、独立した金利の理論がないのである。その結果、ホブソン氏は（とくにその後の著作で）過少消費が過剰投資（採算の取れない投資）につながるという点に力点を置きすぎた。消費性向が相対的に低い場合は、消費を補う量の新規投資が必要になるが、そうした投資が実現しないことが失業の一因になるという説明ができなかった。ときにはあやまった楽観論で一時的に新規の投資が起きることもあるかもしれないが、一般には、想定利益が金利で決まる基準値を下回る場合、新規の投資はまったく起きない。

　大戦後は、相次いで異端の過少消費説があらわれた。もっとも有名なのがダグラス少佐の

*　前掲書、一〇〇ページ
**　前掲書、一〇一ページ
***　前掲書、七九ページ
****　前掲書、一一七ページ
*****　前掲書、一三〇ページ
******　ホブソン、マムマリー『産業の生理学』一三一ページ

理論だ。もちろん、ダグラス少佐の主張の強みは、基本的には、その破壊的な批判の多くに正統派が有意義な反論をできなかった点にある。その一方で、とくに「A＋B定理」など、ダグラス少佐の分析の詳細には、不可解としか言えないものが多い。B項目を今期には支出されない取り替え・更新向けの事業家の準備金に限定していれば、もうすこし真実に近づいていたかもしれない。ただ、その場合でも、消費支出の増加や他方面の新規投資でそうした準備金が相殺される可能性を考慮に入れる必要がある。ダグラス少佐は、他の一部の正統派の論敵とは違って、いまの経済システムに存在する問題をすくなくとも完全には忘却していなかったと主張する資格がある。だが、マンデヴィル、マルサス、ゲゼル、ホブソンに並ぶ存在だと主張する資格はないだろう。おそらく、勇敢な異端軍の少佐ではなく、一兵卒だ。マンデヴィル、マルサス、ゲゼル、ホブソンは、直感にしたがって、不完全ながらも、ぼんやりと真実を見据えることを選んだのであり、あやまりを踏襲することを拒んだ――シンプルなロジックで明瞭かつ一貫しているが、現実離れした前提を基に到達した、あやまりを踏襲することを拒んだのである。

第24章 最後に 一般理論はどのような社会哲学につながりうるのか

Chapter 24 Concluding Notes on the Social Philosophy towards Which The General Theory Might Lead

1

私たちの経済社会の際立った欠点は、完全雇用を実現できていないこと、そして資産・所得の分配が恣意的で不公平であることだ。本書の理論が前者に関係していることは明らかだが、後者についても本書の理論が関わってくる重要な点が二つある。

一九世紀末以降、直接課税（所得税、付加税、相続税）を通じて、甚だしい資産・所得格差を解消する動きがかなり進んだ。とくにイギリスはそうだ。多くの人はこのプロセスがさらに大きく進むことを望むだろうが、二つの問題があり二の足を踏んでいる。巧妙な脱税が横行するのではないか、またリスクをとる動機も過度に弱まるのではないかという懸念が一つ。だが、二の足を踏む大きな原因は「資本が増えるかどうかは、個人の貯蓄意欲の強さに左右されるが、資本の増加のかなりの部分は、ありあまる財産を持つ富裕層の貯蓄に大きく依存している」という認識にあると思う。本書の理論では、前者の考え方に影響を及ぼすことはできない。ただ、後者の見解に対する姿勢を大きく修正することはできるかもしれない。というのも、すでにみてきたとおり、資本が増加するかどうかは、完全雇用が実現する地点までは、消費性向の低さにはまったく依存しない。それどころか、消費性向が低ければ、資本の増加が抑制される。完全雇用の状態になってはじめて、消費性向の低さが資本の増加に寄与することになる。また、経験上わかるように、現状では、法人の貯蓄や減債基金を通じた貯蓄が適正水準を超えており、消費性向を押し上げるような方向に所得を再分配する対策を講じれば、資本の拡大に確実にプラスに働く可能性がある。

この問題をめぐるいまの世論の混乱ぶりは「相続税は国の資本資産の減少につながる」という広く行き渡った考え方にはっきりと表れている。言うまでもないが、もし国が相続税の税収を一般歳出に回して、その分だけ所得税・消費税を減税・廃止すれば、重い相続税を課すという財政政策は、たしかに社会の消費性向を押し上げる方向に作用する。だが、習慣的な消費性向が上がれば、ふつう（つまり完全雇用以外の状態では）投資のインセンティブも同時に増えるのであって、この点について世間一般が引き出す結論は、事実とはまったく逆だと言える。

このため、本書の理論は次の結論に辿りつく。富裕層が倹約すれば資産が増えるという世間一般の認識は、現状ではまったくのあやまりであり、富裕層が倹約すればむしろ資産の拡大が阻まれる公算が大きい——。となれば、大幅な資産格差を正当化できる社会的な根拠は、これで一つなくなることになる。本書の理論と無関係なところで、ある程度の格差が一部の状況下で正当化される可能性がないと言っているわけではない。だが、私たちはこれまで慎重に事を進めるのが賢明だと考えてきたが、そう考えるもっとも重要な根拠がなくなることになる。これはとくに相続税に対する私たちの姿勢に関わってくるだろう。というのも、所得の格差を正当化できる根拠があっても、それがそのまま相続の格差を正当化する根拠にならないケースがあるからだ。

私の考えでは、相当な所得・資産格差を正当化できる社会的・心理的な根拠はあると思うが、今日のような甚だしい格差は別だ。人間には、金儲けという動機や私有財産制度がなければ最後まで全うできない貴重な活動がある。また、人間には荒々しい気質があり、金儲けや個人的な蓄財の機会があれば、比較的無害な方向にはけ口を見いだせる。そうした形で欲望を発散できない場合、残虐行為や個人的な権力・権威の闇雲な追求といった自己増長の手段にはけ口を求めかねない。自国民を独裁的に支配するよりは、自分の銀行口座を独裁的に支配するほうがましだ。後者は前者の手段にすぎないという批判もときには出るが、すくなくとも後者が前者の代わりになることはある。ただし、そうした活動を刺激したり、そうした気質を満足させたりするために、いまほど高い掛け金でゲームを繰り広げる必要はない。掛け金がずっと低くても、プレーヤーが慣れれば、同じ目的を十分に果たせるだろう。人間性を変えるという課題と人間性を管理するという課題を混同してはならない。理想的な社会であれば、賭け金などに関心を持たせないよう教育したり、鼓舞したり、しつけているのかもしれないが、平均的な人や社会の重要な階層までもが現実として金儲けに夢中になっており、そうした欲望を捨てきれないのであれば、結局のところ、ルールと制約を設けた上でゲームを許すというのが、賢明かつ慎重な国策になるのかもしれない。

2

しかし、今後の資産格差の行方に関係する本書の理論、つまり本書の金利理論からは、はるかに根本的なもう一つの結論を引き出せる。従来は、十分な貯蓄を促すため、ある程度の高金利が必要だとされてきた。だが本書では、有効な貯蓄が必然的に投資の規模で決まること、そして投資の規模は低金利で増えることをみてきた（完全雇用と釣り合う水準を超えて、そのような形で投資を刺激しないという条件つきだが）。このため、資本の限界効率表との比較で金利を引き下げ、完全雇用を実現できる水準にすることが一番の得策となる。

この判断基準にしたがえば、金利はまちがいなく従来の実勢水準を大きく下回ることになる。増加していく資本量に対応する資本の限界効率表を推測でき、多少なりとも継続的な完全雇用状態を実際に維持できるのであれば、金利は着実に低下する可能性が高い。ただし、（国家も含め）全体の消費性向が激変するようなことがあれば、話は別だ。

私は資本の需要には確実に限界があり、資本の限界効率が非常に低い水準になるまで資本のストックを増やすことは難しくないと強く感じている。これはただ同然で資本財を利用できるという意味ではなく、あくまで、資本財から得られるリターンが、消耗や陳腐化による減耗分と、リスクの負担やスキル・判断力の行使にかかるコストをようやく賄える程度にしかならないという意味だ。つまり、耐久財の耐用期間中に得られる総リターンは、耐用期間の短い商品の場合と同じく、生産の労働コストに、リスクの負担分と、スキル・監督コストを加えた分をちょうど賄える程度になるとみられる。

さて、このような状態に至った場合、個人の利益をある程度まで追求することは十分可能だろうが、金利生活者は静かに息絶えることになる。その結果、資本家が資本の希少価値を搾取するために積み上げてきた抑圧的な力も、静かに息絶えることになる。今日の金利は、地代と同じく、本物の犠牲的行為に対する報酬ではない。資本の所有者が金利を得られるのは資本が希少だからであり、それは土地が希少だから地主が地代を得られるのと何ら変わりない。だが、土地が希少になる本来的な理由はあるかもしれないが、資本が希少になる本来的な理由はない。金利という形で報酬を支払うことでしか引き出せない本物の犠牲的行為があるという意味で資本が希少になる本来的な理由は、資本が十分豊富になる前に完全雇用状態で純貯蓄がゼロになるという消費性向が個人に備わっていることが判明しない限り、長期にわたって存在することはないだろう。ただ、たとえそのようなことが判明しても、国家の力で公共の貯蓄を維持し、資本が希少でなくなる地点まで資本を増やすことは、依然として可能なはずだ。

このため、金利生活者という資本主義の一面は過渡的なものであり、役割が終われば消滅すると私は考えている。金利生活者という側面がなくなれば、資本主義の他の多くの側面も、がらりと変わるはずだ。また、私が主張している順序で物事が進めば、大きなメリットを期待できる。金利生活者の安楽死、無用な投資家の安楽死は、突然起きるわけではない。近年イギリスで起きていることが緩やかに、しかし長期にわたって続くだけであり、革命など必要としないだろう。

このため、現実的な目標として考えられるのは（これについては達成できないことなど何もない）、資本が希少でなくなるまで資本の量を増やし、無用な投資家が特別報酬を受け取れないようにすること、そして資本家、事業家、またそれに類するすべての人々（こうした人々は明らかに自分の仕事が好きなので、いまよりもずっと安い報酬で働いてくれる可能性がある）の知性と決意と実行力を妥当な報酬条件で活用し、社会への貢献につなげるような直接課税制度を導入することかもしれない。

同時に、以下の点も認識する必要がある。国の政策に具現化される共通の意思をどこまで投資のインセンティブの拡大・補強に振り向けるべきか、また資本の希少価値を一世代か二世代で消滅させるという目標を堅持するには、平均的な消費性向をどの程度まで刺激するのが無難なのか。これは実際にやってみなければわからない。金利低下の効果でいともたやすく消費性向を上げられ、いまとほとんど変わらない蓄積率で完全雇用を達成できることが明らかになるかもしれない。この場合、高額の所得・相続に対する増税案について「完全雇用が実現した時点の蓄積率が現行水準を大幅に下回る」という反対論が出るかもしれない。そうした可能性があることは否定しないし、そうした可能性が高いという見方を否定するつもりもない。というのも、こうした問題について、平均的な人が環境の変化にどう対応するかを予測するのはまだ早すぎるのである。ただ、いまの蓄積率をそれほど大きく上げなくても、完全雇用に近い状態を容易に実現できることが判明した場合は、少なくとも未解決の問題の一つが解決することになる。将来世代がいつか完全投資状態を実現するために、いまの世代の消費をどの程度、またどのように制限するのが適切で理にかなっているのかは、また別の決断になるだろう。

3

その他の一部の問題について、本書の理論の含意は、まずまず保守的なものと言える。というのも、現在、おもに個人の取り組みに委ねられている分野について、ある程度の中央管理の確立が不可欠にはなるが、現状を維持できる活動領域は広範に及ぶからだ。国は、一部は課税制度、一部は金利の設定、またおそらく一部は他の手段を通じて、影響力を発揮し、消費性向を誘導する必要があるだろう。また、金融政策を通じて金利に影響を及ぼすだけで、最適な投資率を設定できる可能性は低いとみられる。このため、多少なりとも包括的な投資の社会化が、完全雇用に近い状態を実現する唯一の手段になると思える。とはいえ、国が民間の取り組みと協力する折衷案や仕組みをすべて排除する必要はない。しかし、この地点を超えて、社会の経済活動の大半を呑み込んでしまう「国家社会主義」体制に移行する明確な理由はまったくない。国の重要な役割は生産手段を所有することではない。もし生産手段の増強に回す資源の総量と、生産手段の所有者の基本的な報酬レートを国が決めることができれば、必要なことはすべて成し遂げたことになる。また、社会化に必要な措置は、段階的な導入が可能で、社会一般の伝統を断ち切る必要はない。

本書では、通説となっている古典派理論を批判してきたが、槍玉に挙げたのは分析上の論理的な欠陥ではなく、現実にはまず成り立たない暗黙の仮定だ。そのような仮定をしていれば、現実世界の経済問題は解決できない。だが、本書で提案した中央管理を通じて、現実的に可能な範囲内で完全雇用と釣り合う総生産量を実現できた場合、そこから先は、古典派の理論がまた本領を発揮することになる。生産量が所与だと仮定すれば、つまり生産量が古典派理論の図式の枠外にある力で決まると仮定すれば、古典派の以下の分析に批判すべき点はない。私利私欲でどのように具体的な生産物が決まるのか、それを生産するためにどのような比率で生産要素が組み合わされるのか、最終生産物の価値は生産要素の間でどのように分配されるのか。こうした問題をめぐる古典派の分析に批判すべき点はない。また、たとえ倹約の問題への対応で本書と古典派の間に相違があっても、完全競争と不完全競争のそれぞれの状態の下で個人と公共の利益がどの程度一致するかという問題について、現代古典派の理論に批判すべき点はない。したがって、消費性向と投資のインセンティブの間の調整を図る目的で中央管理が必要だという点を除けば、経済生活を社会化する理由が従来より増えるわけではない。

具体的に言えば、いまの経済システムで利用されている生産要素の活用の仕方に深刻な問題があると考える根拠はまったくない。もちろん、予測のあやまりはある。ただ決定を中央集権化したところで、予測のあやまりは避けられない。働く意思と能力のある一〇〇〇万人のうち九〇〇万人が雇用されている場合、この九〇〇万人の労働が間違った方向に向けられていると考える根拠はまったくない。いまの経済システムに対する不満は、九〇〇万人を別の仕事で雇用すべきだというものではなく、残りの一〇〇万人が働けるようにすべきだというものだ。いまの経済システムは、現実の雇用分野の決定ではなく、現実の雇用量の決定で機能不全に陥っている。

このため、私はゲゼルの次の意見に同意する。古典派理論の欠陥を補完すれば、「マンチェスター学派の体制（自由貿易体制）」を放棄するという帰結ではなく、「経済の力を自由に働かせて、潜在的な生産能力を最大限に引き出すためには、どのような性質の環境が必要か」を指し示すという帰結に至る。完全雇用の実現に向けて中央管理を導入すれば、当然、政府の伝統的な役割が大きく拡張されることになる。また、現代の古典派理論でも、経済の力の自由な働きを抑制したり、誘導したりすることが必要になりうる状況が様々あると指摘されている。だが、その場合でも、民間の独創力と責任感を発揮できる広範な領域が残される。そうした領域では、個人主義の伝統的なメリットを引き続き生かすことができる。

ここですこし立ち止まって、そうした個人主義のメリットとは何かを思い出してみよう。一つは効率性というメリット——分散化と自己利益の追求というメリットだ。決定権の分散と個人の責任で得られる効率性のメリットは、おそらく一九世紀に考えられていた以上に大きい。自己利益への働きかけに対する反動は、行き過ぎだったかもしれない。ただ何にもまして、個人主義は、欠陥と乱用を排除できるなら、個人の自由を守る最高の防護壁となる。つまり他のどんな体制と比べても、個人の選択権を行使できる場が大きく広がるのである。また、個人主義は、生活の多様性を守る最高の防護壁にもなる。そうした多様性は、個人の選択の場が広がるからこそ生まれるのであり、多様性の喪失は、同質的な国家や全体主義国家が失うもののなかで最大の損失だ。というのも、こうした多様性は、過去の世代が下したもっとも確実でもっとも成果を出せる選択を体現する伝統というものを守り、その多種多様な想像力で現在を彩る。伝統や想像力だけでなく、実験を補佐する侍女でもあり、よりよい未来を実現する上で最高の武器になる。

したがって、消費性向と投資のインセンティブの間の相互調整を図るために政府の役割を拡大するという構想は、一九世紀の政治評論家や、いまのアメリカの資本家の目には、個人主義への恐るべき介入と映るかもしれないが、私は逆に、いまの経済体制の全面崩壊を防ぐ唯一の現実的な手段として、また個人の独創力を巧みに活用するための条件として、この構想を支持する。

というのも、有効需要が不足すれば、資源の無駄に対する世間の不満が爆発するばかりか、そうした資源を活用しようとする個々の事業家も、ハンデを背負いながら事業を運営することになる。事業家が臨む危険なゲームには、たくさんのババが入っており、すべてのカードを切る気力と希望を持つプレーヤーは全体でみれば敗北することになる。これまで世界の富の増分は個人の正の貯蓄の総額を下回っていたが、その差額は、勇気と独創力を持ちながら優れたスキルやたぐいまれな幸運に恵まれなかった事業家の損失なのである。だが、有効需要が十分にあれば、平均的なスキルと平均的な幸運で事足りる。

今日の権威主義的な国家制度は、効率性と自由を犠牲にして失業問題を解決しているようにみえる。たしかに、世間はそう遠くないうちに失業問題にしびれを切らすだろう。失業は、短い動乱の期間を除けば、今日の資本主義型個人主義と結びついており、私見では、この結びつきを断ち切ることはできない。だが、問題を正しく分析すれば、効率性と自由を保ちながら、この病いを治すことができるのではないだろうか。

4

本書では、旧体制よりも新体制のほうが平和に寄与する可能性があると、付随的に指摘した。この側面を改めて取り上げ、強調しておく価値はあるだろう。

戦争には複数の原因がある。独裁者や、戦争に心地よい興奮を覚える人間、すくなくともそうした興奮を連想する人間は、国民に自然に備わっている闘争心をたやすく煽ることができる。だが、これに加えて、人口圧や市場の争奪戦という戦争を起こす経済的な原因があれば、国民の闘争心に火をつけるのはますます容易になる。ここでの論証に密接に関わってくるのが後者であり、おそらく後者は一九世紀の戦争の主因となった。今後もそれが繰り返される可能性がある。

前章で指摘したが、一九世紀後半にオーソドックスだった国際金本位制と国内の自由放任という体制では、政府には市場の争奪戦以外に国内経済の疲弊を和らげる手段がなかった。というのも、慢性的な雇用不足や断続的な雇用不足に対する有効な対策がまったく利用できず、所得勘定の貿易収支を改善するしか手立てがなかったのである。

このため、経済学者は当時の国際体制について、国際的な分業のメリットが得られる上、各国の利害も調整できると称賛することが多かったが、あまり好ましいとは言えない影響は表沙汰にはされなかった。そして、常識的な判断で動く政治家は、事の正しい成り行きを的確に把握し、古い大国が市場の争奪戦をないがしろにすれば、国が傾き没落すると考えたのである。しかし、国が国内政策を通じて完全雇用を実現できるようになれば――そして人口趨勢を踏まえて均衡状態を達成できるようになれば（この点も忘れてはならない）――経済の重要な力学を利用して、自国を有利にし近隣諸国を不利にする必要はなくなる。国際的な分業の余地も残されるし、適切な条件で国際的な融資を行う余地も残されるが、自国の商品を他国に押しつけたり、隣国の商品を撃退する切迫した動機はなくなる。購入したい商品の代金を稼ぐためにやむなくそうした措置を講じるなら別だが、収支の均衡を崩して自国の貿易収支を有利にするというあからさまな目的の下でそうした措置を余儀なくされることはもうなくなる。そうなれば、国際貿易が窮余の一策になっている現状は変わる。現状では、国内の雇用を維持するため、海外市場に商品を売りつけ、輸入を制限しているが、これはうまくいっても失業問題を争いに敗れた隣国に移すだけだ。国際貿易の形が変われば、自発的で妨害行為のない相互利益に基づく財とサービスの交換が実現するはずだ。

5

こうした考え方を現実世界で実現するのは、叶わぬ夢なのだろうか。こうした考え方は、政治社会を動かす動機に深く根を下ろしていないのだろうか。こうした考え方で得られる利益よりも、失われる利益のほうが目にみえて大きいのだろうか。

この場で答えを出そうとは思わない。こうした考え方をすこしずつ織り込んでいくような実地の政策の概要を示すだけでも、本書とは性格の異なる一冊の本が必要になるだろう。だが、もしこの考え方が正しいとすれば(物を書く人間は、かならずそうした仮定の下で物を書く)、その効果をめぐって時間をかけて論争するのはまちがっている。これが私の予測だ。人々は、いまこの瞬間、もっと根本的な診断を異様なほど待ち望んでおり、そうしたものを受け入れる準備が以前にもまして整っている。すこしでも期待がもてるならぜひ試してみたいと感じている。だが、そうしたいまの風潮は別にしても、経済学者や政治哲学者の考え方は、正しい場合も間違っている場合も、一般に理解されている以上に強大な力を持っている。実際、それ以外に世界を支配しているものは、まず何もないと言える。知的な感化などとはまったく無縁だと考えている実務家も、いまは亡き経済学者に束縛されているのがふつうだ。天のお告げを聞く権力の座にある狂人も、数年前の三文学者から狂気を学び取っている。これはまちがいないと思うが、支配階級の力は、じわじわと侵食していく物の考え方に比べれば、著しく過大評価されている。まったくのところ、すぐさま侵食するのではなく、ある一定の期間をおいて侵食するのである。というのも、経済・政治哲学の分野では二五~三〇歳を過ぎてから新しい理論に感化される人は多くない。このため、官僚や政治家、また活動家でさえも、足元の問題への対応で利用するのは、おそらく最新の物の考え方ではないだろう。それでも、早い遅いの差はあれ、良くも悪くも危険なのは、支配階級ではなく、物の考え方なのである。

訳者あとがき

本書の翻訳に際しては、既訳である『雇傭・利子および貨幣の一般理論』（塩野谷九十九訳、東洋経済新報社）、『雇用・利子および貨幣の一般理論』（塩野谷祐一訳、東洋経済新報社）、『雇用、利子および貨幣の一般理論』（間宮陽介訳、岩波文庫）、『雇用、利子、お金の一般理論』（山形浩生訳、講談社学術文庫）、各訳者の解説・注釈のほか、『コンメンタール　ケインズ一般理論』（宮崎義一　伊東光晴、日本評論社）、『人類の知的遺産〈70〉ケインズ』（伊東光晴、講談社）、『ケインズ一般理論入門』（浅野栄一、有斐閣新書）、『ケインズ一般理論の基礎』（川口弘、有斐閣ブックス）、『ケインズ「一般理論」を読む』（宇沢弘文、岩波現代文庫）などの解説書を参照した。先人の業績には驚嘆するしかない。

訳者は十数年前、翻訳家の故・山岡洋一氏が一年あまりにわたって主宰された勉強会「古典翻訳塾」に参加し、翻訳の技術はもとより、古典新訳のあり方、翻訳のあり方について、数多くのことを教わった。仕事に厳しく人に優しい氏は周囲の尊敬を集めておられたが、翻訳に対するどこまでも謙虚な姿勢に胸を打たれた。

難解なことで知られる本書については、普遍的な理論を謳いながら、大戦間の大不況という特殊な歴史的状況にあったイギリスの資本主義経済を考察しているとの指摘が多いが、山岡氏によると、歴史家のロバート・スキデルスキーは「ケインズの経済学が素晴らしいと同時に戸惑うものになっているのはまさに、『抽象と具体を同時に考える』能力のためである」とし、ケインズは「信じがたいほど素早い鳥、はるかな上空を旋回しているが、何か具体的な事実や思想を見つけると、突然に襲いかかる鳥である」という当時の学者の言葉を引用している（『なにがケインズを復活させたのか?』山岡洋一訳、日本経済新聞出版社）。含蓄の深さ、様々な解釈が可能だという点が、古典としての『一般理論』の魅力の一つではないかと思う。

最後に、十年以上にわたって未熟な訳者を支え、様々な名著を翻訳する機会を与えて下さった日経BPの黒沢正俊氏に改めて謝意を表したい。

二〇二一年一月

大野一

19. 隷従への道
フリードリヒ・ハイエク
村井章子［訳］

20. 世界宗教の経済倫理
比較宗教社会学の試み
序論・中間考察
マックス・ウェーバー
中山 元［訳］

21. 情報経済の鉄則
ネットワーク型経済を
生き抜くための戦略ガイド
カール・シャピロ
＋ハル・ヴァリアン
大野 一［訳］

22. 陸と海
世界史的な考察
カール・シュミット
中山 元［訳］

23. パールハーバー
警告と決定
ロバータ・ウォルステッター
北川知子［訳］

24. 貨幣発行自由化論
改訂版
競争通貨の理論と実行に
関する分析
フリードリヒ・ハイエク
村井章子［訳］

25. 雇用、金利、通貨の
一般理論
ジョン・メイナード・ケインズ
大野 一［訳］

日経BPクラシックス 既刊

1. **資本主義と自由**
ミルトン・フリードマン
村井章子［訳］

2. **マネジメント**
務め、責任、実践 I～IV
ピーター・ドラッカー
有賀裕子［訳］

3. **大暴落 1929**
ジョン・K・ガルブレイス
村井章子［訳］

4. **職業としての政治／職業としての学問**
マックス・ウェーバー
中山 元［訳］

5. **代議士の誕生**
ジェラルド・カーティス
山岡清二＋大野 一［訳］

6. **大収縮 1929-1933**
「米国金融史」第7章
ミルトン・フリードマン＋アンナ・シュウォーツ
久保恵美子［訳］

7. **プロテスタンティズムの倫理と資本主義の精神**
マックス・ウェーバー
中山 元［訳］

8. **世界一シンプルな経済学**
ヘンリー・ハズリット
村井章子［訳］

9. **ロンバード街**
金融市場の解説
ウォルター・バジョット
久保恵美子［訳］

10. **自由論**
ジョン・スチュアート・ミル
山岡洋一［訳］

11. **資本論**
経済学批判 第1巻 I～IV
カール・マルクス
中山 元［訳］

12. **経済史の構造と変化**
ダグラス・C・ノース
大野 一［訳］

13. **歴史主義の貧困**
カール・ポパー
岩坂 彰［訳］

14. **道徳感情論**
アダム・スミス
村井章子＋北川知子［訳］

15. **グリフィス版 孫子 戦争の技術**
サミュエル・B・グリフィス
漆嶋 稔［訳］

16. **赤字の民主主義**
ケインズが遺したもの
ジェームズ・M・ブキャナン＋リチャード・E・ワグナー
大野 一［訳］

17. **決定の本質**
キューバ・ミサイル危機の分析 第2版 I、II
グレアム・アリソン＋フィリップ・ゼリコウ
漆嶋 稔［訳］

18. **資本主義、社会主義、民主主義 I、II**
ヨーゼフ・シュンペーター
大野 一［訳］

著者略歴

ジョン・メイナード・ケインズ（John Maynard Keynes）一八八三～一九四六。二〇世紀を代表するイギリスの経済学者であり、マクロ経済学の創始者。ケンブリッジ大学で数学を学び、インド省に二年勤務した後、ケンブリッジ大学に戻り、通貨論を研究。一九一五年大蔵省に入り、第一次世界大戦終結後の一九一九年パリ講和会議に大蔵省首席代表として参加。敗戦国ドイツへの賠償請求に反対して辞任、『平和の経済的帰結』を発表。一九三〇年代の大恐慌以降の深刻な不況と失業を説明する『一般理論』を一九三六年に発表。米国のニューディール政策の理論的な裏付けとなった。主な著書・論文に『確率論』、『通貨論』、『自由放任の終焉』、『チャーチル氏の経済的帰結』など。

訳者略歴

大野一（おおの・はじめ）翻訳家。主な訳書にシュンペーター『資本主義、社会主義、民主主義 I、II』、ブキャナン&ワグナー『赤字の民主主義』、シャピロ&ヴァリアン『情報経済の鉄則』、ダグラス・C・ノース『経済史の構造と変化』（以上、日経BPクラシックス）、カール・B・フレイ『テクノロジーの世界経済史』（共訳）など。

雇用、金利、通貨の一般理論

二〇二一年四月一九日　第一版第一刷発行

著者　ジョン・メイナード・ケインズ
訳者　大野一
発行者　村上広樹
発行　日経BP
発売　日経BPマーケティング
〒一〇五-八三〇八
東京都港区虎ノ門四-三-一二
https://www.nikkeibp.co.jp/books
装丁・本文デザイン　祖父江慎＋根本匠（cozfish）
製作　アーティザンカンパニー
印刷・製本　中央精版印刷株式会社

ISBN978-4-296-00015-9
本書籍に関するお問い合わせ、ご連絡は左記にて承ります。
https://nkbp.jp/booksQA

『日経BPクラシックス』発刊にあたって

グローバル化、金融危機、新興国の台頭など、今日の世界にはこれまで通用してきた標準的な認識を揺がす出来事が次々と起っている。しかしそもそもそうした認識はなぜ標準として確立したのか、その源流を辿れば、それは古典に行き着く。古典自体は当時の新しい認識の結晶である。著者は新しい時代が生んだ新たな問題を先鋭に捉え、その問題の解決法を模索して古典を誕生させた。解決法が発見できたかどうかは重要ではない。重要なのは彼らの問題の捉え方が卓抜であったために、それに続く伝統が生まれたことである。

世界が変革に直面し、わが国の知的風土が衰亡の危機にある今、古典のもつ発見の精神は、われわれにとりますます大切である。もはや標準とされてきた認識をマニュアルによって学ぶだけでは変革についていけない。ハウツーものは「思考の枠組み（パラダイム）」の転換によってすぐ時代遅れになる。自ら問題を捉え、自ら解決を模索する者。答えを暗記するのではなく、答えを自分の頭で捻り出す者。古典は彼らに貴重なヒントを与えるだろう。新たな問題と格闘した精神の軌跡に触れることこそが、現在、真に求められているのである。

一般教養としての古典ではなく、現実の問題に直面し、その解決を求めるための武器としての古典。それを提供することが本シリーズの目的である。原文に忠実であろうとするあまり、心に迫るものがない無国籍の文体。過去の権威にすがり、何十年にもわたり改められることのなかった翻訳。それをわれわれは一掃しようと考える。著者の精神が直接訴えかけてくる瞬間を読者がページに感じ取られたとしたら、それはわれわれにとり無上の喜びである。